한국 교회 힌두권 선교 40년

세움북스는 기독교 가치관으로 교회와 성도를 건강하게 세우는 바른 책을 만들어 갑니다.

한국 교회 힌두권 선교 40년

초판 1쇄 인쇄 2022년 4월 20일
초판 1쇄 발행 2022년 4월 25일

지은이 | 김한성 편
펴낸이 | 강인구

펴낸곳 | 세움북스
등 록 | 제2014-000144호
주 소 | 서울시 서대문구 연희로 160 연희회관 3층 302호
전 화 | 02-3144-3500
팩 스 | 02-6008-5712
이메일 | cdgn@daum.net

교 정 | 류성민
디자인 | 참디자인

ISBN 979-11-91715-39-2 (93230)

* 이 책은 신저작권법에 의하여 국내에서 보호를 받는 저작물입니다.
  출판사의 협의 없는 무단 전재와 무단 복제를 엄격히 금합니다.
* 책값은 뒤표지에 있습니다.
* 잘못된 책은 교환하여 드립니다.
* Photo by Freepik

한국 교회 힌두권 선교 40년

김한성 엮음

13억 힌두교 신자들에게
그리스도를!

세움북스

Introduction
서문

힌두권인 인도와 네팔에 한국 선교사가 첫 발을 내딛은 지 꼭 40년이 지났습니다. 1982년 이래 지금까지 한국 선교사들은 힌두권에서 하나님을 섬기며 많은 시련과 도전들을 직면했습니다. 예전에는 요즘만큼 힌두권에 대한 정보가 그다지 있지 않았고, 왕래하는 것도 불편했을 뿐 아니라, 한국 교회 또한 넉넉하지 못했습니다. 돌아보니, 지난 40년 동안 참 많이 바뀌었습니다.

예나 지금이나 크게 바뀌지 않은 것이 있습니다. 그것은 한국 선교사들의 선교 열정과 헌신, 그리고 사랑입니다. 힌두권의 10억이 넘는 잃어버린 영혼을 하나님께로 인도하겠다는 선교 열정! 죽으면 죽으리라는 헌신! 선교사 자신의 안위는 돌보지 않고 현지인의 필요부터 챙기는 사랑! 이것이 힌두권에서 사역하는 한국 선교사들의 특징입니다.

하나님은 한국 교회가 지난 40년 동안 힌두권에서 한 일을 너무도 잘 아십니다. 그럼에도 불구하고 이 책을 10명의 저자들이 공동 집필한 이유가 있습니다. 여러 이유 중에 가장 큰 이유는 한국 교회가 힌두권 선교를 모르기 때문입니다. 한국 교회와 선교사들이 지난 40년 동안 힌두권에서 하나님과 동행하며 어떻게 사역을 했는지를 한국 교회가 모릅니다. 한국 교회가 이것을 알아서 선교의 주인이신 하나님을 찬양하는 것을 보기 원합니다. 한국 교회가 이것을 알아서 하나님 앞에서 감사할 수 있기를 원합니다. 한국 교회가 이것을 알아서 격려를 받고 힘을 얻길 원합니다.

이 책을 통해 한국 교회에 힌두권 선교에 대한 새로운 관심이 일어나기를 기대합니다. 힌두권에 관심이 생겨야 알고 싶은 마음도 생기니, 한국 교회의 관심을 끌기 위함입니다. 한국 교회가 힌두권의 잃은 영혼들을 섬길 때, 지난 40년 역사에서 배워서 잘하는 것을 더 잘하고 잘못한 것을 지양할 수 있도록 돕기 위함입니다.

『한국 교회 힌두권 선교 40년』은 한 사람의 노력으로는 이루어질 수 없는 일입니다. 다루어야 할 주제와 영역들이 너무나도 다양하기 때문입니다. 힌두권 선교를 주관하신 하나님께서 이 책의 출판도 이끌어 주셨습니다. 다양한 배경의 저자들이 이렇게 모여서 공저할 수 있으리라고는 조금도 상상하지 못했습니다. 총 10명의 힌두권 선교 전문가들이 참여했습니다.

이 책은 3부 12장으로 구성되어 있습니다. 제1부는 힌두권의 이해를 돕는 내용을 담았습니다. 1장에서는 진기영 박사가 '힌두교'에 대해 설명했고, 2장에서는 이윤식 박사가 카스트를 중심으로 '힌두 사회'를 설명했고, 3장에서는 공갈렙 박사가 '인도 기독교'를 설명했고, 4장에서는 조범연 박사가 힌두권에서 사역하는 '선교사들의 역할'에 대한 견해를 나누었습니다.

제2부는 한국 교회의 힌두권 사역을 회고한 내용입니다. 5장에서는 임한중 박사가 한국 교회의 '인도 선교 역사'를 약술했고, 6장에서는 김바울 선교사가 인도 속 '무슬림 선교'에 대해 정리했고, 7장에서는 김한성 박사가 한국 교회의 '네팔 선교 역사'를 정리했고, 8장에서는 김정근 박사가 한국 교회의 '네팔 사역의 특징들'을 소개했습니다. 그리고 9장에서는 집필진이 한국 교회의 힌두권 선교에 대해 회고하는 좌담을 정리했습니다.

제3부는 힌두권 선교의 미래를 전망했습니다. 10장에서는 조동욱 박사가 '힌두권 선교의 과제'에 대해 전망했고, 11장에서는 이계절 선교사가 '인도 선교 전략'에 대해 평가했고, 12장에서 곽야곱 박사가 '한국 선교 공동체와 교회'에 대해 고찰했습니다.

마지막으로, ACTS 네팔선교연구원의 동역 교회들에 심심한 감사의 말씀을 드립니다. 드러나는 것이 별로 없는 일종의 후방 사역이라고 할 수 있는 선교 연구를 위해서 기도와 재정으로 네팔선교연구원과 신실하게 동역하는 교회들이 있습니다. 용인 송전교회, 구리 우리네교회, 부산 대흥교회, 서울 은좌교회, 서울 갈릴리교회, 양평 덕수교회, 천안 반석교회의 담임 목사님들과 성도들의 넉넉한 사랑과 기도와 지원이 있었기에 네팔선교연구원의 사역이 가능했습니다.

2022년 3월 17일
김한성

recommendation
추천사

지금도 하나님은 한국 교회를 사용하셔서 그 역할을 충실히 감당하도록 인도하고 계십니다. 지난 40년 동안 힌두권 선교에 함께했던 한국 교회, 그리고 선교사들 사역의 과정과 역할은 격려를 받아야 마땅합니다. 하지만 선교 현장에서 한국 교회에 소개하는 힌두권 선교에 관한 서적이 많지 않아 늘 아쉬웠습니다.

이 책은 이런 갈증을 단숨에 종합적으로 해결해 준다고 확신합니다. 이 책을 통해 힌두권 선교를 새롭게 전망해 볼 수 있는 기회도 될 것입니다. 선교 이론과 현장을 겸비한 전문가들이 동역하여 만드신 역사적으로도 귀한 이 책을 하나님 나라에 관심을 갖은 모든 이에게 기쁘게 추천합니다.

이병성 목사
(하리교회 담임, 전 인도 선교사, 선교전략연구소장)

recommendation

추천사

저는 빚진 자의 마음으로 지난 25년간 인도 선교에 동참해 왔습니다. 그동안 선교의 후방에서 선교 최전방을 지원하는 사명과 '총체적 선교'라는 기치 아래, 이것저것 가리지 않고 선교라는 이름이 붙은 일이라면 어떤 일이든 최선을 다하고자 했습니다. 하지만 잠언 19장 2절의 "지식 없는 소원은 선하지 못하고 발이 급한 사람은 잘못 가느니라"는 말씀과 같이, 지식 없는 소원과 많은 시행착오를 겪기도 했습니다.

금년은 한국 교회가 인도에 첫 번째 선교사를 파송한 지 40주년이 되는 해입니다. 이때에 시의적절하게『한국 교회 힌두권 선교 40년』이라는 뜻깊은 책이 출간되어 기쁘고 감사합니다. 한국 교회의 지난 40년의 시간과 사역을 되돌아보는 선교학적 정리와 더불어, 앞으로의 선교 사역과 비전을 내다보는 작업이 절실한 때입니다. 인도 선교 40년의 역사 가운데 결코 쉬운 기간은 없었지만, 2014년 힌두 국가의 회복을 정강 정책의 근본으로 삼는 BJP정당과 모디의 집권 및 연임으로 지난 9년간 수많은 선교사님들의 비자 거부와 추방, 집중 감시, 갖은 핍박으로 가장 길고 힘든 시간을 보내왔습니다. 이에 더해 무려 3년을 넘어가는 코로나19 팬데믹으로 인도 선교는 가장 힘들고 어려운 광야와 터널을 지나오고 있습니다.

이런 상황가운데 이번에 힌두권 선교사이시자 선교학자이신 김한성 교수님께서 『한국 교회 힌두권 선교 40년』을 출간하시게 되어 너무 감사합니다. 이 책은 열 분의 선교사님들과 선교학자의 옥고를 모은 책입니다. 한 개인의 관점과 경험과 연구를 넘어 여러 현장 선교사님들과 선교학자들의 다양한 경험, 관점, 연구를 통해 지난 40년 인도 선교의 놀라운 성과와 열매도 돌아보고, 진지한 반성과 성찰을 통해 광속으로 변화하는 세계와 선교지의 상황 속에서 미래를 위한 새 이정표도 제시하고 있습니다.

이 책은 선교사님들의 선교적 산고를 통해 만들어진 진주 같은 내용으로 가득합니다. 하나님의 크신 위로와 풍성한 은혜가 넘치시고, 특별히 이 모든 일의 앞에서, 또 중심에서 많은 수고를 아끼지 아니하신 김한성 교수님께 감사드립니다. 인도 선교에 새 일을 행하실 주님께 감사와 찬양을 드립니다.

최은성 목사
(서울 은현교회 담임, 인도선교네트웍 대표)

Contents
목차

서문 · 5 ｜ 추천사_이병성/최은성 · 8 ｜ 미주 · 297 ｜ 참고문헌 · 309

제1부 · 한국 교회의 힌두권 이해

제1장 한국 교회의 힌두교 이해
진기영 · 15

제2장 한국 교회의 인도 사회 이해
이윤식 · 37

제3장 한국 교회의 인도 기독교 이해
공갈렙 · 61

제4장 힌두권에서 선교사들의 역할
조범연 · 78

제2부 · 한국 교회의 힌두권 사역 회고

제5장 한국 교회의 인도 선교 40년 역사
임한중 · 95

제6장 한국 교회의 인도 속의 무슬림 선교
김바울 · 127

제7장 한국 교회의 네팔 선교 역사
김한성 · 156

제8장 한국 교회의 네팔 선교 특징들
김정근 · 179

제9장 한국 교회의 힌두권 선교 회고
전체 좌담 · 210

제10장 힌두권 선교, 다음 시대의 과제
조동욱 · 238

제3부 · 힌두권 선교 미래에 대한 전망

제11장 힌두 선교 전략 재고
이계절 · 254

제12장 힌두권 공동체와 인도 교회
곽아곱 · 274

제1부
한국 교회의 힌두교 이해

제1장

한국 교회의 힌두교 이해

　지난 40년간 한국 교회가 힌두권에 대한 기독교 메시지와 선교 전략을 만들고 실행하는 데 있어서 중요한 영향을 끼친 것 중의 하나가 한국 교회의 힌두교 이해라고 할 수 있다. 힌두교 이해를 어떻게 하느냐에 따라 선교 메시지의 내용과 선교의 방법이 달라질 수 있기 때문이다. 힌두교 이해가 올바르면 힌두들이 이해하고 받아들일 수 있는 기독교 메시지를 만들 수 있고 적절한 선교 방법이 실행되어 좋은 결실을 맺게 된다. 반면에 힌두교 이해가 잘못되면 기독교 메시지는 공감과 설득력 대신 반감을 줄 수도 있고, 그에 기초해 시행되었던 선교 방법은 효과를 보기 어렵게 되는 것이다.

　이 글은 지난 40년간 한국 교회·한인 선교사들의 힌두교 이해가 무엇인지 조사할 목적으로 쓴 글이다. 또한 힌두교를 어떻게 이해하는 것이 적절한 것인지, 다음 세대 힌두권 선교를 위해 가져야 할 힌두교에 대한 태도에 대해서도 말하고자 한다. 이를 위해 먼저, 올바른 이해를 위한 판단의 기준을 논하고자 한다. 그 다음으로는 지난 40년간 한국 교회가 힌두교에 대해 가졌던 '부정일변도'의 이해에 대해, 그리고 그런 가운데서도 점증하는 공감적 이해를 살펴보겠다. 마지막으로 다음 세대 힌두권 선교를 위해서 힌두교 이해에 대한 제언으로 마치고자 한다.

힌두교 이해를 왜곡시키는 요인들

힌두교는 '하나의 종교'라고 말하기도 하고 '여러 개의 종교들'이라고 말하기도 한다. 힌두교는 '종교'라고 말하기도 하지만 하나의 '삶의 방식', 또는 '문화'라고 말하기도 한다. 힌두교는 일반적으로 '다신교'로 알려져 있지만 다수의 저명한 힌두들은 힌두교가 '유일신교' 또는 '일신교'라고 주장한다. 힌두의 신들을 '사악한 마귀나 귀신'으로 말하는 선교사들이 있지만, 힌두 경전은 힌두 신이 마귀를 심판하는 '정의의 신', '거룩한 신'이라고 말한다. 힌두들은 스스로의 노력으로 구원에 이르려고 하는 '자력 구원론'을 가지고 있다고 말하는 반면 초월적인 신에 대한 믿음으로 구원에 이른다는 '타력 구원론'을 가지고 있다고 말하기도 한다. 이런 대조와 대비들은 셀 수 없이 많은데 도대체 어느 것이 옳은가? 어떻게 힌두교를 이해해야 좋을지 혼란스러운 것이 사실이다. 이러한 혼란을 그대로 반영하는 것이 한국 교회의 힌두교 이해이다. 그러기에 힌두교 이해의 가닥을 잡으려면 어느 정도의 기준이 필요하다.

힌두교가 어떤 것이라고 정의 내리기는 어렵고 복잡해도, 힌두교는 어떤 것이 아니라고 말하기는 상대적으로 수월하다. 어떤 것이 올바른 힌두교 이해가 아닌 것인지 판단의 기준이 될 수 있는 것들을 살펴보자.

첫째, 환원주의(축소주의)적 주장은 힌두교를 왜곡하기 때문에 올바른 힌두교 이해에 도움이 되지 않는다. 환원주의란, 다면적·복합적인 양상을 가진 힌두교를 일부분으로만 제한시켜 단순하게 이해하는 방식이다. 예를 들어, '힌두교는 범신론이다'라고 하는 주장은 대표적인 환원주의적 이해에 불과하다. 왜냐하면 힌두교에 당연히 범신론적 신관이 포함되지만 이와 함께 유신론·일신론적 신관을 배제할 수 없기 때문이다. 힌두교는 범신론과 연관되어 다신교적 요소가 있지만, 이 신들은 한 종교의 여러 신이 아니라 종파별로 최고신이 다른 여러 종교라는 점을 이해할 필요가 있다. 타 종파의 신은 하위 신으로서 인간과 같이 죄를 짓고 윤회의 과정을 거쳐야 한다. 그러기에 막스 뮐러(Friedrich Max Müller, 1823~1900) 같은 학자는 여러 하위 신을 인정하면서도 최고신에 대해서는 일신론적 성격을 가진 힌두교를 단일신교(henotheism), 교체신론(kathenotheism)이라는 용어를 만들어 소개했던 것이다.

힌두교가 자력 구원의 종교라고 말하는 것도 대표적인 환원주의적 이해이다. 힌두교에는 행위를 통한 구원의 길인 까르마 마가(karma marga)가 분명히 있지만, 이와 함께 지식의 길(jnana marga)과 신앙의 길(bhakti marga)도 동시에 제공하고 있다. 힌두 경전인 바가바드 기타와 뿌라나에는 오직 신에 대한 믿음과, 신의 은혜로 죄사함을 받고 해방(Moksha)에 이르는 수많은 내용들이 나온다. 힌두들의 절대 다수를 차지하는 비쉬누파, 시바파 힌두들에게는 이러한 신앙의 구원관이 지배적이다. 그럼에도 마치 행위 구원만이 있는 것처럼 말하는 많은 주장들은 힌두교를 축소, 왜곡시킴으로써 우리의 힌두교에 대한 이해를 크게 빗나가게 한다. 올바른 힌두교 이해에는 이러한 환원적, 축소적, 단면 이해를 제외시켜야 한다.

둘째로, 오리엔탈리즘 역시 힌두교 이해를 왜곡시키는 주요 요인이다. 에드워드 사이드가 말한 오리엔탈리즘은 서양의 동양 식민 지배를 정당화하는 관점에서 서양과 대조적으로 동양은 열등하고 후진적이며 비합리적이고 미신적인 신앙을 갖고 있다고 본다. 문제는 서양 사람만 오리엔탈리즘을 가지고 있는 것이 아니라는 데 있다. 인도사 전문가인 이광수 교수는 "세계에서 가장 가난하고 종교적으로 미신적이고 발전이 매우 늦은 나라라는 한국인의 인도 이미지는 '오리엔탈리즘'과 다름없다."라고 말했다.

또 다른 인도 역사가인 이옥순 교수도 『우리 안의 오리엔탈리즘』이라는 책에서, 19세기 제국주의자인 영국인에게 감염된 한국의 오리엔탈리즘을 '복제 오리엔탈리즘'이라 명명했다. 그는 한인이 가진 오리엔탈리즘의 예로, 한인이 '힌두교는 과거에 닻을 내린 무력한 종교이고, 인도인은 미신을 숭상하는 무지몽매한 사람들이며, 눈에 띄는 모든 사회적 악습은 미신인 힌두교가 생성한 퇴적물에 지나지 않는 것'으로 보는 것을 지적했다.

한국 신문에서 나오는 기사와, 인도 여행기, 인도 관련 문학 작품 등, 한국에서 나오는 거의 대부분의 인도 이미지가 오리엔탈리즘의 영향을 받은 것이라면, 이것이 한국 교회의 인도·힌두교 이해에도 상당한 영향을 끼쳤을 것임은 자명하다. 힌두교에 미신적인 요소가 있음은 부정할 수 없다. 그러나 세상의 어느 종교가 미신적·기복 신앙적 요소가 전혀 없다고 할 수 있겠는가? 그리고 사람의 무지몽매를 깨치며 사회 발전과 도덕 생활에 유익이 되는 내용이, 힌두교라고 해서 왜 없겠는가? 인도에 가난한 사람들이 많고 선진국이 아니라고 해서 인도의 신앙과 문화까지 무시하는 것은, 오리엔탈리즘과 다름없고 올바른 인도 이해를 위해 제거해야 할 편견인 것이다.

셋째로, 외부자적(etic) 관점으로만 힌두교를 보는 것 역시 힌두교 이해를 왜곡하는 또 다른 주 요인이다. 타 종교, 타 문화에 대한 균형 잡힌 이해를 가지려면 비 힌두의 견해만이 아니라 힌두 신앙을 경험하고 힌두 공동체 안에 사는 사람의 이야기도 들어봐야 한다. 기독교인의 이야기를 전혀 들어보지 않은 사람, 예를 들어 무슬림, 힌두들의 기독교에 대한 일방적인 평가가 정확하다고 보기 어려운 것처럼 힌두들이 말하는 힌두신앙의 이야기를 듣지 않는 사람의 견해가 정확하리라고 기대하기는 어려워 보인다. 외부자의 견해와 내부자의 견해(emic) 중 어느 한쪽만이 옳고 다른 것은 틀린 것이 아니라 양쪽을 다 같이 검토한 후 최종적인 판단을 내리는 것이 실체와 좀 더 가까울 수 있기 때문이다.

그런데 많은 경우 내부자가 하는 말에 대한 진지한 검토 없이 자문화, 즉 자신이 익숙한 신앙의 관점에서만 쉽게 판단과 정죄를 내린다. 그렇기 때문에 타 종교가 이해가 되지 않고 괴이하게 보이는 것이다. 예를 들어 끄리슈나, 시바를 포함한 많은 힌두 신들의 음란과 부도덕한 행위를 볼 때, 힌두교는 비윤리적 종교요 성적인 종교라고 판단 내리기가 쉽다. 외부자의 눈에는 분명히 그렇게 보이지만 내부자들의 경우는 전혀 다르다. 쉬바 뿌라나 경전에 의하면 시바 신은 점도 흠도 없는 거룩한 신으로

칭송을 받는다. 시바 신은 사람들이 저지르는 작은 죄 하나라도 다 살펴보고 있으며 모든 죄를 없이 하는 것이 시바의 영광이라고 말한다. 시바 신은 자신이 거룩하기 때문에 신자들도 거룩한 삶을 살도록 명령한다.

때로는 신들이 범죄하는 경우가 있고 이것이 거룩한 신의 모습과 충돌되는 것처럼 보이지만 힌두 신학은 마야(Maya, 미몽)의 작용을 통해 (하위) 신들을 겸손케 하며 최고신의 영광을 나타내는 것으로 설명한다. 끄리슈나 신이 수 만 명의 아내를 두면서도 수많은 소치는 여인들과 사랑을 나누는 것도 신자와의 사랑의 연합으로 설명한다. 무엇보다 중요한 것은 외부자의 눈에는 이 모든 것이 다 한 종교(힌두교)의 현상으로 보이겠지만 내부자 입장에서 신들의 범죄는 타 종파(Sampradaya)의 하위신들에만 해당되고 자기가 예배하는 자신의 종교·종파의 최고신은 결코 범죄하는 법이 없다는 것이다. 비쉬누 파 전통에서는 시바신이 범죄할 수 있고, 시바파에서는 비쉬누가 범죄할 수 있지만 비쉬누 전통과 시바 전통은 각기 다른 종파·종교이며, 비쉬누파에서 비쉬누는 언제나 거룩한 신이며, 시바파에게 시바는 역시 언제나 거룩한 신이라는 것이다.

우리가 힌두 내부자의 말을 다 들을 필요는 없지만 힌두들의 말을 안 듣고, 힌두 경전을 안 읽으며, 힌두들에 대한 정보와 사실 관계 파악 없이 섣불리 힌두 신앙에 대한 판단을 내리는 것은 반드시 경계해야 한다. 우리의 판단이 공정하고 정확하며, 그리하여 그들에 대한 우리의 기독교 복음 제시에 설득력을 갖게 하기 위해서이다. 그러므로 외부자 입장만의 일방적인 힌두 이해에 대해서는 판단을 보류할 필요가 있다고 본다. 내부자에 대한 정보 파악, 내부자의 입장을 충분히 검토함이 없는 힌두 이해는 맞을 수도 있지만 공정성이 떨어질 수 있기 때문에 정확한 힌두 이해와는 다소 거리가 있는 것으로 봐야 할 것 같다.

힌두교에 대한 부정일변도의 이해

한국 교회의 힌두교 이해 주된 생산자는 인도와 네팔 등의 힌두권 선교사이다. 교회에 오거나 인터넷 상에 힌두교에 대한 정보를 주고 힌두교·힌두 선교를 소개하는 사람은 대부분 선교사라고 할 수 있다. 선교사들은 힌두권 나라에 살면서 많은 힌두들을 접촉하며 힌두교의 실제를 경험하고 있기 때문에, 한국 교회의 입장에서는 그들이 주는 정보를 신뢰하는 것이 당연하다.

그러나 일정한 정도의 지식이 없이, 살면서 주로 경험으로 파악하는 힌두교 이해에는 한계가 있기 마련이다. 경험은 내가 보고 들은 것에 국한된다. 내가 보지 못하고 듣지 못한 힌두교의 다양하고 복잡한 양상을 놓치고, 내가 부분적으로 경험한 것으로 미루어 힌두교 전체를 판단함으로써 일반화의 오류에 빠지기 쉽다. 또한 내가 경험한 것을 해석하고 판단할 때 한국 문화, 기독교, 한국 교회를 기준으로 삼음으로써 힌두교 자체가 다 이상하고 전부 잘못된 것으로만 보이기 쉽다.

예를 들어 보자. 인도 선교 30년을 회고하면서 쓴 선교사들의 글 모음집을 보면 한 선교사가 한 말이 나온다. "인도 사람들이 자기 문화를 지키고자 하는 마음들은 아주 완고합니다. 예를 들어 자기 고유 의상들을 입는 것을 고집하는 것입니다. 간편하고 쉬운 현대 복장을 전혀 꿈꾸고 있지 않습니다." 간편하고 쉬운 복장을 선호하는 것은 한국인의 문화이지만 편리성보다는 다르마(삶의 방식, 문화)를 중시하는 것이 인도인의 문화요 신앙이다. 교리가 중요한 기독교와 달리 힌두교는 무엇을 먹고, 무엇을 입고, 어떻게 행동하며 사느냐 하는 삶의 방식과 관계된 것이기 때문에 아무리 세월이 흘러도, 심지어 외국에 가는 일이 있더라도 힌두들은 정결한 의복과 음식과 전통적인 삶의 방식을 그만둘 수 없는 것이다. 그러나 한국 문화·한국 기독교 문화를 표준으로 삼고 있는 한인 선교사의 눈에는 이러한 인도인들이 '완고하고', 전통 문화를 '고집하는' 것으로 보이기에, 그것을 그만 두기를 기대했던 것이다.

그리고 이제는 한인 선교사들의 눈에 보이는 힌두교의 신관을 살펴보자. 파송한 인도 현지 선교사를 선교 여행 차 방문한 한 교회 목사가 현지에서 들은 강의에서, 힌두교는 "범신론이요 다신교이며 혼돈의 종교요 음란한 종교이며 가난할 수밖에 없는 종교"라고 들었다. 이는 전형적으로 환원주의적, 오리엔탈리즘적 힌두교 이해이며, 힌두교에 대한 부정적인 이미지로 가득한 내용이다. 한 선교회에 기고한 또 다른 선교사의 글을 보면 힌두교는 "분명 인도 영혼을 사로잡고 있는 귀신의 종교"라고 말한다. 그는 힌두 신들을 신으로 지칭하는 것조차 꺼리는 듯, "힌두들이 믿는 (귀)신들"이라고 말함으로써 '귀신'의 수준으로 격하했다.

힌두교의 아바타 신앙과 관련한 선교사들의 글을 살펴보면 의도적으로 '성육신'이라는 용어를 피하는 것처럼 보인다. 산스크리트어 아바타(avatara)는 위키피디아든, 제프리 퍼린더(Geoffrey Parrinder)와 같은 종교 전문가든 똑같이 문자적 의미가 '내려 왔다'는 것으로 '육체를 갖고 세상에 내려 온 힌두 신'을 의미하는 용어로 말하고 있다. 그런데 선교사들은 성육신이라는 말 대신에 드물게 '화신'(몸으로 변하다, 몸이 된다는 의미)이라는 말을 쓰거나 다수의 경우는 아래와 같이 단지 '변한다', '변신'이라는 말로 대체한다. "힌두교의 신은 같은 신이 여러 모양으로 변한다, 여러 동물로 혹은 사람으로, 귀신 등으로 변하는 것이다." "비쉬누는 다양한 형태로 변신하는 것이 특징으로 보통 10가지로 변화한다." 아마도 기독교와 차별성을 두기 위해서 힌두교의 아바타 개념은 마술사의 '변신' 정도의 개념으로 소개하는 것을 볼 수 있다. 물론 힌두교의 아바타는 기독교의 성육신과 다르다. 힌두교의 아바타는 한 번 오는 것이 아니라 반복적으로 오며, 세상에 오는 목적도 잃어버린 죄인을 구원하기 위한 것이 아니라 악한 마귀를 심판하기 위한 것이다. 그럼에도 불구하고 힌두교의 아바타에는 이슬람교와 달리 신이 내려와 인간이 되었다는 개념이 있기에 이 개념이 없이는 기독교 복음을 이해할 수 없게 된다.

한인 선교사의 힌두 신 이해에서 힌두교의 신은 윤리 도덕적인 면에서 통상적인 거룩한 신 개념과 다른 괴이한 성적인 신으로 묘사되는 경우가 흔하다. 한 선교회의 홈페이지에 올린 선교사의 글을 보자. "브라만이 자기 몸으로 한 여자를 만들어 자기 아내를 삼았다. 브라만 최고신은 여자가 여러 모양으로 변함에 따라 자기도 그것의 수컷으로 변해서 계속 짝짓기를 하여 여러 종류의 동물들이 지구상에 생겨나게 되었다는 신화. 그래서 모든 만물을 신으로 섬기고 그 창조의 근원인 성교를 종교의 가장 중요한 것으로 여기며 남성 성기를 최고의 신으로 숭배하는 성적인 신관을 갖게 된 것이다. 힌두교의 신관은 성적인 신이고 남녀 양성신이다."

힌두교를 이렇게 성적인 관점에서 보기 때문에 어떤 선교사는 힌두교의 신들이 "일반적인 도덕 기준, 특히 성경의 십계명과는 완전히 거리가 먼 신"이라고 말했다. 그러나 사실 힌두교의 신화와 신들의 가르침 중에는 거룩한 신의 모습이 헤아릴 수 없이 많이 나온다. 그럼에도 불구하고 힌두 신의 거룩한 모습을 언급하는 선교사는 결코 찾아보지도 들어보지도 못했다. 힌두 신들이 범죄하는 경우에는 그 문맥에서 의미하는 신학적인 뜻이 있다. 더구나 그 신은 종파적 의미에서 거룩한 최고신이 아닌 하위 신임에도 그런 것을 구별해 주는 선교사, 부연 설명을 해 주는 선교사는 없다.

많은 선교사들의 경우 힌두교는 종교로 취급하지도 않는다. 단기 선교사들을 위한 교육에서 어떤 강사 선교사가 다음과 같이 말했다. "힌두교는 인생살이를 위한 하나의 철학, 이리저리 또 알쏭달쏭하게 사람들을 끌고 다니는 미혹, 고행, 선, 도 닦는 일, 사람의 최선의 노력, 인간의 모든 사고의 연장을 종합하여 보려는 노력이다." 또 다른 선교사는 힌두교의 계시성을 전적으로 부정하며 이렇게 말한다. "힌두교는 인간의 편의로 신들을 양산해 내었다. 즉 인간의 필요로 갖다 붙이면 신이 되는 것이다. 그 결과 헤아릴 수 없이 많은 신들이 탄생하였다. 이것은 그만큼 힌두교가 계시성이 결여되었다는 것을 나타내며 불교 등 다른 자연 종교와 마찬가지로 인간중심으로 인위적인 과정을 통해 점진적으로 발전된 종교임을 보여 주는 것이다."

이러한 힌두교 이해는, 신의 계시에 의한 영원한 진리(Sanatana dharma)라는 힌두교의 주장과 정면으로 배치된다. 베다를 비롯하여 각종 뿌라나는 신의 계시로 주장되며 힌두들은 '인간 창시자'가 있는 '기독교, 불교, 이슬람교'와 달리 신으로부터 온 계시 종교라고 고백하고 있다. 그러기에 영국 학자 로빈 보이드는 『인도 기독교 신학 서론』에서 "힌두교의 최고 권위는 계시(shruti, '듣는다', '본다'는 뜻)이며, 그 뒤로 체험과 이성 그리고 전통과 같은 권위가 있다"고 말했다. 물론 필자를 포함한 모든 선교사, 기독교인은 성경·그리스도만이 유일하고 최종적인 하나님의 계시임을 믿고 고백한다. 그러나 우리가 성경을 최고 권위로 고백하는 것처럼 힌두들도 자신들의 경전과 종교에 대해 그런 신앙을 갖고 있다는 것은 알 필요가 있다.

선교사들의 힌두교 이해와 함께 말해야 하는 것은, 한국의 선교학자 또는 기독교 배경의 비교종교학자들의 힌두교 이해이다. 학자들이라면 힌두교에 대한 평가에 공정성과 정확성을 가져야 한다. 그러나 일반 선교사들과 큰 차이 없이 편견에 사로잡힌 견해를 표출함으로, 왜곡된 이해를 교정해 주지 못하고 그것을 오히려 더 심화시키는 것은 매우 유감스럽다.

어느 신학 대학 비교종교학 교수의 인터뷰 기사를 보면, 그는 "힌두교는 여러 신들을 믿는 다신교라고 말할 수 있다. 한국 불교와 매우 유사한 기복 신앙과 무속 신앙을 갖고 있다. 힌두교는 요가를 통해 인간 내면에 존재하는 우주적인 자아 내지는 영과 하나가 되려는 시도를 한다. 여기서 잘못하면 사탄의 속임수에 빠질 수 있다."고 말했다.

그가 말한 힌두교의 여러 모습들 중에 틀린 것은 없다. 그러나 그는 힌두교가 다신교뿐 아니라 인격적 유일신을 믿는 신앙적 요소가 있다는 것을 빼뜨렸다. 기복 신앙·무속신앙적 요소가 있지만 동시에 어떤 보상·상급도 기대하지 말고 진리 자체만을 구하라는 바가바드 기타의 핵심 가르침은 언급하지 않았다. 또한 그는 힌두교가 우주적인 영과 하나 되려는 사탄적인 종교임을 잘 지적했다 해도, 동시에 사탄을 멸망시키는 수많은 거룩하고 정의로운 신들이 있는 종교라는 언급은 빠뜨렸다.

또 다른 한인 비교종교학 교수는 한 강의에서 앞 사람보다는 비교적 균형 있게 힌두교를 소개했다. "힌두교 안에는 수백만의 신들을 믿는 다신론도 있고 브라만이 우주의 유일신이라는 일신론도 있어 신관이 복잡하고 혼잡하다. 고통의 윤회에서 해방되는 구원의 방법을 요가라고 하는데, 요가의 뜻은 합일이다. 요가에는 신에 대한 신앙과 헌신의 방법도 있고, 무욕적인 선행의 방법도 있고, 심신을 연마하고 명상하여 브라만과 합일되는 신비주의적 요가도 있다. 힌두교는 대체적으로 그리고 본질적으로 인간의 노력에 의해 구원이 이뤄지는 인위적 종교이다. 타종교들은 인간이 하나님 또는 구원을 찾아 아래에서 위로 올라가는 종교이다."

이 교수는 다신론과 함께 일신론도 언급하고, 구원의 방법에도 행위 구원만이 아니라 신앙의 방법, 신비주의적(또는 지식) 방법도 있음을 옳게 밝혔다. 그런데 끝에 가서는 힌두교가 인간의 노력에 의해 구원이 이뤄지는 행위 구원의 종교이며, 인간이 찾아서 위로 올라간 인위적 비계시 종교라고 결론지었는데, 이 결론이 근거가 있는 결론인지 편견에 의한 결론인지 분명치 않다. 왜냐하면 인도 구원의 길로서 업보, 지식, 신앙 세 가지 길이 있지만 숫자적으로 가장 많은 인도인이 택하는 길은 신앙의 길이기 때문이다. 인도에서 신앙의 길을 가는 박티 계열의 비슈누

파와 시바파는 힌두교의 지배적인 종파이다. 기독교 입장에서 힌두교가 아래에서 위로 올라가는 종교라는 판단을 내리는 것은 무방하지만 힌두들은 자신들의 종교를 '계시의 종교'로 주장하는 점도 같이 말해 주는 것이 힌두교에 대한 균형 잡힌 이해를 갖는 데 더 도움이 될 것이다.

힌두교에 대한 공감적 이해

공감이란, 상대방의 주장에 반드시 동의하고 따르는 것이 아니라 상대방의 입장에 서서 그 사람의 눈으로 보고 그 사람의 감정을 느끼는 능력을 말한다. 사람과 사람 사이에 의사소통을 할 때 이런 공감 능력이 없다면 상대방의 마음을 읽을 수 없고 상대방을 이해하지 못함으로 대화가 계속 이어지기 어려울 것이다.

선교는 비교종교학자가 신학생들을 대상으로 하는 강의도 아니며 선교 훈련 학교에서 선교 후보생들에게 시행되는 교실 교육과 전혀 맥락이 다른 것이다. 선교는 타 문화, 타 종교에서 태어나고 자란 사람들과 만나 삶 속에서 그들과 소통하며 그들을 그리스도의 사랑 안에서 얻는 행위라고 말할 수 있다. 이러한 사람과 사람 사이의 만남이 지속적·긍정적으로 이뤄짐으로 복음 안에서 그들을 얻으려면 상대방에 대한 존중과 공감적 태도가 매우 중요하다.

그러기에 19세기 말과 20세기 전반기 인도 선교사로 활동했던 64명의 지도적인 선교사들은 1910년 에딘버러 선교사 대회에 보낸 답변서에서 이렇게 말한 바 있다.

> 모든 응답자들[선교사들]은 하나 같이 인도와 고대 종교에 대해서 공감적인 태도를 가져야 할 필요성을 역설했다. 그들은 또한 그러한 공감이 감정이나 상상에 의한 것이 아니라 올바른 지식에 근거하도록 하기 위해서 지속적이고 인내심 있는 연구의 필요성도 강조한다. 선교사들이 그동안 그토록 지칠 줄 모르고 파괴하려고 힘썼던 인도 종교 중에 일부라도 고상한 측면이 있음을 인정하는 지혜를 결여함으로써 다른 어떤 나라에서보다 인도에서 가장 큰 해를 입어 왔다. 모든 선교사는 자신이 사역하는 사람들의 종교를 반드시 존중해야 한다.

1870년대부터 1910년 사이 유럽과 북미의 인도 선교사들이 힌두교에 대한 공감적 태도를 역설한 것은, 이 기간 전후의 힌두교에 대한 선교사들의 부정적·적대적 태도와는 큰 차이를 보여 준다. 이 시기에 선교사들의 태도가 변한 데에는 두 가지 이유가 있었다.

첫째로, 막스 뮐러에 의해 1879년 우빠니샤드로부터 시작해서 1910년에 이르기까지 50권에 달하는 힌두교, 불교 등의 경전이 영어로 번역되어 비로소 힌두교 경전의 가르침을 알게 되었기 때문이었다. 인도 경전 읽기를 통해 힌두교에 대한 전반적 이해가 생기면서 힌두교에 대한 존중의 태도를 갖게 되었고, 힌두교와 기독교 사이의 유사점을 접촉점으로 삼아 복음을 전하고자 하는 시도가 증가하게 된 것이다.

둘째로, 19세기 말 힌두교에 대한 공감적 태도가 선교사들 가운데서 지배적인 태도가 된 것은, 기독교의 공격적 선교에 대한 저항과 힌두 부흥 운동의 대두, 그리고 교육받은 상층 카스트 대상의 선교가 크게 늘었기 때문이었다. 선교사들은 그들이 영국식 교육을 받아 서양 문명의 혜택을 받으면, 낡아빠지고 미신적인 힌두교는 새로운 세기가 도래하기 전에 영원히 사라질 것이라고 기대했었다. 그런데 인도인들의 민족 의식과 독립 정신은 도리어 강화되었고, 힌두교에 대한 자긍심과 부흥 운동이 크게 진작되어 인도 도처에서 기독교 선교사들의 공격적 선교에 반발하여 성경을 불태우는 일까지 벌어졌다. 1895년에는 스와미 비베까난드가 최초의 힌두교 선교사로 미국과 유럽을 순회하며 힌두교를 전파하는 일도 일어났다.

인도에 수많은 대학 교육 기관이 생겨나면서 마드라스 선교사 수양회에서는 교육받은 계층에 대한 선교의 시급성을 촉구했고, 이에 런던선교회가 이 계층을 위한 특별 선교사로 토마스 슬레이터 선교사를 파송한 이래 많은 단체가 인도의 엘리트 계층 선교에 힘을 쏟기 시작했다. 상층 카스트 배경의 힌두는 이전의 달릿이나 부족민들과는 달리 힌두교 신앙과 인도의 문화적 유산에 대한 자부심과 뿌리가 깊은 사람들이었기 때문에 기존의 피상적이고 부정일변도의 접근으로는 공략하기가 어려웠다. 그리하여 힌두 신앙에 대한 연구와 이해를 바탕으로 하여 힌두교에 대한 공감적 태도가 선교사들 가운데 지배적인 태도로 자리 잡게 된 것이다.

40년 힌두권 선교 기간 동안 한국 교회에 왜곡된 형태의 힌두교 이해가 지배적이고 선교사들이 대부분 부정일변도의 태도를 견지해 온 배경에 대해, 한국 교회 최초의 인도 선교사로 알려진 김영자 선교사는 이렇게 말한다. "많은 기독교인들이 타 종교에 대해서는 무지하고, 또 알려고도 하지 않고 있다고 하면 잘못된 생각일까요? 나 역시 선교사로 인도에 오기 전에는 힌두교가 어떤 종교인지 알지 못했었으니까요." 일반 기독교인뿐 아니라 많은 선교사들의 경우, 인도나 네팔에 오기 전에는 힌두교에 대해 무지하다. 알려고도 하지 않을뿐더러 인도에 와서도 그런 태도를 계속 유지하기가 쉽다.

왜냐하면 힌두교는 우상종교, 다신교, 범신론, 자력구원, 미신, 카스트 제도를 낳은 마귀 종교 등과 같이 기독교적·신학적 고정 관념과 편견으로 이미 깊숙이 자리 잡고 있기 때문이다. 그러니 더 이상 알아야 할 필요를 느끼지 못하는 것으로 보인다. 게다가 선교 현장에 할 일이 얼마나 많은데, 필요한 것이라면 모를까 필요치도 않는 마귀 종교 공부 같은 것을 할 일이 어디 있겠는가? 그런데 이보다 더 실제적인 이유는 한국 선교사들의 선교의 대상이 되는 계층과 관련이 있다. 다수의 한국 선교사들의 사역 대상이 되는 달릿(S.C.), 부족민(S.T.), 여타 후진 계층(OBC)의 경우 힌두 신앙과 문화에 대한 뿌리와 자부심이 없어 선교사들의 부정일변도의 견해에 문제 제기할 사람이 없었기 때문이다.

그러나 인도 선교 33주년을 기념하는 2015년, 전 인도 선교사 연합회 주관으로 국내에서 선교 전략 포럼을 열었는데, 이때 인도의 주류인 상층 카스트와 중산층 선교의 중요성이 대두되었다. 여기에서 상층 카스트와 교육받은 중산층 선교에 적합한 선교 커뮤니케이션을 위해서 힌두교에 대한 적절한 이해의 중요성도 제기되었다. 전선협은 국내뿐 아니라 인도 내에 있는 선교사들을 위해서도, '찾아가는 선교 세미나'를 열어 선교사들의 재교육을 시도했다. 상층 카스트 및 중산층 선교를 하는 선교사가 거의 없었음에도 불구하고 이와 같은 전략적 중요성을 부각시켰던 것은, 인도 선교단체 협의회(IMA)의 회장이 직접 한인 선교사들에게 인도 교회가 하기 어려운 상층·중산층 선교 요청을 해왔기 때문이었다. 같은 해 전선협이 『인도선교 매뉴얼』을 발간했는데 여기에 나오는 '힌두교 이해'에서는 힌두 선교에 주요 걸림돌이 되는 요인으로서 힌두교에 대한 부정일변도의 태도를 지적하며, 힌두교 안에도 기독교와 유사한 내용이 있음을 소개하고, 힌두 경전을 읽기를 권면한 것은 기존과는 다른 흐름이라고 말할 수 있다. 이후로 힌두교에 대한 공감적 이해를 다룬 한국 교회의 출판물들이 쏟아져 나오기 시작했다.

2015년에 출간된 필자의 『인도선교의 이해』에서는 힌두교에 대한 공감적 이해의 관점에 눈을 뜨게 하는 6개의 글들이 실렸다. 이후 『인도선교의 이해』 II권과 III권이 연속해서 발간되었는데, 특히 III권 『힌두교에 대한 기독교 메시지, 선교방식』에서는 힌두교에 대한 전통적 오해가 무엇이며 균형 잡힌 힌두교 이해는 무엇인지 제시해 놓았다.

또한 한국 교회의 공감적 힌두교 이해를 확장시키는 데 중요한 기여를 한 사람은 이계절 선교사라고 할 수 있다. 그는 인도 관련 서적을 많이 저술했는데, 특히 『두 갈래 길』은 서양·한국 기독교 선교가 인도인의 신앙과 문화의 관점에서는 어떻게 보일 수 있는지를 보여 주는 수작이다. 이와 함께 그는 인도 선교 관련 중요 저작에 대한 많은 번역서도 내었는데, 그 중에 『인도의 눈으로 본 예수』는 힌두 신앙과 문화의 관점에서 어떻게 쌍방 통행적인 선교 커뮤니케이션을 할 수 있는지 보여 주는 중요한 책이다. 20세기 인도에서 힌두권 복음화에 가장 중요한 인물을 다룬 『알씨다스: 힌두 복음화에 불을 밝히다』는 올바른 힌두교 이해가 인도에서 열매 맺는 선교에 얼마나 중요한지 잘 보여 주는 책이다. 특히 상층 카스트 배경의 개종자이자 사역자인 띨락의 이야기를 다룬『띨락: 힌두선교를 통찰력과 시로 수놓다』는 힌두교가 어떻게 복음 전도의 다리가 될 수 있는지 잘 보여 주는 역사적 실례를 제시해 준다.

그러나 한국 교회의 힌두교에 대한 공감적 이해를 향상시키는 데 단권으로서 가장 중요한 저작으로는 임한중 선교사의 박사 논문『박띠의 다리를 건너 그리스도께로』를 들 수가 있을 것이다. 임 선교사는 이 책에서 힌두의 박띠 신앙이 일반계시 영역에 속해 있음에도 불구하고, 인격적인 하나님과 교제하고자 하는 열망과 신앙의 구원 개념으로 말미암은 복음 전도의 준비로서 중요한 역할을 할 수 있다고 제시했다. 그가 번역한『인도 교회사』와『인도 기독교 사상』도 인도의 신앙과 문화의 입장에서 인도 기독 신학과 교회를 이해하는 데 큰 도움을 줄 수 있는 교과서적인 책들이다.

다음 세대 힌두권 선교를 위한 제언

지난 40년의 한 세대는 한국 교회 힌두권 선교의 개척기라고 할 것이다. 앞선 사람들의 모델이 없었고, 한국어로 된 힌두권 선교의 자료가 드물었기 때문에 서구 선교사들의 실패를 답습한 것이 전혀 이상한 것은 아닐 것이다. 특히 힌두교에 대한 지식과 정보의 부족으로 부정일변도의 태도를 갖고 선교함으로써 사회 경제적으로 하층 선교에서는 별 문제가 없었지만, 상층 카스트 및 중산층 선교에는 분명한 한계를 드러내었다.

그러나 한 세대를 마칠 즈음해서 힌두교 연구에 대한 관심과 공감적 이해가 증가한 것은 크게 고무적인 일이다. 무엇보다 타 종교권 선교에서는 찾아보기 어려운 '인도 선교 매뉴얼'을 비롯해, 힌두교 및 힌두권 선교 관련 번역서 및 저술이 쏟아져 나온 것은 다음 세대 힌두권 선교를 위해서 중요한 토대를 쌓았다고 볼 수 있다. 이러한 성과를 바탕으로 다음 세대 힌두권 선교의 진전과 결실을 위해 한국 교회와 선교사들에게 다음과 같은 제언을 하고자 한다.

첫째, 선교사들은 힌두교 문제를 다룰 때 공정함을 가져야 한다. 많은 선교사들이 힌두 신들의 비윤리성을 지적하지만, 선교사들이 그렇게 한다면 힌두들도 성경의 아가서와 그리스도의 신자와의 결혼 비유, 구약의 가나안 정복 전쟁에서 여자와 아이들까지 진멸한 것을 언급하면서 기독교 신의 잔인함을 말하고 기독교 역시 성적인 종교라고 주장할 것이다. 힌두교를 우상 종교라고 하면, 기독교 역시 마리아와 십자가를 숭배하는 우상 숭배의 종교이며 힌두교야 말로 우상에서 자유로운 유일한 종교라고 말할 것이다. 힌두 신이 거룩하지 않은 신이라고 말한다면, 힌두들 역시 출애굽기 9장 12절을 언급하면서 바로의 마음을 강퍅하게(완악하게) 한 것과 사무엘하 24장 1절에서 다윗을 충동시켜 인구 조사를 하게 한 것이 바로 기독교의 하나님 아니냐고 말할 것이다. 그러기에 힌두교 이해에 있어서 기본적 자세는 공정함이다. 내가 상대방을 존중하지 않거나 공정하지 않으면 나의 주장도 상대방에게 존중되거나 공정한 대우를 받지 못한다.

영국의 종교신학자 케네스 크랙넬(Kenneth Cracknell)은 1846년부터

1914년까지 타 종교를 만난 신학자와 선교사들에 관한 저술을 했는데 그 책 제목이 『정의와 예의와 사랑』이었다. 인도에서 40년간 교육받은 힌두를 선교했던 토마스 슬레이터 선교사의 말을 인용한 것이다. 슬레이터에게는 선교사가 사랑보다 더 앞서서 가져야 할 것이 '정의', 또는 '공정함'이었다. 선교사가 타종교와의 만남에 있어서 여러 가지 이유로 공정함을 잃게 되면, 이내 신뢰와 설득력을 잃어 사람 얻는 일을 실패하기 때문이다. 두 번째도 예의, 예절 또는 공손한 태도이다. 21세기 독립된 인도에서 자신들의 신앙과 문화에 자부심이 강한 인도인·네팔인을 그리스도 안에서 얻으려면 공정함과 예의만큼 더 절실히 필요한 것은 없다.

둘째, 올바른 힌두교 이해, 효과적인 힌두 선교 방법론을 도출하기 위해서는 한국 교회가 '힌두교 연구소' 같은 것을 세워 교회를 위한 힌두교 연구 자료를 더 많이 발간하고, 힌두권 선교사와 힌두 선교를 하는 교회들에게 좀 더 전문적이고 적절한 안내와 교육을 할 필요가 있다고 본다.

힌두 경전 중에 베다, 우빠니샤드, 바가바드 기타는 번역이 되었지만 힌두교의 주류 종파인 비쉬누파, 시바파 힌두교의 경전인 각종 뿌라나가 번역되어 있지 않아 사실상 한국 교회와 선교사들이 힌두교를 이해하는 데 가장 중요한 자료가 빠져 있다. 또한 힌두교에는 신명들을 포함한 수많은 종교적인 용어들이 있는데 이것들의 의미가 정확히 규명되지 않는 가운데 사용됨으로써 교회 내에 혼합주의적 요소들이 들어올 수 있다. 또한 성육신, 십자가와 부활, 영생 개념을 비롯한 수많은 기독교의 핵심 개념을 힌두들이 이해할 수 있도록 하기 위해서는 힌두 입장에서 어떻게 전달해야 적절한지 연구가 필요하다.

이 모든 작업들은 일개인이 할 수 없다. 교회와 선교사들이 힘을 합해 장기적으로 진행해야 한다. 인도에 교회 건축 지원하는 비용 몇 개만 빼도 선교사들의 연구를 지원하고 출간 사역을 하는 데 어려움이 없을 것이다. 힌두권 선교 전체를 보고 연구·출판·교육 사역에 투자하는 한국 교회 선교 지도자들의 손길이 기다려진다.

셋째로, 기존의 하층 카스트, 하층 클라스 선교도 하지만 중산층, 상층 카스트, 교육받은 힌두를 대상으로 하는 선교 자원을 발굴할 필요가 있다. 지난 40년간 해온 대로 하층 클라스 선교만 계속한다면 힌두교에 대해 굳이 알아야 할 필요를 느낄 일은 없을 것이다. 그러나 힌두권이 요청하는 선교, 인도·네팔에서 가장 복음이 전해지지 않은 미전도 영역, 한국 사람만이 할 수 있는 선교는 상층 카스트와 중산층 선교이다. 중산층은 자립 문제, 경제적으로 도울 일이 없기 때문에 돈이 들지 않는 선교가 가능하다.

이러한 상층·중산층·교육받은 사람들 대상의 선교를 하려면 힌두교 연구가 필수적이다. 힌두교에 대한 무지와 부정일변도의 태도는 복음전도를 가로막는 장애물이 되지만 힌두교에 대한 공부와 공감적 태도는 잃어버린 계층 사람들을 얻는 데 중요한 도구가 될 수 있다. 하층 선교는 아무리 많은 재정을 쏟아 부어도 인도·네팔의 주류 사회 변화와는 큰 상관이 없다. 그러나 중상층 선교는 재정이 많이 들지 않으면서도 인도·네팔 사회 전체를 변화시키는 데 큰 영향을 끼칠 수 있다. 다음 한 세대 한국 교회가 이전에 해 보지 못했던 새로운 일을 경험하기를 소망하며 기도한다.

진기영

고려대(BA)와 총신대 신학 대학원(M.Div)을 졸업했으며, 영국 에딘버러대에서 신학 석사와 박사 학위를 취득했다. 인도 뿌네 소재 유니온 연합 신학교(UBS)에서 선교학 교수로 섬겼으며, 현재 아릴락(ARILAC)의 학술원장과 한동대 객원 교수로 섬기고 있다.

저술: 『인도선교의 이해』 I, II, III. 『서양식 선교방식의 종말』. Rethikning William Carey's Approach to Missions: The Search for Modern Alternatives (Arilac Books, 2021)

제2장

한국 교회의 인도 사회 이해

한국 교회는 지난 20세기 후반부터 인도 선교를 감당하면서 인도 사회를 이해하려고 하는 노력을 충분하게 기울이지 못했다. 이러한 몰이해는 선교의 방향에 있어서 지나치게 건물을 건축하려는 등의 한쪽 방향으로 치우치게 되었고, 이로 말미암아 선교의 역동성이 상당한 정도로 상실되었다고 할 수 있다. 그럼에도 불구하고 몇몇 선교사들의 인도 사회를 연구한 노력의 결과가 21세기 들어서 나타나고 있는 것은 그나마 다행이라고 할 수 있다.

인도 사회를 연구하는 것이 왜 필요할까? 인도 사회를 이해하지 못하면 선교의 방향을 찾음에 있어 오류에 빠지기 쉽기 때문이다. 인도 사회의 가장 기본적인 시스템이라고 할 수 있는 '카스트 시스템'을 생각해 보자. 많은 유럽의 선교사들이 카스트 시스템을 '악한 제도'라고 비난했다. 그러나 정작 선교사들의 교회 개척 사역은 카스트 시스템의 범주를 벗어나지 못한 채로 이루어 짐을 목도해야만 했다. 어느 지역에서나 교회 개척이 신학적으로 바람직한 방향만으로 이뤄질 수는 없다. 교회 개척에 있어서 신학적으로는 가능한 일이지만 현실적으로는 쉽지 않은 경우가 얼마나 많이 있는가? 그렇다고 해서 사회적인 여건과 인간적인 조건만을 가지고 교회 개척이나 선교가 이뤄진다면 이것 또한 바람직한 것이라고는 할 수 없다. 그러므로 인도 사회를 바라보면서 마음의 여유와 융통성을 가지고 정확하게 이해하려고 하는 태도가 필요하다. 그래야 선교의 방향을 잘 찾아서 선교의 목적을 효과적으로 성취할 수 있기 때문이다.

인도 사회를 이해하기 위해서는 인도의 역사와 종교와 문화와 사회 구조 등을 살펴봐야 할 것이다. 이 글에서는 무엇보다 인도 사회의 가장 근본적인 구조라고 할 수 있는 '카스트 시스템'을 통해 인도 사회를 들여다보고자 한다. 카스트 시스템은 인도라는 사회를 구성하는 가장 근본적인 사회 구조이면서 인도에서의 선교와 교회 개척을 위해서 빠뜨릴 수 없는 영역이다. 인도의 교회 역사에서도 카스트 시스템을 분리해서 생각할 수가 없다. 인도에서의 선교 역사를 살펴보면 결국 카스트 시스템에 대한 오해가 인도 사회를 잘못 이해하게 만들고 선교의 방향 또한 의도치 않았던 방향으로 흘러갔다는 것을 알 수 있다.

이 글에서는 카스트 시스템을 오해하도록 만든 역사적인 맥락을 살펴보면서 카스트 시스템의 바른 이해를 도모하고자 한다. 나아가 선교의 현장에서는 어떻게 카스트 시스템을 적용해야 할 것인가에 대한 논의를 하면서, 한국 교회가 인도 선교를 위해 나아갈 방향을 찾아보고자 한다.

카스트 제도에 대한 외부인들의 시각

카스트 시스템은 인도아 대륙을 찾아온 서양인들에 의해서 외부 세계에 알려지고 그 연구가 시작되었다. '카스트'라는 말 자체가 '카스타'(casta)라는 포르투갈어에서 왔는데 그 의미는 민족적·사회적 구분의 단위로써 사용하는 '혈통'이라는 의미를 가지고 있다. 카스트 시스템의 본격적인 연구는 18세기부터 시작되었다고 할 수 있는데, 18세기 말부터 19세기 초에 카스트를 연구하는 세 가지 종류의 그룹들이 있었다. 이 세 가지 부류를 살펴보도록 하자.

오리엔탈리스트들

오리엔탈리스트는 일반적으로 18~19세기 서양의 관점으로 동양의 언어, 문화, 역사, 관습 등을 연구했던 서양의 학자들을 가리키는 말이다. 이 당시는 서양의 식민주의가 왕성했던 때이고 기본적으로 서양과 동양의 기본적인 관계는 "권력과 지배와 복잡한 헤게모니" 속에서 이뤄졌다.[1] 기본적으로 그들의 의식 속에 동양에 대한 우월 의식이 자리 잡고 있었으므로, 동양의 사람들과 문화를 바라보면서 유럽의 것들과 비교해 열등하고 원시적이며, 때로는 위험한 것으로 여기는 태도를 갖게 되었다.

이런 맥락 속에서 그들은 인도 사회를 연구하면서 기본적으로 힌두교의 경전을 통해 인도 사회를 접근하였다. 그래서 힌두교의 경전에 기초하여 브라만이 인도 사회를 "사회의 지배적인 집단(또는 주류세력)"이고 "사회 질서의 중심"이라고 이해한 것이다.[2] 이는 카스트 시스템의 종교적인 측면을 지나치게 부각시킨 결과였다. 한 국가나 사회를 이해하기 위해서는 정치와 경제와 문화 등의 요소를 신중하게 살펴볼 필요가 있다. 그런데 이러한 모든 요소를 제거하고 경전에 근거한 종교적인 관점에서만 카스트 시스템을 이해하려는 태도를 가졌던 것이다.

서양의 우월 의식이 없었다면 이러한 접근은 없었을지도 모른다. 결국 이러한 경전 중심을 통한 접근은 인도 사회를 시간과 공간을 초월하여 존재하는 정적인 사회로 인식하도록 하는 결과를 도출하였다. 결과적으로 카스트 시스템의 이해 속에서 정치적 역동성과 경제적 이해 관계와 문화적 다양성이 배제될 수밖에 없었다. 그래서 이런 관점에서 카스트 시스템은 "기껏해야 브라만들에 대하여 본질적으로 종교적인 우대를 해 주는 것이나, 최악의 경우에는 조악하고 변질된 미신" 정도로 인식될 수밖에 없었다.[3]

선교사들의 관점

유럽의 선교사들은 일반적으로 동양의 문화를 열등하고 저급한 것으로 인식하는 경우가 많았다. 또한 선교사들은 식민지 세력과 우호적인 관계를 유지해야만 선교의 목적도 성취할 수 있는 입장이었다. 근대 선교의 아버지라고 불리는 윌리암 케리(William Carrey, 1761~1834)는 1793년 북인도에 위치한 세람포(현재의 꼴까타 지역)로 들어와서 사역을 시작하였다. 당시 유럽의 선교사들은 일반적으로 서양 문명에 대한 우월감을 가지고 동양을 바라보았고, 인도의 종교인 힌두이즘을 바라볼 때도 천박한 것으로 인식하고 나아가서 인도 문화 전체를 타락하고 불합리가 가득한 열등한 것으로 이해하는 태도를 가지고 있었다.

그들은 인도의 사회와 문화가 힌두이즘이라고 하는 종교 시스템에 기반을 두고 있기 때문에, 카스트 시스템이 힌두이즘의 사회적 기반이라고 여기면서 카스트 시스템이 "힌두들의 열악한 상태의 원인"이 되었다고 믿었다.[4] 당시에 영국 선교사였던 윌리암 워드는 카스트 시스템을 중국의 전족에 비유하여 카스트 시스템이 "나라 전체를 불구로 만들었고, 이 역겨운 제도의 치명적인 영향력 아래서 브라만들은 자신들이 우월하다는 주장을 조금도 굽히지 않은 채 무지로 빠져들었다."고 비판하였다.[5] 이러한 태도가 당시 유럽 선교사들이 가지고 있던 일반적인 것이었다.

한편 남인도에서 사역했던 할레대학 출신의 경건주의 선교사들은 인도의 문화와 카스트 시스템에 대해서 다른 유럽의 선교사들과는 전혀 다른 태도를 갖고 있었다. 그들의 선구자였던 바돌료뮤스 지겐발크(1682~1719)는 윌리암 케리보다 앞서서 1706년 남인도의 트랑크바 지역으로 들어왔다. 그는 다른 할레대학 출신의 경건주의 선교사들과 트랑크바 미션을 세웠고, 그들은 많은 분야에서 사역을 감당했다. 그런데 그들은 카스트 시스템을 하나의 신분제도로써 인정했고 인도 문화 전체를 이해하며 배우려는 태도를 견지했다.

이러한 태도는 당시의 유럽 선교사들이 선교 기지를 통한 선교 방법을 행했던 것과는 달리, 개종자들이 자신의 카스트 집단이 사는 생활 구역에서 계속 생활하면서 자연스럽게 전도 활동을 할 수 있도록 만들었다. 카스트 시스템을 하나의 문화의 형태인 신분 제도로 이해하고 그 틀 안에서 선교의 방법을 찾으려고 했던 노력의 결실이었다.

행정가들의 관점

1757년에서 1785년 사이는 벵갈 주에 있던 동인도회사가 행정적인 시스템을 발전시킨 시기였다. 행정가들은 행정적인 필요를 위해서 인도의 사회 구조를 이해할 필요가 있었다. 1901년 첫 번째로 실시된 센서스에서는 모든 인도인들의 카스트가 조사되면서 어느 정도 실증적인 연구가 이뤄질 수 있었다. 이런 가운데 카스트는 "구체적이고 측정 가능한 독립체"와 같은 것으로 간주되었고 "동족 결혼, 식사 규칙, 고정된 직업, 동일한 의식 행위"를 특징으로 하는 것으로 조사되었다.[6] 카스트의 기원과 현황에 대한 다양한 연구가 이뤄졌지만 사회적 구분을 위해서 카스트 간의 순위를 지나칠 정도로 중요하게 취급했고, 이로 인해 인도인들이 그 전에는 그다지 신경 쓰지 않던 카스트 간의 서열을 따지고 다른 카스트보다 더 높은 지위를 차지하려는 시도를 하면서 카스트의 서열 구조에 불을 지펴 놓는 결과를 초래했다. 행정적인 목적을 위해서 카스트를 조사하면서 오히려 카스트 간의 서열 싸움을 지펴 놓는 고도의 식민 통치 전략이기도 했음을 짐작할 수 있다. 이는 카스트의 본질에 대한 이해보다 행정적인 필요를 위해서 카스트를 이해하고 이를 효과적인 식민 통치를 위해 응용하려고 했던 행정가들의 태도였다.

이러한 세 가지 태도는 초기 카스트 연구에서 형성된 비전문가적인 관점으로서, 지나치게 서양 중심적인 관점에서 카스트에 대한 연구가 이뤄지는 계기가 되었다. 나아가서 이로 말미암아 카스트 제도 자체에 대한 이해와 타 문화에 대한 관용의 정신보다는, 외부인의 시각으로 오해와 타 문화를 폄하하게 되는 계기가 되었다고 할 수 있다.

카스트 시스템의 내부자적 관점

카스트 시스템을 인도인 자신들은 어떻게 생각하는지 내부자적 관점에 대해 이해할 필요가 있다. 서로 다른 의견을 내는 개인들이 있을 때 먼저 상대방의 말을 주의 깊게 듣는 태도가 필요하기 때문이다. 다음의 세 가지 관점에서 살펴보도록 하자.

사회적 구성 단위로서의 카스트

인도인들에게 있어서 카스트는 사회를 구성하는 단위로서 존재한다. 그래서 카스트가 없는 사람은 상상할 수도 없는 경우의 수가 된다. 인도에서는 이슬람이나 기독교에 속한 사람들도 당연히 카스트를 가지는 것으로 이해를 한다. 이슬람 내에서도 자신들만의 카스트가 존재하는 것은 엄연한 사실이다. 기독교 내에서는 어떻게 카스트를 구분할까? 인도 인류학 서베이(Anthropological Survey of India)는 수십 년 동안 인도 전역에 있는 카스트를 조사했다.

이 조사에서는 무슬림은 물론이고 기독교인들까지도 카스트의 범주에 넣어서 조사했다. 특이한 것은 각 기독교의 교단에 따라서 카스트를 조사했다는 것이다. 예를 들면, 형제교회, 감리교회, 장로교회, 카톨릭, 오순절파, 제칠일안식교, 시리안정교회 등을 하나의 카스트 집단으로 간주하였다.[7] 즉 카스트는 인도라는 한 국가를 구성하는 하나의 단위로써 인도아 대륙에서 살고 있는 모든 사람들이 속할 수밖에 없는 사회적 범주인 것을 보여 주고 있다. 나아가 이렇게 기독교의 종파를 하나의 카스트로 인식하게 된 원인 중에 하나는 결혼이 대부분 그 종파 안에서 이뤄지기 때문이기도 하다는 점에서, 카스트의 성격을 파악할 수 있다.

결혼의 단위로서의 카스트

카스트의 가장 중요한 특성은 카스트 집단이 동족 결혼의 단위가 된다는 것이다. 도시 지역의 젊은이들이 10명 중에 1명은 연애 결혼을 한다는 통계가 있기는 하지만, 같은 카스트 안에서 결혼을 해야 한다는 것은 대부분의 인도인들이 가지고 있는 생각이기도 하다. 인도에서 일요일에 발행되는 일간지의 여러 페이지는 카스트별 결혼 광고가 나온다. 카스트에 맞춰서 결혼을 하려다 보니 신문 광고가 가장 보편적인 결혼의 수단이 된 것이다. 온라인 결혼 앱의 경우에도 종교와 카스트, 출신 지역이 결혼을 결정짓는 주요 요인이 된다. 미국에서 태어나서 교육을 받은 컴퓨터 공학자도 자신의 카스트에 따라서 결혼 상대를 찾는 것을 보면, 카스트가 결혼의 단위로써 얼마나 중요한 범주가 되는지를 여실히 보여 주고 있다고 할 수 있다.

높은 카스트의 경우, 결혼이 동족 가운데서 이뤄지는 것은 순수한 혈통을 지키는 수단이 된다고 하는 믿음을 가지고 있기도 하다. 그러나 이러한 결혼의 전통은 경제적인 관점에서도 중요한 동기를 가지고 있다. 전통적으로 농경 사회였던 인도는 땅이 매우 중요한 경제적 수단이 된다. 따라서 결혼을 같은 종족 안에서 해야만 농사를 지울 수 있는 땅이 다른 종족에게로 가지 않는 것이다. 그러므로 같은 카스트 안에서 결혼을 하는 경우, 여러 가지 동기가 내포되어 있다고 할 수 있을 것이다.

정체성의 근원으로서의 카스트 시스템

전 인도에 걸쳐서 카스트는 그 그룹에 속한 사람들에게 정체성을 갖게 해 주는 근원이 된다.[8] 인도와 같은 문화 다원주의 사회에서 '정체성'이란 "특정 사회적 그룹을 다른 사회적 그룹들과의 관계성에서 구별 짓게 만드는 특성과 의식"이라고 할 수 있다.[9] 인도와 같은 다문화 사회에서 정체성을 형성하는 것은 대부분의 경우 민족성(ethnicity)의 맥락에서 이루어지기 때문이다.

인도에서는 민족성을 결정짓는 요소로 크게 네 가지를 손꼽는데 이 네 가지는 카스트, 종교, 언어, 지역이다. 즉 이 네 가지에 근거한 사회적인 맥락에 의해서 개인의 정체성이 결정지어진다는 것이다.[10] 그러므로 무슬림이나 크리스천의 경우에도 자신들의 정체성을 결정할 때는 카스트의 영향력으로부터 자유로울 수 없다는 사실을 암시하고 있다. 즉 신앙적인 정체성뿐만 아니라 사회적인 범주에서도 개인의 정체성을 세워 나갈 때 카스트가 매우 중요한 역할을 하게 되는 것이다.

이렇게 내부자적인 관점에서 보면 카스트 제도는 인도 사회를 구성하는 데 있어서 없어서는 안 될 가장 중요한 문화적 요소가 된다는 것을 알 수 있다. 즉 카스트는 모든 인도인들의 개인적인 삶을 지배하는 문화적인 발판이라고 할 수 있을 것이다.

카스트 시스템의 삼중적인 성격

카스트 제도의 바른 이해를 위해서는 인도인들이 바라보는 카스트 제도의 관점뿐만 아니라 학자들이 언급하는 카스트 제도의 본질을 이해할 필요가 있다. 이를 통해 카스트 제도가 가진 본래적인 성격이 무엇이며 이러한 성격이 역사적인 과정을 통해서 어떻게 발전해 왔는가를 살펴보는 것이 필요하다.

카스트 시스템의 종교적 성격

카스트 시스템은 그 기원이 바르나 시스템에 있다. 바르나 시스템은 모든 힌두들을 네 가지 직업군으로 구분한다. 즉 브라만(힌두교의 사제들과 교사들), 크샤뜨리아(군인들과 통치자들), 바이샤(상인들), 수드라(농부들, 노동자들). 그러나 이러한 위계질서에 포함되지도 않는 불가촉천민들이 있었다. 수천 년 전에 이미 존재하던 이러한 사회적 위계질서는 인도의 가장 오래된 경전인 '리그 베다'에서 언급되어 있다. 그 기록을 보면 이 세상의 창조신인 브라흐마의 몸에서 이 네 개의 계급이 나왔다고 한다. 즉 브라만은 브라흐마의 머리에서, 크샤뜨리아는 브라흐마의 어깨에서, 바이샤는 브라흐마의 넓적다리에서, 수드라는 브라흐마의 발에서 나왔다는 것이다.

이러한 브라흐마 발현설은 카스트 제도의 종교적 성격을 말해 주고 있다. 신의 몸에서 나왔으므로 종교적 경건함을 가지고 자기에게 주어진 카스트를 받아들일 뿐만 아니라, 자기의 본분에 최선을 다하라는 종교적 가르침이 숨어 있는 것이다. 이렇게 자신의 카스트에 속한 본분을 다하는 것이 '다르마'라고 하는 힌두교의 종교적 규범이요, 사회적 질서를 위한 법이 되는 것이다. 또한 이러한 종교적 이론에 기초하여 상층에 속하는 세 가지 그룹을 전통적으로 거듭난 카스트(twice-born castes)로 인정한다. 이 세 가지 카스트 그룹은 힌두 의례를 통해 거듭난 카스트가 되고 가슴에 실을 걸쳐서 표식을 하며 힌두경전을 읽거나 들음으로써 진정한 힌두교도로서 사회의 구성원이 되는 것이다.

바르나의 원래 의미는 '색깔'을 의미했다. 오리엔탈리스트들은 이 색깔을 인종이라고 간주했다. 즉 백인종에 속한 아리안들이 인도아 대륙의 북서쪽으로 들어와서 거의 흑인에 가까웠던 드라비다라고 하는 원주민을 정복했고, 이렇게 해서 다양한 인종들이 나타나게 되었다는 것이다. 그래서 브라만은 순수한 아리안의 혈통을 가져서 피부가 하얀 사람들이 많고 계급이 밑으로 내려갈수록 드라비다족의 색깔처럼 피부색이 까맣게 된다는 이론이었다.

종교적 시각으로 종교적 경전에 기초해 사회의 조직을 구성하게 된 역사적 사실을 규정짓는 것은, 종교적 교리라고 하기보다는 정치적 담론에 가깝다고 할 수 있다. 이미 많은 과학적 연구를 통해서 여러 지역에서의 수많은 카스트들의 유전자를 조사한 결과, 카스트와 인종과는 아무런 연관성이 없다는 과학적 사실이 밝혀졌다. 한국인들을 단일 민족이라고 하는 것이 역사적 사실이거나 과학적 근거를 가지고 말하는 것이라기보다는 정치적 견해를 밝힌 것이라고 하는 것과 마찬가지라고 할 수 있다. 이런 맥락에서 카스트 제도의 경제적 성격과 정치적 성격을 살펴보는 것이 필요하다고 할 수 있다.

카스트 시스템의 경제적 성격

카스트 제도는 그 역사적 기원이 경제 시스템이었다. 고대 사회에서 인도인들을 네 가지 계급으로 나눈 바르나 시스템은 직업에 기초한 계급 구조였다. 즉, 브라만은 제사장과 교사, 크샤뜨리아는 군인과 정치가, 바이샤는 상인과 소상공인, 수드라는 농부와 노동 계급이었다. 오랫 동안 이뤄진 사회학적, 역사적 연구를 통하여 바르나가 뜻하는 '색깔'이라는 의미는 인종적인 구분이 아니라 직업군에 따른 계급이요, 사회적 지위를 구분 짓는 계층 구조라는 주장이 힘을 얻고 있다. 오랫 동안 진행된 고대 사회에 대한 연구는 '색깔'과 고대 사회에서 각각의 직업군이 가지고 있었던 '직업의 종류'의 관계성을 파악하는 데 일조하였다.

굽타(2004)에 의하면 각각의 직업군(바르나)은 자신들의 직업을 나타내는 색깔을 가지고 있었으며, 그 색깔로 된 깃발을 각자의 집에 걸어서 자신의 사회적 신분을 나타내었다고 언급하고 있다. 이는 태양이 시간별로 변하는 색깔을 가지고 구분을 하였다. 즉 브라만은 태양이 가장 강렬할 때 갖는 하얀 색, 크샤뜨리아는 태양의 본래 색깔인 빨간 색, 바이샤는 아침에 나타나는 태양의 색깔인 노란색, 수드라는 저녁 노을에 나타나는 파란색이었다.

이러한 맥락에서 바르나 시스템은 전체 사회에서 주요한 직업군이라고 할 수 있는 네 가지 직업군을 나누어서 국가의 경제를 효율적으로 운영하고자 했던 경제 시스템이었다고 할 수 있다. 그리고 고대 사회로부터 '노동의 분화'가 있었고 이러한 노동의 분화는 고도로 발달한 고대 문명을 건설하는 데 주요한 역할을 하였다고 할 수 있다. 또 이러한 바르나 시스템에 기초해서 직업의 분화와 더불어 역사적인 시간의 흐름 속에서 카스트 시스템이 발달하였다고도 할 수 있다. 그러므로 특정 카스트 그룹은 자신들의 직업에 있어 전문성을 확보할 수 있었고, 다른 그룹에 속한 사람들의 경쟁으로부터 자신들의 생계 수단을 보호받을 수 있는 독점적인 지위를 유지할 수 있었다. 또한 같은 카스트 안에서 결혼하는 동족 결혼의 관습은 자신들의 카스트 안에 있는 토지가 다른 집단에게로 넘어가는 것을 방지할 수 있는 제도적 장치를 마련할 수 있었던 것이다.

현대에도 카스트와 직업은 매우 중요한 연관성을 가지고 있다. 근대에 들어와서 양조 산업이 돈을 벌 수 있는 큰 수단이 되었지만, 전통적으로 낮은 카스트 그룹이 했던 일이었기에 다른 카스트 그룹이 관여하지 않았다. 이를 통해 전통적으로 술을 제조했던 카스트 그룹은 독점적인 지위를 가지고 경제적인 부를 확보할 수 있었던 것이다. 따라서 카스트 시스템을 경제적 관점에서 이해하는 것은 매우 중요하다고 할 수 있다.

카스트 시스템의 정치적 성격

위에서 언급한 대로 서양의 학자들에 의해서 18세기 후반부터 집중적으로 이뤄진 카스트 연구는 지나치게 종교적이고 문화적인 측면에 집중했다. 인도의 역사학자 사베르왈은 브라만들이 세속적인 공간에서 권력을 가진 그룹으로 등장한 것은 영국의 식민 지배에 의한 것이었음을 지적한다. 즉 식민지 상황에서 "브라만들은 재빨리 언어(영어)를 배우는 것의 중요성을 깨달았고 이것은 그들의 전통적인 특권을 위해서 새로운 질서에서 새로운 종류의 가치를 인증해 주었다."[11] 그래서 그들은 식민지 지배 초기에 영국 식민지 정부의 관료와 군인 계급으로 진출하는데, 다른 카스트 그룹들보다 앞섬으로써 새로운 계급을 형성하는 데 성공하였고, 브라만의 우월성을 정치적으로 공식화하는 데 큰 역할을 했다고 할 수 있다.

퀴글리는 일명 '호카르트 이론'을 소개하고 있는데, 이는 카스트 시스템을 왕이 최고의 정점에 배치된 정치 시스템으로 소개하고 있다. 카스트를 '정결과 오염의 원칙'으로 접근하는 프랑스의 사회학자 드몽에 반대하여 호카르트는 "왕들이 첫 번째 카스트인 것은 그들의 역할이 우주적 질서를 재생시키는 제사를 명령해서 전체 공동체의 복지를 보장하는 데 필수적이기 때문"이라고 주장하였다.[12] 이와 관련하여 덕스도 인도 사회에서, 카스트 시스템에서 왕권이 종교와 제사장들을 아우르는 것임을 주장하였다.[13]

카스트 시스템의 정치적 성격과 관련해, 빌리지 수준에서는 각 지역마다 '지배적인 카스트'(dominant caste)의 개념이 있다. 지배적인 카스트가 되기 위해서는 그 지역에서 상당한 정도의 경작지를 소유하고, 인구수가 우세하고, 지역의 계층에서 높은 위치를 차지해야 한다. 그래서 각 지역의 지배적인 카스트는 지역적인 상황에 따라서 달라질 수 있는 것이다. 라자스탄 지역에서는 군인 계급인 라지뿌트가 우세하고, 간디의 고향 구자라트 지역에서는 상인 계급인 바니아 카스트가 우세하다. 각 지역의 역사적·정치적인 맥락에 따라서 지배적인 카스트가 결정되는 것이다. 20세기에 들어와서 지배적인 카스트가 되기 위한 조건은 "서양식 교육, 관직, 도시에서의 수입"으로 변모하기 시작하였다.[14]

카스트는 하나의 사회적 시스템으로써 끊임없이 변화하고 사회적 변화에 대응하는 역동성을 가지고 있는 것이다. 카스트의 정치적 성격을 이해하게 되면 카스트 시스템이 결코 정체된 구시대의 신분 제도나 위계 질서가 아니라 21세기에서도 정치적인 역할을 주도하는 역동성을 가지고 있다는 사실을 인식할 수 있게 된다.

현대 사회에서 작용하는 카스트의 역동성

카스트 시스템은 하나의 시스템이다. 시스템은 사회의 변화와 더불어 끊임없이 변하는 성격을 가지고 있다. 그러한 변화를 통해서 사회적 구조로 살아 남을 수 있게 된다. 이러한 카스트 시스템이 현대 인도에서 어떠한 변화를 통해서 사회적 시스템으로 존재하게 되었는지를 살펴보도록 하자.

카스트에 기초한 정치 권력의 확대

인도는 1947년 독립 이후 세계 최대의 민주주의 국가를 운영하고 있다. 민주주의 꽃은 선거에 있다고 말한다. 선거에서 나타나는 권력의 분배는 인구수에 기초한 것이다. 즉 인구수가 권력과 비례할 수 있는 것이다. 2011년 센서스에 의하면 인도의 인구는 카스트에 따라 다음과 같이 구분할 수 있다:[15]

브라만	기타 상층 카스트	기타 낙후 계급(OBC)	지정 카스트(SC)
5.0%	18.4%	32.0%	16.2%
지정 부족(ST)	이슬람	기타	합계
8.2%	14.2%	6.0%	100.0%

고대 사회로부터 낮은 카스트라고 분류됐거나 카스트의 분류에도 포함되지 못했던 사람들 — 기타 낙후 계급, 지정 카스트, 지정 부족 — 의 수는 위의 도표에서 보듯이 힌두들 가운데에서 56.4%를 차지하고 있다. 고대 사회로부터 '불가촉천민'이라고 불렸던 지정 카스트와 지정 부족의 경우에도 전체 인구수의 24.4%를 차지하고 있다. 인구수로 보면, 대략 3억 명이나 된다. 이들은 지정 카스트와 지정 부족이라는 사회적 구분에 따라 전통적인 힌두교의 내부 질서에 편입을 할 수 있게 되었다. 나아가서 민주주의 제도에서 인구수의 힘은 권력을 창출할 수 있는 힘을 발휘한다. 근대 사회의 변화에 따라 발달한 카스트의 연합과 카스트에 기초한 정치는 인도의 독립 이후 특별히 "집단주의 정치 운동"으로 발전하였다.[16] 인도의 현대 정치에서 1980년대 이후 네루 가문을 중심으로 한 일당 우위의 정당 체계가 와해되고 다당제가 출현하면서 다양한 카스트 집단의 정치화가 이뤄지고 있는 것이다. 특히 이 기간에 불가촉천민으로 천대받던 지정 카스트(SC)의 정치력이 강화되는 현상이 두드러진다. 이는 새로운 사회 환경에서, 그리고 보다 치열해진 경쟁 속에서 카스트를 일종의 정치적인 무기로 사용하는 것이라고 할 수 있다.

인도에서 가장 큰 면적을 자랑하면서 힌두교의 성지가 가장 많은 UP 주의 경우, 1995년부터 네 차례나 주 수상을 역임했던 마야와띠는 이러한 다수의 힘을 적절하게 활용해 정치 권력을 창출한 인물이라고 할 수 있다. 지정 카스트에 속한 낮은 카스트 출신으로 누구나 다니는 공립 학교를 다녔던 마야와띠는 지정 카스트의 정치력 강화의 결정판이라고 할 수 있는 인도다수당(Bahujan Samaj Party)의 당수가 되면서 네 차례나 주 수상이 될 수 있었다. 이는 이른바 바후잔(다수)의 힘을 적절하게 활용했기 때문이라고 할 수 있다. 지정 카스트 그룹이 인도다수당을 통해 독자적인 전국정당을 창설하고 무시할 수 없는 정치 세력으로 부상한 것은 일차적으로 지정 카스트의 사회·경제적인 힘의 강화와 그에 따른 정치적 관심과 의식이 성장했기 때문이라고 할 수 있다.

마야와띠의 등장을 가리켜 인도의 수상을 역임했던 한 정치인은 "민주주의의 기적"이라고 칭했다. 고대 사회에서 불가촉천민에 속했던 사람들 가운데 수많은 정치인들이 민주주의 꽃인 선거에 등장하면서 카스트의 정치화에 따른 사회 변혁이 일어나고 있는 것이라고 할 수 있다. 이것은 인도의 카스트 시스템이 전통적인 씨족 사회에 뿌리를 두고 있기 때문에 정치에서도 자신이 속한 공동체 출신의 정치인을 지지하는 것은 보편적인 관념에서 당연할 일일 수 있다. 지정 카스트에 대한 인적인 대표성이 작용했기 때문이라고도 할 수 있다. 아이러니하게도 모디 정부에서 수상과 대통령이 모두 낮은 카스트 출신이라는 것은, 종교뿐만 아니라 카스트가 정치 권력을 창출하는 데 일익을 담당하고 있다는 사실을 대변해 주고 있다.

레저베이션 ─ 공공 부문 할당제 또는 호혜적 불평등 제도

인도의 헌법은 호혜적 불평등 제도라고 일컫는 공공 부문 할당제(reservation)를 가지고 있다. 이 할당제의 핵심은 사회적 약자에 속한 사람들의 사회 경제적·정치적 지위를 강화하기 위한 것으로써 그 핵심은 (1) 연방 의회 하원과 주 의회의 하원에 전체 인구에 대한 지정 카스트와 지정 부족민의 수에 비례한 의석의 보장, (2)정부 공무원의 일정한 비율에 따른 고용 보장, (3)공립 학교의 일정 비율에 따른 입학 보장이라고 할 수 있다.

이러한 혜택을 제공하기 위해 1953년 1월 29일 대통령령으로 '첫번째 낙후 계급 위원회'(First Backward Classes Commission)가 조직되어서 1955년 3월 30일에 2,399개의 낙후 카스트 또는 공동체의 명단을 발표하였다. 여기에서 지정 카스트(SC)와 지정 부족(ST)을 "사회적·교육적으로 낙후된 계급들"로 정의하고 그 범주를 다음의 네 가지로 구분을 하고 있다: (1) 힌두 사회의 전통적인 카스트 계층 구조에서 낮은 사회적 지위를 차지하는 경우; (2) 카스트나 공동체의 주요 영역에서 일반적으로 교육의 발전이 부족한 경우; (3) 공무원직에서 같은 카스트의 사람들이 불충분하거나 없는 경우; (4) 무역, 상업, 산업의 영역에서 대표성을 가지는 같은 카스트의 사람들이 부족한 경우.

지정 카스트는 '달릿'이라는 이름으로 부르는데 '억업받는 자들'이라는 의미를 가지고 있다. 그들은 역사적으로 카스트 제도 하에서 불가촉천민으로 취급을 받았으며 힌두 문화 속에서 억압을 받았다. 간디는 이들을 '하리잔'(신의 사람들)이라고 불렀지만 정작 그들은 자신들을 '달릿'(억압받는 자들)이라고 칭하였다. 지정 부족의 경우 일반적으로 '아디바시'(최초의 거주민들) 또는 '밀림의 거주자들'이라는 별명을 가지고 있다. 그러나 행정적인 목적을 위해서 1952년 '지정 부족과 지정 카스트 담당 위원장'은 지정 부족에 속하는 그룹의 여덟 가지 특징을 발표했다. 그러한 특징들 중 하나는 그들이 문명 사회와 동떨어져서 접근이 어려운 밀림과 산악 지대

에서 거주하며 정령 숭배라는 원시적인 신앙을 가지고 있다는 것이다.[17]

기타 낙후 계급(OBC)의 개념은 1979년 정권을 차지하고 있던 국민당(Janata Party)의 정책과 깊은 관계를 가지고 있다. 국민당은 가난한 백성들의 복지에 가장 큰 복지를 가지고 있었던 정당이었다. 1979년 만달(B. P. Mandal)을 중심으로 조직된 만달 위원회는 1980년 12월 31일 보고서를 통해서 기타 낙후 계급(Other Backward Classes)의 정의를 "교육적으로, 경제적으로, 사회적으로 낙후된 농부들과 노동계급과 공동체"라고 정의를 하였다. 이 범주에 속하는 인구를 52%로 추정하고 그들에게 공무원직의 27%를 제공해야 한다고 제안하였다. 이러한 정책은 당시 상층 카스트 젊은이들의 극렬한 반대와 시위를 불러일으켰다. 1992년 대법원은 지정 카스트, 지정 부족, 기타 낙후 계급에 속한 사람들을 위한 레저베이션이 50%가 넘으면 안 된다고 판결을 하였다.

공식적으로 지정 카스트, 지정 부족을 위한 레저베이션 22.5%와 기타 낙후 계급을 의한 레저베이션 27%, 합계 49.5%로 되어 있다. 최정욱은 특별히 공공부문 할당제 덕분에 지정 카스트들의 사회 경제적 입지가 강화되고 선거구 할당제로 인하여 지정 카스트들의 정치 활동이 보다 활발하게 전개되고 있음을 말하고 있다. 예를 들면, 지정 카스트 출신이 2003년 중앙 정부의 최상위직에서 최하위직에 이르기가지 평균 16.52%를 차지하였고, 하원(Lok Sabha)의 경우 2,009년에 534석 중 84석을 차지하였다.[18]

이렇듯 지정 카스트를 위한 할당제를 통하여 고등 교육을 받을 수 있는 기회를 얻게 되고, 인도에서 가장 좋은 직장으로 여겨지는 공무원직을 얻거나 정치인으로써 부상하게 되는 것은, 전통적으로 천대받던 사회적 그룹이 정치 경제적 힘을 얻고 사회 구조 안에서 새로운 엘리트 그룹을 형성할 수 있었다는 것을 반증하고 있다. 1년에 한 번씩 자트(Jat)라는 카스트가 신문 지상에 자주 나올 때가 있다. 이 카스트는 어떤 지역에서는 상층 카스트에 속해 있고, 어떤 지역에서는 기타 낙후 계급(OBC)에 속해 있다. 이러한 지정 카스트와 지정 부족들의 명단은 10년에 한 번씩 주정부의 수상이 공포하기도 되어 있다. 그러기에 이러한 때가 되면 명목상 상층카스트에 속하는 것보다 실질적인 혜택을 받을 수 있는 기타 낙후 계급(OBC)의 범주에 포함되기 위하여 해마다 대규모 시위를 벌이는 것이다. 이런 맥락에서 굽타는 교육과 공공 부문에서의 할당제를 통하여 특별히 달릿 그룹이 카스트를 "자기 주장을 위한 도구"로 활용하면서 정치력을 확대하고 있음을 언급한다.[19]

교육 — 흙수저들을 위한 권력 쟁취의 기회

인도 사회에서 권력 쟁취의 수단이 되는 것은 전통적으로 카스트, 교육, 경제적 계급으로 축약될 수 있다. 여기에서 개인의 힘으로 성취할 수 있는 가장 수월한 것은 교육의 영역이다. 낮은 카스트에게 할당된 교육 분야에서의 할당제를 통하여 다른 카스트 그룹에 비하여 덜 소모적인 경쟁을 통하여 좋은 학교를 진학하고 공직이나 전문직으로 진출할 수 있는 것이다. 이는 일명 '흙수저'들을 위한 권력 쟁취의 기회를 제공하는 것이다. 일반적으로 카스트로 인한 차별은 현대 사회에서도 전문직에서 교육받은 상층 카스트 엘리트들이 더 많은 기회를 얻고 있다는 사실에서도 확인될 수 있다.[20] 그럼에도 불구하고 낮은 카스트들이 사회적인 제한과 한계를 뛰어넘을 수 있는 것은 교육을 통한 기회의 쟁취가 가장 유용한 수단이 될 수 있고, 또한 교육은 카스트의 한계도 뛰어넘을 수 있는 발판이 될 수 있다.

필자가 라자스탄에서 리서치를 했을 때 그 동네에서 가장 유명한 신전은 불가촉천민이 운영하는 쉬바신전이었다. 그런데 그 불가촉천민이 제사장 노릇을 하는 곳에 브라만들이 와서 제사를 드리는 것이었다. 그 집안의 2세들이 모두 석사 과정을 하거나 교사를 하고 있었다. 사람들의 의식 속에서 카스트보다 교육을 더 중요하게 여기는 분위기가 만들어지고 있었던 것이다. 그러므로 교육의 기회를 통해 사회 경제적인 힘을 키우는 것뿐만 아니라 전통적으로 소외되었던 종교적·의식적 신분 상승의 기회도 만들 수 있다는 가능성을 보여 주는 것이라고 할 수 있다.

이러한 카스트의 세 가지 성격은 인도 사회의 발전과 더불어 역사적으로 발전해 왔다고 할 수 있다. 또한 이러한 세 가지 성격은 카스트 시스템의 근본적인 성격이 인도 사회의 종교와 경제와 정치와 밀접한 관계를 가지고 왔다는 것을 보여 주는 증거라고 할 수 있다.

카스트와 인도 선교

인도의 교회 역사는 카스트와 깊은 연관성을 가지고 흘러왔다고 할 수 있다. 사도 도마가 개척한 도마교회는 상층 카스트를 대상으로 하는 교회들로 성장하였다. 인도의 중세 시대에 브라만을 위한 선교 전략을 세운 드 노빌리가 있었다. 그러나 유럽의 대부분의 선교사들은 낮은 카스트에 대하여 지나치게 집중하여 20세기에 있었던 집단 개종이나 부흥 운동은 낮은 카스트 사이에서 주로 일어났던 사역이었다. 인도 교회의 지도자들이 주로 남인도의 높은 카스트들을 중심으로 세워지자 이에 반발하여 달릿 신학까지 성장하게 되었다. 동북부 지역의 교회가 인도아대륙의 북부 지역에서 선교의 역량을 발휘하지 못하고 있는 것도 카스트 시스템에 기초한 배타 의식이라고 할 수 있다. 이렇게 인도 사회의 근본적 구조인 카스트 시스템을 이해하지 못하면 인도의 선교 역사와 교회를 제대로 이해할 수 없게 된다.

이런 맥락 속에서, 카스트는 교회 개척을 위한 전략상 하나의 종족(people group)이 된다는 사실을 기억할 필요가 있다. 맥가브란은 교회 개척과 성장에 있어서 종족에 대한 개념을 발전시켜 "세계의 모든 계급, 부족, 카스트, 인종적인 단위, 경제적인 그룹"을 포함시켰다.[21] 인도 사회의 카스트에 기초하여 미전도 종족의 개념과 이에 기초한 교회 개척 전략이 이뤄지고 있다는 사실은, 오늘날 선교를 감당하는 모든 교회가 알아야 할 내용이라고 할 수 있다. 그러므로 카스트 시스템의 종교적 성격만을 가지고 비판하기보다는 카스트 시스템이 가지는 총체적인 성격을 이해하고, 하나의 사회적 구조로서 바라보면서 사회적인 역동성 안에서 선교의 기회를 만들어 가는 노력이 필요하다고 할 수 있을 것이다.

한국 교회는 지난 20세기 후반부터 인도 선교를 감당하면서 카스트 시스템을 제대로 이해하기보다는 비판하는 데 지나치게 집중을 해 왔던 경향이 있다. 미전도 종족을 찾거나 그 안에서 선교를 감당하면서도 카스트 시스템의 몰이해 때문에 카스트 시스템 안에서 이뤄지는 선교의 흐름을 파악하지 못했고, 좀 더 효과적인 사역의 방향을 찾지 못했던 경험을 가지고 있다. 그러므로 앞으로 나아갈 선교의 방향을 찾으면서 카스트 시스템에 대한 바른 이해를 바탕으로 방향성을 찾아간다면, 보다 바람직하고 효과적인 방향을 찾아 나갈 수 있게 될 것이다.

나가는 말

위에서 살펴본 바와 같이 카스트 제도가 인도 사회의 근간을 이루는 사회 제도임에도 불구하고, 이에 대한 오해는 18세기 이후 서양 중심적인 사고를 가진 오리엔탈리스트, 선교사, 행정가들에 의해서 형성되어 왔다. 그러나 카스트 제도는 그 역사적 형성 과정에 있어서 종교적인 성격보다는 경제적, 정치적, 문화적 요소를 형성하여 인도 사회를 이끄는 사회 구조로 성장해여 왔던 것이다. 이러한 카스트 시스템은 오늘날 인도 사람들의 매일의 삶 속에서도 뗄레야 뗄 수 없는 사회 구조의 핵심이라고 할 수 있다. 이러한 카스트 시스템은 끊임없이 변화하는 역동성을 가지고 있다. 오늘날은 공공 부문의 할당제를 통하여 맞은 카스트에 속하는 사람들이 교육과 정치와 경제 분야에서 자신들의 역량을 확대시키고 있다.

이러한 카스트 제도는 인도 교회의 역사를 통해서도 분리해서 생각할 수 없다. 현재 이뤄지고 있는 선교와 교회 개척의 영역에서도 이러한 카스트 시스템을 이해하지 못하면 바른 길로 나아가기가 쉽지 않다. 교회가 세워지는 것이 카스트 시스템이라는 인도 사회의 테두리 안에서 이뤄지고 있기 때문이다. 그러므로 카스트 시스템의 바른 이해를 통해서 결국 선교의 영역에서의 나아갈 방향을 찾아야 할 것이다. 이것은 인도 사회 안에서 교회를 개척하는 전략을 세우면서 인도 사회를 그리스도의 권위와 하나님의 통치 아래 세워 나가는 길이 되기 때문이다.

이윤식

고려대학교 교육학과와 총신대 신학 대학원을 졸업했고, 인도 네루대학교에서 문화인류학 전공으로 박사 학위를 취득했다. 현재, 미국 싸우스웨스턴침례신학교에서 목회학 박사 과정 중이다. 1991년 평신도 선교사로 인도에 파송되었으며, 현재 GMS 소속 선교사이다. R7to7 네트워크 국제 코디. 북인도선교회 대표. 한동대학교 국제 지역 연구원. 유튜브 채널 운영(#HM인도소식)

제3장

한국 교회의 인도 기독교 이해

　인도 선교를 이해하기 위해 가장 먼저 살펴봐야 할 것이 인도 교회 혹은 인도 기독교의 과거와 현재일 것이다. 전승에 의하면, 예수님의 열두 제자 중 한 명인 사도 도마가 인도에 와서 순교했다고 알려져 있을 정도로 인도 기독교의 역사는 길다. 이렇게 긴 역사를 가진 인도 기독교에 대한 이해를 바탕으로 할 때 인도 선교의 방향이 제대로 설정될 수 있을 것이다. 이를 위해 먼저, 인도 기독교를 어떻게 이해해야 하는가에 대한 문제 제기를 통해 한국 교회가 기존에 이해하고 있는 인도 기독교에 대해 검토하려 한다. 그리고 인도 기독교가 역사 속에서 어떤 변천 과정을 거쳐 현재까지 이르렀는지를 중요한 사건과 인물을 통해 파악하려 한다. 마지막으로 현재 인도 교회 혹은 인도 기독교가 선교 주체로서 얼마나 중요한 위치와 가능성을 가지고 있는지를 살펴 미래 인도 선교를 전망하고 마치려 한다.

인도 기독교를 어떻게 이해할 것인가?

인도하면 무슨 생각이 떠오를까? 대개 '카레', '요가', '신비하다', '타지마할', '힌두교', '불교의 발상지', '선교지' 등 다양한 이미지와 단어가 떠오른다. 한국에서 인도에 대한 이해는 적어도 동북아의 주변 국가들과 비교했을 때 상당히 미비하다고 볼 수 있다. 그런 면에서 한국 교회의 인도 기독교 이해도 일천할 수밖에 없다. 선교지로서의 인도는 알아도 선교와 사역 파트너로서의 인도 교회를 이해하는 경우는 매우 드물다. 한국 교회가 인도 기독교를 어떻게 이해하는가에 따라 인도 선교에 대한 자세나 방향, 방법 등이 달라질 수 있다는 점에서 본 주제는 중요하다 하겠다. 먼저, 선교지로서의 인도를 생각할 때 한국 교회가 주안점을 두는 부분을 생각해 보고자 한다.

첫째, 선교지로서의 인도는 교회가 없을 테니, 교회를 세워야 한다는 사명감을 갖는다. 그래서 선교 활동의 초점을 선교사의 직접적 복음 전도와 예배당 건축, 신학교 건립 등과 같은 외적 요소에 관심을 가진다. 실제로 인도의 각 지역에 예배당을 건축한 한국의 여러 교회 사례가 있다. 그러나 이렇게 세운 교회가 현지 교회나 교단과 연계되어 있지 않고 한국인 선교사나 후원한 한국 교회와만 연결되어 있어서 고립된 사역의 특징을 가지고 있다. 한 예로 2015년 이후, 인도에서 추방되거나 입국 거부된 선교사들이 많아지면서 사역지의 교회, 학교 등의 재산을 송두리째 남겨 두고 떠나야 했던 경우가 여럿 있었다. 이때 현지 기독교 교단이나 기관과 연계하지 못해서 사후 관리나 사역의 지속이 어려워지는 경우가 종종 있었다.

둘째, 선교지로서의 인도는 가난하고 못 배운 사람들이 많아서 이들에게 구제와 교육 혜택을 주어야 한다고 생각한다. 그 결과, 빈민 구제 사역과 빈민 학교 사역으로 구체적 사역의 열매를 맺게 된다. 이 부분은 매우 긍정적인 측면이 있지만, 인도에서의 선교 활동이 획일적이고 단선적인 것으로 진행되거나 '온정주의(paternalism)' 혹은 '후견주의(patron-client system)'로 인해 현지인의 과도한 의존 현상을 낳기도 한다.

셋째, 선교지로서의 인도의 문화는 반성경적이거나 비기독교적이기 때문에 멀리하거나 무시하게 된다. 이런 연유로 인해 인도인과 최소한의 의사 소통을 위한 현지어 학습을 제외하고는 인도 문화나 역사, 관습 등을 적극적으로 배우려 하지 않는다. 인도에서 사역하는 선교사나 인도 선교를 지원하는 교회가 늘어 가지만 인도를 잘 아는 전문가는 매우 부족한 현 상황은 이런 태도에서 어느 정도 영향을 받았다고 할 수 있을 것이다. 한국에 왔던 초기 선교사들이 한국 역사와 문화를 배워서 관련된 책을 편찬할 정도로 전문가가 되었다는 점은 한국 교회가 인도 전문가 양성에 게을렀던 점을 반성하게 한다. 또한, 인도인에게서 무엇을 배운다는 자세를 갖지 못하게 한다는 점에서 가르치는 자이지만 동시에 배우는 자로서의 선교사의 역할, 선교하는 한국 교회의 역할에 불균형을 초래하기도 한다.

그렇다면, 선교 파트너로서 인도 교회를 이해한다는 것은 무엇을 의미하는 것일까?

첫째, 인도 교회가 선교에 동참하게 하여 인도 선교의 주체가 되도록 한다는 것이다. 한국 교회뿐만 아니라 각국에서 온 선교사들이 인도에서 사역할 때 사역의 주체가 되기보다 사역의 조력자가 되어야 한다는 말이다. 인도 교회 중 지역의 거점 교회나 복음적으로 건실한 교회를 사역 파트너로 정해서 함께 그 지역 선교를 이루어 간다면 그 열매는 고스란히 지역 인도 교회 몫이 될 수 있을 것이다. 인도 교회가 결코 그 규모나 능력이 작지 않다. 정부 통계로는 인구의 2.4% 정도지만 실제로는 최소 4~5%라고 보는데, 무려 5,000만 명 정도다.[22]

둘째, 인도 교회가 '자립-자전-자치'할 수 있도록 돕는다는 뜻이다. 앞에서 이미 언급했듯이, '후견주의(patron-client system)'로는 위의 목표를 이루기 어렵다. 제국주의 시대 서구 선교사들이 자의 반 타의 반으로 이런 온정주의의 한계를 경험했던 것과 같이 21세기 인도 선교를 진행해서는 안 된다는 경고음을 들어야 할 것이다.

셋째, 인도 기독교를 일단 있는 그대로 인정하는 것이 필요하다. 한국 교회의 주류인 장로교나 감리교, 침례교, 성결교 등의 잣대로 인도 교회를 평가하기보다 그 자체로서의 특징을 이해하고 그 바탕 위에 한국 교회가 가지고 있는 강점과 받았던 은혜를 나누는 것을 진행해야 할 것이다. 그 말은 인도 현지 교회에 대한 폭넓은 수용과 관대함이 필요함을 의미한다. 신학적이나 신앙적으로 절대 받아들이기 힘든 부분이 있을 수 있다. 그런 부분은 따로 다루면 될 것이다. 오히려 그런 이유 때문에 인도 안에 있는 기존 교회를 완전히 무시해서는 안 될 것이다

위와 같은 문제 제기를 염두에 두고 인도 기독교의 역사적 변천과 현재의 모습을 바라본다면, 한국 교회가 21세기에 인도 선교 역사의 바통

을 이어 가는 데 중요한 역할을 감당하게 될 것이다. 달리 말해서, 인도 교회를 인도 선교의 주체와 파트너로 인식하고 인도 기독교를 이해한다면 인도 선교에 대한 좀 더 균형 잡힌 시각을 가지게 될 것이다.

2,000년 역사 속 인도 기독교

1~17세기 인도 기독교

인도 기독교의 역사는 초대 교회의 역사와 궤를 같이 한다. 왜냐하면, 사도 도마의 인도 전래설[23]에 따라 서기 52년부터 인도 교회가 시작되었다고 믿고 있기 때문이다. 역사적으로 논쟁이 될 만한 소지가 있지만, 대체로 초대 교회 교부들의 기록과 여러 문서의 증거 등을 통해 도마의 인도 사역을 중복해서 언급하고 있다. 그리고 초기 인도 교회가 스스로를 도마파 교회로 인식하고 있다는 점 등을 통해, 도마의 인도 전래가 인도 교회 안에서는 나름대로 역사적 정당성을 확보하고 있다. 여하튼, 도마의 인도 전래 이후 초기 도마 교회 공동체가 남인도 케랄라 지역에 존재하고 있었고, 시리아 정교회와의 해안선을 통한 교류로 정교회 전통을 추구하는 교회의 형태를 취하게 되었다. 지금까지도 시리아 정교회는 케랄라 지역에서 흔히 찾아 볼 수 있다.

이런 초기 인도 교회는 외부와의 교류가 단절된 상태에서 매우 소수의 공동체가 특정 지역에 존재하고 있었기 때문에 인도아 대륙에서의 영향력이 크지는 않았다. 서구 교회와의 교류가 단절된 결정적인 계기는 622년 이슬람교의 출현 때문이었다. 7세기경 서아시아, 북아프리카, 중앙아시아를 점령한 이슬람 세력은 동방과의 해상 무역 또한 독점하기 시작했다. 그렇기 때문에 해안선을 따라 이루어졌던 기독교 교류가 단절되게 된 것이다. 이런 단절은 인도 교회의 독특성을 키웠던 반면, 16세기 포르투갈의 본격적인 포교 활동 이전까지 약 600년에서 1,000년 가까이 되는 공백기를 가지고 왔다.

인도 기독교는 16세기 포르투갈의 식민지 경영과 유럽의 가톨릭 포교를 통해 좀 더 광범위하게 존재감을 드러내기 시작했다. 특히, 포르투갈의 무역항이 있었던 남인도 해안을 중심으로 빠르게 그 영향력을 높여 갔다. 지금의 케랄라와 타밀나두 지역이 그 중심이었다. 16세기와 17세기는 가톨릭 선교의 두 세기라고 할 수 있다.[24] 포르투갈의 식민지였던 인도 중서부 해안의 고아(Goa)에는 아시아 최초로 가톨릭 교구가 세워져 아시아 포교의 교두보 역할을 감당하기에 이른다. 이 두 세기 동안 크게 선교의 두 흐름을 살펴볼 수 있다. 그 흐름을 대표하는 두 인물을 통해 당시 가톨릭 선교의 특징을 파악할 수 있다. 예수회 소속 프랜시스 자비에르(하비에르)(Francis Xavier, 1506~1552) 신부와 로베르토 드 노빌리(Roberto de Nobili, 1577~1656) 신부가 그들이다.

16세기 중반 프랜시스 자비에르가 남부 해안에서 가난한 하층민, 주로 어부들을 대상으로 사역하였다. 가난하고 억압받는 자들의 구원자로서의 예수님이 사역의 주된 메시지였다. 그러나 로베르토 드 노빌리는 17세기 초반 타밀 지역을 중심으로 상층 카스트 주로, 브라만을 대상으로 사역했다. 이때 그는 자신이 유럽의 브라만 출신이라는 점을 강조하며 인도 브라만들에게 브라만처럼 다가갔던 소위 '문화 수용

(accomodation)'의 방식을 포교 활동에 적용했다. 가난과 절제를 실천했던 초기 예수회의 전통 속에서 프란시스 자비에르는 불가촉천민을 포함한 하층민을 사랑했던 성자로 추앙받은 반면, '백인 브라만'이라는 별명을 사용할 정도로 상층 카스트에 초점을 맞춰 그들의 문화와 관습을 모방하려 애썼던 로베르토 드 노빌리는 산스크리트어, 타밀어, 텔루구어에 능통했다. 두 흐름의 선교 방식은 나중에 개신교 선교에도 영향을 미쳤다.

18~20세기 초 서구 선교와 인도 기독교

유럽 대륙에서 온 지겐발크(Ziegenbalg)와 플뤼차우(Plutschau)는 인도에 도착한 최초의 개신교 선교사였다. 이들은 유럽의 할레대학교 프랑케(Francke) 교수 밑에서 신앙 훈련을 받고 루터파 교단에서 파송받아 1706년 인도 남부 타밀 해안에 도착했다. 그곳에서 트랑쿠에바르 선교회를 조직하여 타밀 지역의 하층민을 대상으로 문맹 퇴치, 타밀어 성경 번역, 각종 출판, 일반 교육, 지역 영주들과의 좋은 관계 형성 등을 이어 가면서 헌신적으로 섬겼다. 그 뒤를 이어 슐츠, 페브리시어스, 슈바르츠 등이 마드라스와 탄자부르 지역에서 사역을 넓혀 갔다. 18세기 후반이 되어서는 남인도의 케랄라, 타밀나두, 안드라 프라데시 등에 선교 기지와 교회, 미션 스쿨 등이 정착했다. 이 시기 놀라운 발전은 지역 언어, 타밀어로 된 성경이 처음으로 번역되었다는 점이다.

1793년 영국 침례교 선교사 윌리엄 캐리(William Carey)가 인도 동부 해안 세람포르에 도착했다. 그는 함께 사역한 조수아 마쉬만, 윌리엄 워드와 '세람포르 3인'이라 불리기도 한다. '근대 선교의 아버지'라는 호칭을

듣기도 했던 윌리엄 캐리는 일생을 바쳐 인도 선교에 헌신했고, 그가 했던 성경 번역, 출판, 학교, 대학, 언어 및 고전 연구, 식물 연구, 팀 사역, 사회 개혁 등 다방면의 공헌으로 인해 지금까지 훌륭한 선교사로 인정되고 있다. 그럼에도 불구하고 그가 가지고 있었던 한계 또한 최근에 활발하게 논의되고 있다. 인도에 서구식 혹은 영국식 기독교를 이식시키려 했다는 점이 자주 지적되곤 한다.

알렉산더 더프(Alexander Duff, 1806~1878)는 스코틀랜드 장로교회 파송으로 인도에서 영어를 교육하는 기독교 학교를 세우는 데 앞장섰다.[25] 그와 같은 선교회 소속 동역자들도 교육 선교에 동참했고, 그 영향이 현재 인도의 교육 현장에 고스란히 남아 있다. 인도 중산층의 머릿속엔 기독교 사립 학교가 양질의 교육을 받을 수 있는 곳이라는 인식이 있다. 그러나 더프의 사역 또한 이런 화려한 업적도 선교학적으로 비판의 소지가 있다. 영어 교육이 곧 기독교 전파를 촉진하는 것이며, 인도 문화는 반기독교적이라 배울 것이 없다는 더프의 사고가 현대 선교에서 현지 문화를 존중하며 복음을 전하려는 탈제국주의적 시도와도 맞지 않다. 그런 이유로 인해 더프의 선교방식이 식민지 상황에서 기독교가 영국의 제국주의를 강화하는 역할을 했다고 비판을 받기도 한다.[26]

미국 선교사들은 19세기 중반 이후에 인도 선교에 적극적으로 동참하였다. 선교지 분할 정책(comity)에 의해 기존 선교회가 사역하는 지역에는 중복해서 다른 선교회가 사역하지 않기로 했기 때문에 주로 새로 개척해서 사역하였다. 대표적인 곳이 펀잡, 마하라슈트라 남부, 구자라트, 라자스탄, 우타르 프라데시 일부 등이었다. 미국 최초의 여성 의료 선교사였던 아이다 스커더(Ida Scudder, 1870~1960)는 타밀나두 벨로르에 여성 병원과 여성 의과 대학을 설립했고, 독립 후 이 학교는 남녀 공학이 되었다. 19세기 중반부터 20세기 초까지 여러 선교회에서 의료 선교를 활발하게 진행했다. 한편, 19세기 중반부터 본격적으로 영국과 영연방 여성 선교사들이 인도인 여성과 아이들을 선교하기 위해 제나나(Zenana)[27]선교회를 조직하여 사역하기 시작했다.[28] 남인도 '고아의 어머니'로 불린 에이미 카마이클(Amy Carmichael)도 이 시기에 영국 성공회 제나나선교회 소속으로 여성과 고아들을 위해 사역한 대표적인 인물이다.

이런 다양한 사역의 열매로 19세기 말에는 남인도와 북동부 지역을 시작으로 교회가 세워지고, 인도인 지도자들이 발굴되기에 이른다. 이들 중 서구식 기독교가 인도 토양에 뿌리내리기 힘들다는 한계를 지적하고 인도 문화에 맞는 교회를 세우기 시작했다. 따로 교회나 운동을 조직하진 않았지만 삶에서 인도식 기독교의 한 형태를 보여 주었던 사두 선다 싱, 브라만 사제를 아버지로 두었던 여성 지도자 판디타 라마바이, 브라만 출신의 나라얀 틸라크 등은 그 대표적인 인물들이다. 비슷한 시기에 서구 선교사들 중에서도 이런 인도식 기독교에 대한 관심을 가지고 소위 '상황화(contextualization)' 사역을 전개하기도 했다. 스탠리 존스(E. Stanley Jones) 같은 인물이 대표적이다.[29]

19세기 중반부터 존재감을 강하게 드러내기 시작한 기독교는 서구사상과 문물을 함께 들여오는 통로 역할을 감당했다. 인도의 힌두 지도자들 중에서 서구 기독교의 유일신, 개혁 사상 등을 힌두 개혁 운동에 적극적으로 도입하기도 하였다. 람 모한 로이, 케샤브 찬드라 등이 그 대표적인 인물이다.³⁰ 하층 카스트 지도자였던 조티라오 풀레는 기독교 내부로 깊숙이 들어오진 않았지만 기독교 평등 사상에 강력하게 영향을 받은 인물이다.³¹

이 시기 개신교 선교는 상층 카스트를 대상으로 시작했던 선교회라도 열매가 많지 않아 복음을 적극적으로 받아들였던 하층 카스트와 부족민들을 주된 사역 대상으로 했다. 그 결과 현재까지 약 80%의 인도 기독교인들이 하층 카스트이거나 부족민 출신이다. 또한, 이들 사이에서 부흥운동이 활발히 일어났기 때문에 더욱 그런 경향이 강화되었다고 볼 수 있다. 1904년부터 수년 간 펀잡, 카시, 나가, 안드라, 타밀, 케랄라 지역에서 동시에 부흥의 불길이 일었고, 이 부흥의 띠는 영국 웨일즈로부터 인도, 한국 등으로 이어지는 강력한 성령의 활동이었다.³² 20세기를 전후하여 인도의 북동부와 인도의 여러 산악 지역에 사는 부족민들이 집단개종을 하면서, 그 지역 사회가 샤머니즘과 애니미즘 숭상에서 기독교 신앙을 바탕으로 한 사회로 완전히 탈바꿈하는 사례가 나타났다. 그 대표적인 지역으로 나가랜드, 미조람, 메갈라야, 마니뿌르 주 등이 있다. 실로 복음은 가난하고 억압받는 자들에게 찾아왔다. 이들에게 복음은 영적으로 뿐만 아니라 물질적으로도 해방을 주는 것으로서 인식되기도 했다. 이 시기에 소위 '라이스 크리스챤(rice Christian)'이라는 별칭이 기독교 선교의 부작용으로 나타났다.

독립 후 인도 기독교

1947년 독립은 분단과 함께 찾아왔다. 인도와 파키스탄에서 다수의 피난민들과 더불어 종교적 갈등으로 희생당한 피해자들을 돌보는 일이 새로 독립한 두 국가의 일차적 과제가 되었다. 그 과정에서 종교적인 중립 노선에 있었던 기독교인들이 적극적으로 난민 구호에 참여하였다. 난민 캠프에서 자원 봉사자로 활동하는 것부터 시작해서 많은 기독교 학교와 병원이 난민 캠프 장소로 활용되었으며, 그 기관의 기독교인 직원들이 난민 구호를 담당하였다. 전국 각지의 교회와 기독교 기관에서 난민 구호 헌금을 보내왔으며, 그 액수 또한 상당했다. 인도 교회는 선한 사마리아인이 되라는 성경의 가르침에 충실한 행동을 했다. 이와 더불어 불확실한 미래를 안고 있던 소수 기독교 집단으로서 다수자인 인도의 힌두교, 파키스탄의 무슬림 집단 앞에서 자신들도 충실한 국민임을 증명해 보이는 것이기도 했다.[33]

1947년 독립 이후 자립적인 인도 교회와 자체 선교의 시대가 강화되었다. 인도 기독교는 CSI(Church of South India, 남인도 교회연합), CNI(Church of North India, 북인도 교회 연합) 등의 20세기 초 현지화를 위해 이미 조직되어 있었던 교회를 비롯한 현지 지도자 중심의 기독교 기관 및 단체, 교회로 빠르게 재편되었다. 하지만 소수 종교인 기독교인에게는 무슬림과 비슷한 차별이 기다리고 있었다. 파키스탄이 인도로부터 분리되면서 절대 다수의 힌두교인 중심 정계 개편으로 인해, 기독교인들이 누리던 특권이 사라지거나 오히려 이들에게 분리한 제도가 시행되기도 하였다. 독립된 인도의 네루 정부가 시행한 SCs(지정카스트), STs(지정 부족) 제도는 달리트

배경의 기독교인들을 철저히 배제하였다.³⁴

그럼에도 불구하고, 기독교는 꾸준히 교세를 확장해 나갔다. 1950, 60년대를 지나면서 인도 기독교 내에 연합과 통합의 필요성이 강하게 대두되었다. 이를 위해 임마누엘병원연합(EHA), 인도복음주의협회(EFI), 복음주의학생연합(UESI) 등 여러 연합 기관들이 세워졌다. 서구 선교사들은 이러한 인도인 주도의 연합 운동에 종종 산파 역할을 하고 뒤로 빠지는 일을 자처하기 시작했다. 지난 식민지 선교의 잘못을 인식하며 나타난 결과였다.³⁵ 이런 분위기 속에서 1960~70년대 선교사 주도가 아닌 인도인 지도자들의 주도로 남인도 타밀나두와 케랄라, 안드라 프라데시에서 북인도로 선교사를 보내는 운동이 전개되기에 이른다. 이런 운동에서 배태된 인도 자생 선교단체로 IEM과 FMPB 등을 비롯하여 수백 개의 단체가 있다. 이런 분위기 속에서 순수 인도인 주도로 IMA(India Mission Association, 인도선교연합회)라는 선교 연합체가 1977년에 결성되었다. 2021년 6월 현재 소속 단체만 243개, 6만 명의 타 문화 사역자들이 활동하고 있다.³⁶

그 결과 현재 북인도의 중요 교회와 기독교 기관은 서구 선교사의 뒤를 이어 리더십을 발휘하고 있는 남인도 지도자들이 다수이며, 남인도 기독교인들이 직접 세운 기관 또한 다수 포진해 있다.³⁷ 더 나아가 주변 국가에 선교사를 파송하는 일이 있었는데, 네팔이 그 대표적인 예이다. 현재, 케랄라, 타밀나두, 안드라 프라데시, 미조람, 나갈랜드 등에서 네팔, 부탄, 스리랑카, 중동, 중화권, 영국 등에 선교사를 지속적으로 파송하고 있다. 그중 인도 북동부에 위치한 미조람 교회들의 완전 자립된 선

교 모델은 마치 초기 한국 교회의 선교 열정과 비교할 만하다.[38]

그러나 20세기를 마감하는 시점부터 제기된 구조적 문제로 북인도에서 남인도 리더십이 가지는 한계가 지적되었다. 북인도 출신 지도자를 적극적으로 배출하는 데 실패한 나머지 차기 리더십을 남인도 출신으로 대체하는 관습이 정착되었기 때문이다. 현재까지 이 문제는 해결해야 할 숙제로 남아 있다. 또한, 20세기 들어 인도화된 기독교에 대한 엇갈린 반응에 대해서 지혜롭게 대처해야 하는 상황이 되었다. 예를 들어, 달리트(Dalit) 신학, 자유주의 신학, 서구화된 신학, 상황화 등의 주제는 각각의 이슈를 내포하고 있다. 마지막으로, 인도 근대사에서 기독교가 두드러지게 공헌한 세 영역을 언급하고자 한다. 하나는 교육이고, 또 다른 하나는 의료, 마지막으로 사회 개혁이다. 현재까지 피부로 느껴지는 기독교의 공헌이다. 향후 21세기 인도 기독교가 어떤 모습으로 인도 사회에 공헌할 것인가가 궁금해진다.

선교 주체로서의 인도 교회와 인도 기독교의 미래

21세기 인도 교회는 위기와 기회를 동시에 받고 있다. 2014년 나렌드라 모디 총리가 이끄는 BJP 정당이 정권을 잡은 이후 소수 종교 차별에 대한 수위가 높아졌다. 이에 더해 해외 선교사에 대한 비자 거부나 추방 사례 또한 현저하게 늘었다. 이런 비자 문제는 인도에서 비즈니스와 투자를 목적으로 한 비자 발행의 증가와 대비된다. 2020년부터 진행되고 있는 코로나19로 인해 타국과의 교류 감소는 더더욱 인도 교회가 고립될 수밖에 없는 상황을 만들고 있다. 인도에서 기독교에 대한 차별은 단지 소수 종교이기 때문에 오는 것이 아니다. 불교나 자이나교 등은 기독교보다 수적으로 더 적지만 테러나 차별의 대상이 되지 않는 것을 보아도 알 수 있다. 기독교는 외래 종교로서 식민지 제국주의 종교이자 하층민의 종교로 인식되는 뿌리 깊은 편견이 있기 때문이다. 여기에 더해 개종에 대한 강한 거부감이 있다는 것도 확인할 수 있다.

그러나 인도 교회의 선교적 자발성이 성장하는 계기가 되고 있다는 점에서 하나님께서 주신 기회라고 할 수 있다. 인도의 내외부적인 환경이 오히려 사도행전의 초대 교회의 상황과 유사한 점이 있다는 것을 확인할 수 있다. 예루살렘에서 성령 강림 이후 심한 핍박으로 인해 교회가 흩어질 수 있었고 이방 지역에 가서 선교할 수 있었다(사도행전 11:19-26). 핍박과 고립의 위험에서 인도 교회가 성령의 능력을 힘입고 선교에 동참한다면, 해외 선교사의 주도가 아닌 인도 교회의 주도로 자국 선교가 강화될 수 있을 것이다. 인도 교회에는 이런 역량이 충분히 있다는 점에서 매우 고무적이다. 훌륭한 기독교 지도자들이 있고, 신학적으로 건강한 교회, 기도하는 교회가 있다. 이들이 단지 소수 종교로 받는 억압을 믿음과 순종으로 잘 극복하고 문화적으로 수용 가능한 복음을 전달할 수만 있다면 하나님의 선교가 부흥할 수 있을 것이다.

이런 기회를 바탕으로 인도 기독교의 미래 비전을 전망한다면, 첫째, 제3세계 선교 주도국이 될 수 있다는 것이다. 다문화, 다언어, 다종교 국가에서 살아온 인도 기독교인의 문화 수용성과 언어(영어) 소통 능력, 깊이 있는 영성이 추가되어 이들이 선교적 부르심에 과감히 헌신한다면 한국과 함께 아시아에서 세계 선교를 주도하며 섬기는 귀한 자원이 될 것이다. 예를 들면, 국제 선교단체인 인터서브(INTERSERVE)의 국제 총재가 인도인이며, 인도인이 주도하는 자국 혹은 국제 선교단체가 수백 개가 있다. 이런 점에서 인도 교회가 이미 선교 부르심에 구체적으로 헌신하고 있다. 앞서 언급했지만 인도인 기독교인 수가 대한민국 인구만큼 있다는 점을 주목할 필요가 있다.

둘째, 인도 중산층 기독교인들을 주목해야 한다. 이들이 선교 자원으로 헌신한다면 인도 교회는 한층 성장, 성숙해질 것이다. 인도 교회의 약 80% 정도가 하층민 혹은 소수 부족민 배경이라 경제적으로도 취약한 측면이 있다. 하지만 여러 세대를 지나오면서 이들 중에 중산층으로 도약하거나 중산층에서 회심하는 사례가 늘고 있다. 실제로, 인도인 선교사들 중 전문 직업을 가지고 사역하는 중산층 출신이 많이 등장했다. 이들 중에는 해외로 선교 활동을 나가기도 한다. 또한, 직업을 통한 선교적 삶을 살기 위해 남인도에서 북인도로 직장을 구하는 기독교인들도 여럿 있다.[39] 인도 안에 있는 여러 선교단체의 지도력도 이런 중산층 기독교인들이 발휘하고 있다. 그런 면에서 이들의 중요성은 아무리 강조해도 지나침이 없을 것이다.[40]

셋째, 전 세계에 흩어져 있는 해외 거주 인도인들이 삼천만 명이 있는데, 이들의 선교 기여에 주목할 필요가 있다. 예를 들어, 2020년 소천할 때까지 지난 반세기 동안 복음 변증가로 큰 영향력을 발휘했던 라비 자카리어스(Ravi Zacharias, 1946-2020) 목사는 세계 교회가 주목한 인도 출신 미국 국적의 사역자였다. 그의 깊이 있는 영성과 변증 능력은 유

청소년기 인도에서 생활하면서 자연스럽게 문화적으로 습득된 것을 바탕으로 하고 있다는 점에서 시사점을 준다. 그가 설립한 Ravi Zacharias International Mission(RZIM)은 인도와 세계에서 기독교 변증 사역을 적극적으로 진행하고 있다.

넷째, 인도 선교사가 비교 우위에 있는 선교지가 많이 있다는 점도 상당히 고무적이다. 예를 들어, 네팔과 부탄, 스리랑카, 동남아, 아프리카 등이다. 인도 주변 국가인 네팔과 부탄, 스리랑카는 인도인들에겐 비자나 문화적 문제가 없거나 적다. 또한, 동남아에 있는 인도의 문화, 영어를 통한 접근, 지리적 접근성 등이 그 지역에 인도인 선교사가 사역할 수 있는 환경을 조성하고 있다. 아프리카에는 인도인들이 큰 집단을 형성하고 있기에 이들과 연계하여 그 지역을 섬길 수 있다. 미국과 서구 국가에선 전문직 종사자들이 전문인 선교사로 섬길 수 있는 기회가 많아졌다.

마지막으로, 한국 교회가 인도 교회를 존중하는 선교 사역을 이어 갈 때 사역적 방향이나 열매가 고스란히 인도 교회의 것으로 남는다는 것이다. 달리 말해 한국 교회의 인도 선교 방향이 인도 교회가 주도할 수 있도록 옆에서 돕는 역할을 강화할 때 이들의 선교적 자발성 또한 키워질 수 있을 것이다. 현실적으로 당장은 교파적·신학적 차이로 인한 어려움이 있어서 순차적으로 신학적 유사성을 지닌 교회와 연계하여 동역의 범위를 확대할 수 있을 것이다. 더 나아가 인도 교회는 인도인의 문화 속에서 자랄 수 있게 하는 것 또한 한국 교회의 성숙한 선교적 자세가 될 것이다.[41] 인도 문화에 맞는 교회를 세우고 '인도의 길을 걷고 있는 예수'를 소개할 수 있게 돕는다면 힌두교인들이 기존에 가지고 있었던 기독교에 대한 편견이 더 쉽게 벗겨질 수 있을 것이다.

나가는 말

지금까지 한국 교회가 인도 기독교를 어떻게 이해할 것인가를 살펴보았다. 이를 위해 인도 기독교의 역사적 변천 과정과 인도 교회의 현재와 미래 전망을 기술하였다. 인도가 기독교를 수용하는 과정은 자연스러운 전래, 내부의 필요, 외부의 전래 혹은 식민지 환경적인 압력 등 다양했다. 16~17세기 가톨릭 선교 시대, 19~20세기 개신교 선교 시대를 거쳐 현재의 인도 기독교가 형성되었다. 인도 교회는 외부의 시각과는 달리 자체적인 선교 역량과 가능성이 많은 것을 확인할 수 있었다. 특히, 인도 교회가 선교 주체로서 어떤 특성을 가지고 기능할 수 있는지를 언급하였다. 이런 인도 기독교에 대한 이해를 바탕으로 한국 교회가 인도 교회의 선교를 돕는 파트너로 잘 기능할 수 있기를 기대해 본다.

공갈렙

2000년 인도 델리에서 싱글 선교사로 사역을 시작하였고, 가정을 이루어 2006년부터 인터서브 소속으로 델리를 중심으로 대학생, 중산층, 신학원, 기독 학자 네트워크, 국제 학생, 인도 역사 및 선교 역사 연구 등의 사역을 진행해 오고 있다. 인도 국립 네루대학교에서 역사학 박사 학위를 받았고, 저서로는 『또 다른 인도를 만나다』(평단문화사, 2014)가 있다.

제4장

힌두권에서 선교사들의 역할

　인도권 선교는 역사적으로 도마 사도로까지 거슬러 올라가면 기독교 역사와 맞먹는 거의 2000년이다. 그러나 아직도 인도 정부 공식 통계에 의하면 인도의 복음화율은 채 3%가 넘지 않고 있으며, 상당수의 선교학자들은 외부인(외국인)에 의한 힌두권 선교는 성공적이라기보다는 실패적이었다는 것이 일반적인 평가이다.

　필자는 인도에서 20년 정도 선교 사역을 하면서 그리고 인도 신학교에서 신학생들을 양육하고 교회를 개척하면서 힌두권 사역자를 많이 경험하였다. 각각의 사역자에 따라서 선교 결과는 너무나도 현격하게 다른 것을 보았다. 사실 선교 사역의 성패는 사역자의 자질에 달렸음이 주지의 사실이다.

　그렇다면 우리 한국 교회도 지속적으로 힌두권에 선교사를 파송하고 힌두권 선교에 이바지를 해야 할 것인데, 우리는 한국인 인도·힌두권 사역자로서 무엇을 고려해야 할 것인지를 다루고자 한다. 첫째로 고려해야 할 것은, 힌두권 내에는 다양한 내부의 종교적 흐름과 영성이 있는데 이것을 알고 인정해야 한다는 것이다. 역사적으로 오랜 힌두권 전통과 영성 등 그 유산을 완전히 무시하는 일부 선교사들의 배타주의적이고 부정적인 선교의 자세는 힌두권 선교의 큰 장애물이었다. 둘째로 고려해야 할 것은, 힌두권 내의 개종자들이 스스로 선교를 결정하고 스스로 선교를 지향하도록 해야 하며, 힌두권에서 외부의 사역자들은 암묵적인 조력자의 역할을 해야 한다는 것이다. 다른 지역도 그렇겠지만 힌두들은 본인들의 자각적인 결정에 의한 것만을 인정하고 따라가는 경향이 크다. 따라서 외부인이 힌두권 내부의 사람들을 독재자나 선동가의 모습으로 이끌어 가는 방식은, 과거에도 그랬던 것처럼 앞으로의 힌두권 선교에도 커다란 걸림돌이 될 것이다.

필자는 앞으로 힌두권 선교는 얼마나 성숙하고 준비된 자질을 가진 사역자를 양성하느냐에 달려 있다고 본다. 100배, 60배, 30배의 결실을 맺을 수 있는 한 알의 사역자를 양성해야 한다. 특별히 외부인인 우리가 힌두권 사역자로서 가져야 할 역할과 자질을 다음과 같이 제시하고자 한다.

힌두권 선교사의 네 가지 역할

복음 전도인의 역할

가장 중요한 사역자의 정체성은 '복음 전도자'라는 것이다. 복음 전도란, 현지 힌두들에게 메시지를 나누는 것 뿐만 아니라 현지 힌두들과 마음과 마음을 나누는 만남이기도 하다. 특별히 현지 힌두들에게 효과적으로 사역을 하기 위해서는 좋은 인간관계를 기반으로 해야 한다. 이와 더불어 우리는 영적인 사역자들이고 영원한 구원을 전하는 자들이기에 영성 생활과 기도 생활이 필수적임은 말할 나위 없다. 필자는 우리 힌두권 사역자들이 전도의 특별한 은사를 받은 자들이라기보다는 인내함으로 복음 전도가 무엇인지를 배우면서 실천하는 중에 합당한 힌두권 전도인이 되는 것이라고 믿는다.

예수님의 제자 만들기의 역할

역사적으로 보는 힌두권 선교의 실패 요인은 두 가지인데, 하나는 힌두들이 예수님을 믿기로 하였을 때, 그들의 초보적 신앙이 성장하도록 돕는 조력자 또는 사역자가 없어서 이들이 다시 힌두교로 회귀했다는 것이다. 다른 하나는 초신자인 힌두 개종자들을 성급하게 일반 신학교에 보냄으로 인해서 힌두 초신자들이 신학교에서 외국의 재정 지원을 알고 이를 의존하게 된다는 것이요, 또 신학교에서 서방 기독교 중심의 이질적이고 외세적인 요소를 배움으로써 본래 힌두 공동체에서는 영향력을 미치지 못했다는 것이다. 특별히 신학교에서 배운 서구 중심적인 신학적 교리들은 힌두교의 체계나 용어에 맞지 않아 기존의 힌두들에게 불필요한 오해와 거부감을 불러 일으키곤 했었다.

그러기에 힌두들이 개종을 하게 되면 그들의 상황 속에서 성숙한 기독교인으로 자연스럽게, 그들의 문화와 괴리감이 없도록 친숙한 모습으로 예수님의 제자가 되도록 돕는 것이 기독교 선교의 큰 과제가 되었다. 이를 실현하기 위해서는 외부에서 온 힌두권 사역자는 힌두들과 깊은 인간

관계를 맺는 것과 더불어 영적인 깊은 기도 생활을 함으로써 다른 힌두들이 보아도 세속적인 사람으로 보이지 않도록 하는 것이 중요하다. 그리고 외부에서 온 사역자들은 힌두들의 삶과 문화 그리고 그들의 신념체계를 철저히 공부하고 배우면서 이해하도록 노력해야 한다. 이것이 힌두교에서 개종자를 얻고, 이 개종자들이 성장해서 후에 선교를 할 수 있도록 돕는 첫 걸음이 된다.

힌두들은 우리 한국인이나 서구인과는 다른 종류의 영적 갈급함과 삶의 필요와 믿음의 체계·양식을 가지고 있다. 한국이나 서구의 관점에서는 이해할 수 없는 다른 사고 구조를 가지고 있기도 하고, 현재 우리가 알고 있는 신앙의 표현으로는 채울 수 없는 부분도 가지고 있다. 문제는 외부인으로서 힌두권 사역자들이 사역을 통해 힌두들을 예수님의 제자로 만들어야 하는데, 이것이 과연 무엇을 의미하는지 모호해 질 수 있고, 핵심을 벗어날 수도 있다는 것이다. 따라서 힌두권에서 제자훈련을 하기 위해서는 다음의 요소들을 고려해야 한다.

성경적 가르침을 통한 인도와 지도

제자화하는 과정에서 성경을 이해하고 성경의 주요한 개념을 힌두들에게 가르치는 것은 필수적인데, 다음의 네 가지를 고려해야 할 것이다.

하나님에 관한 이해

성경의 하나님을 이해하는 것은 기독교인의 가장 기본적인 것이다. 이러한 하나님을 알아 가는 과정은 평생의 과업이지만, 힌두권의 상황에서 성경의 하나님에 관한 이해는 단순한 것이 아니다. 영어나 한국어로 아는 성경의 하나님 개념은 인도의 산스크리트어로 번역하기에 상당한 난점이 있다.

인도에서 성경 번역의 역사는 각 언어권별로 하나님이라는 용어가 다르게 번역되었기에 번역의 통일성을 찾기에는 어려움이 많다. 외부자로서 힌두권 사역자들은 성경의 의미를 밝히는 데 최선을 다해야 하지만 용어를 선택하는 일에는 조심해야 한다. 왜냐하면 서구의 개념은 명쾌한 논리를 앞세우지만 힌두들은 신비적인 요소를 간직하려는 경향이 있으며, 초논리적인 것도 수용하고 이해하려는 성향이 있기 때문이다.

그리스도에 관한 이해

힌두들에게서 예수의 신성을 설명하는 것은 어려운 일이 아니다. 대다수의 힌두들은 궁극적인 유일의 실재가 다양한 방식과 형태로 지상에 나타난다는 관념을 가지고 있으며, 그러기에 힌두들의 삶과 생각은 다분히 다신론적이다. 이러한 힌두적 세계에서 '예수가 하나님이다'라는 개념은 무엇을 의미할까? 힌두들은 예수가 역사적 실존 인물이지만 최상 존재의 많은 신현 중의 하나로 본다. 당연히 이는 성경적인 의미와는 다르다. 예수는 성육신한 여러 신들 중의 하나로 보기에 다신론적인 관점에서 예수의 신성은 그다지 중요한 것으로 인정되지 않는다.

그러기에 힌두들에게는 '예수는 신'이라는 개념보다는 '예수는 구루(스승)'이라는 견해가 더 바람직하다. 힌두들에게서 '구루'라는 개념은 단순히 신을 공경한다는 것보다도 더 순종하고 따라야 할 권위 있는 대상으로 본다.

최고의 신이 세상을 구원하기 위해 예수를 보내셨고, 예수를 통해 최고의 신이 나타나셨다고 하는 기독론을 설명하기 위해서는 예수 그리스도의 선재성과 삼위일체의 신비성을 잘 설명해야 하고, 이는 요한복음 1장 1~4절의 말씀이 도움이 될 수 있다.

'오직 그리스도로만'에 관한 이해

이 교리는 현대의 힌두들에게 설명함에 있어 가장 난해한 주제 중의 하나이다. 이 신학적인 이슈는 서구의 식민주의 역사와 기독교의 제국주의적 견해와 결합되어 아주 배타적이고 영적으로 교만한 주장으로 치부되고 있다. 그리스도의 유일성에 관하여 힌두들은 본 주제에 대한 이면에서 타종교에 대한 겸손함과 공경의 태도를 요청하고 있다.

그러기에 그리스도의 제자로서 우리 외부인 힌두 사역자들은 힌두교를 비롯한 타 종교의 전통을 무시하지 않는다는 것을 주장해야 할 것이요, 우리도 성경에 나타난 최고의 존재이신 하나님에 관한 상당한 정도의 이해를 하고 있다는 것을 보여 줘야 한다. 그러기에 성경에 의하면(서구의 전통이 아니라) 예수 그리스도야 말로 비교 불가한 절대적 영광과 권위를 가지고 있다는 것을 보여 줘야 한다.

죄에 관한 이해

힌두들에게 죄에 관한 이해는 단순한 것이 아니다. 우리 기독교인들은 마음에 죄악의 경향성을 인정하고 우리 스스로를 죄인이라 칭하지만, 힌두 세계에서 힌두들을 죄인이라 칭하는 것은 원초적인 인간성을 경멸한다는 의미이며, 죄에 대한 심판이라는 개념은 윤회설의 업보에 따른다고 보기에 보편적으로는 죄와 심판이라는 주제가 무시되기 일쑤이다. 일반적으로 힌두들은 인간성의 가능성을 믿는다. 그러기에 모두가 죄인이며 회개하라는 기독교의 공리적 주장은 성경의 관점에서는 죄인을 그리스도께 인도하는 의미가 되었지만, 힌두들에게는 그리스도에게 회심한 후 다시 죄의 개념을 공부해야 이해할 수 있는 것이 되었다. 그러하기에 힌두들에게는 만약 그리스도가 좋아서 회심을 하게 되면, 회심한 후에 죄나 심판의 개념 그리고 그와 결부된 영성이나 그 다른 사안들도 더불어 같이 가르치는 것이 좋다.

목회적 인도와 지도

한 사람의 힌두가 기독교인이 되면, 지금까지는 무수한 가정적, 사회적 문제가 야기되었다. 전통적 선교는 기독교인이 되려면 기존의 힌두 가족과 분리되라는 가르침으로 인해 결과적으로 힌두 공동체 선교에 실패를 가져온 것이 사실이다. 힌두가 기독교인이 되면, 성급하게 이름을 바꾼다든지, 음식을 다르게 먹는다든지(심지어는 금지된 육식 등), 또는 서구 스타일의 신학교에 입학함으로서 기존의 삶에 이질적인 변화를 줌으로서 기존의 공동체에 거부감을 주었던 것이 사실이다.

그러하기에 외부에서 온 힌두권 사역자는 겸손히 성경을 가르치면서 힌두권 상황에서 어떻게 적용해야 할지 공동체의 사람들과 함께 배우는 자가 되어야 한다. 목회적 영역은 신학적 영역보다 훨씬 더 복잡하고 민감하다. 카스트 제도와 우상 숭배가 그 핵심 이슈이지만, 가족의 개념은 단순한 가족이 아니라 강력한 연대감을 지닌 인근의 친족과 이웃을 포함한다. 따라서 힌두에게서 개별주의는 용납될 수 없는 개념이다. 또한 대다수의 힌두 가정은 우상 숭배를 하고 있는데, 그 정도와 의미는 천차만

별이다. 그러기에 우상 숭배를 접근하는 방식도 섬세하게 문화와 신앙을 구별해서 접근해야 한다.

힌두교에서 기독교로 개종한 신자들에게 목회적 돌봄과 성경적 지도와 격려는 절실히 필요하다. 흑백 논리로 옳은 것과 그른 것을 지적하면서 분리주의적 접근을 하기보다는, 힌두 공동체적 상황에서 개종자들이 새로 배운 기독교 신앙을 지켜 나가도록 도와야 한다.

선교적 지도

'개종한 힌두가 그 가족과 이웃에게 어떤 영향력을 끼침으로써 그리스도께로 그들을 인도할 수 있는가?'의 질문은 힌두교 선교의 가장 핵심적인 질문이다. 교회에 출석하는 것이 성경을 배우고 성도가 되어 교제하는 좋은 기회가 되기도 하지만, 이것이 힌두 공동체에서 인정을 받지 못하여 기존의 가족 관계를 위기에 빠지게 한다면, 더 이상 지혜로운 것도 아니고, 선교에 유익이 되는 것도 아니다. 그러하기에 외부인 힌두권 사역자들은 마을 공동체가 수용할 수 있는 예배 체계를 구축해야 한다.

외부에서 온 힌두권 사역자로서 단순하게 우상 숭배에 관한 모든 것을 부정해 버린다면 이는 그 힌두 가정에 관련된 모든 것을 거절하는 것일 수도 있다. 그러기에 외부의 힌두권 사역자가 우상 숭배에 관한 것을 접근할 때에는 힌두 공동체가 지닌 가족의 유대성을 고려해야 한다. 성서적으로도 한 힌두가 그리스도께로 돌아오게 되면 남아 있는 가족들에게 축복을 나누어 줘야지, 가족과 분쟁을 만들고 분리되는 것이 과연 옳은 일이겠는가? 힌두들은 가족의 중심성 그리고 노인에 대한 공경을 가장 중요한 덕목으로 취급한다. 그러하기에 선교는 개종한 힌두가 그 가족과 이웃들에게 어떻게 그리스도의 구원의 축복을 나누어 줄 것인가에 촛점을 맞추어야 한다.

교제와 소통의 역할

선교 전략적으로도 이웃과 좋은 관계를 맺는 것과 상호 간의 좋은 권면과 격려를 하는 것은 힌두 이웃 전도에 중요한 기초가 된다. 힌두들은 외부인들이 힌두 축제나 명절 기간에 함께 참여하는 것을 환영하고 좋아한다. 외부인이 결코 힌두 내부인이 될 수는 없지만 외부인은 힌두 내부인과 함께 참여하고 즐길 수 있다. 이런 과정을 통해서 그리스도에게 관심을 가지는 힌두들을 그리스도께로 인도할 수 있다. 힌두 축제를 통해서 외부의 힌두 사역자들은 이웃 힌두의 가정을 방문하고 그들의 삶과 즐거움에 동참하는 기회를 갖게 되고, 다음 기회에는 힌두들을 사역자의 집으로 초대하고, 힌두에서 개종한 자들과 같이 교제하도록 하는 것이다. 그러므로 힌두들을 위한 선교 전략으로서 이웃과 친교를 맺는 것은 최상의 선교 전략이라고 할 수 있다.

예술적 접촉의 역할

외부인 힌두 사역자가 힌두 사회에서 다른 관점에서의 글쓰기나 타 문화와 비교를 위한 평가서, 또는 음악이나 그림, 안무, 무술 등을 나누게 된다면 복음 전도의 접촉점이 될 수 있다. 힌두들 중에서 다양한 예술적 관심을 갖는 현지인들과의 만남은 귀중한 기회가 되기도 한다. 특별히 현지 언어 공부를 통해 더 명확한 의미의 성경 번역과 성경 이야기 나눔은 전도의 핵심이다. 힌두권 젊은이들은 춤이나 노래, 무술 등에 관심이 많다. 사역자들이 예술을 통한 힌두들과의 만남을 두려워하지 말고, 예술적 관심을 접촉점으로 힌두들과 나누게 된다면 제자화를 위한 중요한 역할을 할 수 있을 것이다.

힌두권 선교사가 기억해야 할 네 가지

필자는 인도에서 사역하면서 힌두들과 접촉하는 외부의 힌두권 사역자들이 어떤 자격을 가지고 있어야 하며, 그리고 사역을 통해 평생 동안 발전시켜야 할 자질은 무엇이 있을까 고민하였다. 이에 대해 다음과 같이 네 가지를 들 수 있다.

성경적인 인격을 갖추자

성경적인 인격을 갖추는 것은 기독교 사역자들의 가장 기본적이면서도 필수적인 자질이 될 것이다. 그 성경적 특성이라 함은 기본적인 성경에 대한 이해, 겸손, 사랑, 온전함, 열정, 상호 복종, 정직·투명함, 영적인 부드러움 등이 될 것이다. 특별히 기독교 사역자들은 이러한 인격적 특성을 이해할 뿐만 아니라 그 특성대로 살아야 한다. 우리 사역자들의 삶은 종교적인 교리나 전통이나 예식 등 형식적인 모습대로 사는 것이 아니라, 이러한 성경적 가르침이 주는 핵심에 근거해서 영적으로 살아야 한다. 외부인 힌두권 사역자로서 우리는 내가 옳다는 것을 주장하기 보다는 더 겸손한 모습으로 오류처럼 보이는 것이라도 내가 적응할 수 있다는 것을 보여 주어야 한다. 특별히 카스트 제도나 우상숭배에 대한 주제에 있어서도 외부인 사역자는 힌두교의 내부인들에게 깊은 겸손의 모델이 되어야 하며, 불편하게 느껴지는 것이라도 그 이유를 배워야 하며, 때로는 성급한 판단을 하지 않도록 암묵적인 자세를 취하는 것이 더 효과적일 수 있다.

외부인으로서 한계를 받아들이자

외부인 사역자인 우리는 우리의 이해력과 영향력이 힌두교의 내부인들에 비해 얼마나 부족한 지를 인정해야 한다. 심지어 외부인인 우리가 부지 중에 그들에게 상처를 주고 있으며, 우리의 영향력은 심히 제한 되어 있다는 것도 고백하지 않을 수 없다. 그러기에 우리는 우리가 아는 것과 우리가 가르치는 것을 현지 내부인들의 관점에서 타협하지 않을 수 없다. 그러나 하나님은 연약한 자를 사용하셔서 세상의 지혜있는 자들을 부끄럽게 하신다고 했으니 바울처럼 우리는 우리의 연약함을 자랑할 수도 있다(고후 12:9). 선교는 하나님께서 하시기 때문이다.

우리 스스로 질문해 보자. '외부인 사역자로서 우리는 늘 배울 준비가 되어 있는가? 그리고 지금도 배우고 있는가?' 힌두권에서 사역할 때마다 우리는 지역마다 늘 새로운 개념을 접하게 될 것이며, 힌두권 종교와 삶의 체계의 다양성에 관해 놀라게 될 것이다. 우리는 사역자로서 무엇인가를 안다고 자만할 것이 아니라, 우리의 한계를 인정해야 한다. 이와 더불어 우리는 어떤 환경에서도 복음을 적용하도록 배워야 하며, 예측할 수도 없는 많은 변화를 수용해야 한다. 그럼으로써 우리는 인내함으로 하나님의 뜻을 이루어 가야 한다.

현지인 지도력을 인정하자

외부인 힌두 사역자들은 현지 개종한 그리스도인들의 지도력을 인정하고 그에 순종하는 자세가 필요하다. 외부인 사역자들이 지도력을 행사하게 되면, 현지인 자립 선교가 불가능해진다. 따라서 성숙한 힌두 개종자들로 하여금 그들의 교회와 사역과 선교를 주도해 가도록 할 때, 과거 식민주의적이며 물질 의존적인 선교를 피할 수 있을 것이다. 외부인 힌두 사역자들이 현지의 지도력 아래서 조력자의 역할을 하는 것이야말로 가장 바람직한 선교 사역의 모델이라고 할 것이다.

암묵적인 조력자가 되도록 하자

외부인 사역자로서 우리가 암묵적이고 비지시적인 협력자가 될 때, 우리는 가장 효율적인 힌두권 사역자가 될 것이다. 외부인이 주도적으로 현지인 문화를 변혁하려 하기보다는 현지인들로 하여금 실제적인 일을 하게 하되 외부 사역자들은 후방에서 협력자로서 역할을 하는 것이 좋다. 힌두 사회에서 우리는 외부 손님으로 와 있기에 모든 일에 있어서 현지 사람들을 존중하며, 선교 사역을 위해 디딤돌 역할을 해 주어야 한다. 신학적으로도 논리적인 교리에 집착하기보다는 하나님의 종교 현상에 대한 신비성을 인정하는 것으로 자세를 바꾸어야 한다. 우리가 진정으로 현지인들을 섬기고자 한다면, 우리는 현지인들을 도울 수 있을 것이다.

그러기 위해서 우리는 우리의 문화적 관습과 선이해 등을 넘어서서 내부자적 이해를 가져야 한다.

나가는 말

일반적으로 타 문화권 선교사들은 촉매자와 문화 변혁자가 되어야 한다고 말한다. 그러나 엄밀히 말해 촉매는 스스로는 변하는 것이 아니다. 그러기에 타 선교지에서 외부인 선교사에게 드는 유혹이 있다면 현지인들을 새로운 선교사의 문화에 준해서 얼마나 변하도록 할 것이냐는 생각을 하는 것이다. 그러나 외부인 사역자는 현지의 문화와 삶을 배우고, 스스로 변화되고, 스스로 달라지도록 해야 한다.

필자가 인도 내에서 사역하며 발견한 것은, 남인도는 기독교인들이 많고 경제적 상황이나 교회도 부유한 편이다. 반면에 북인도는 힌두교 강성분자들이 많고, 교회도 상대적으로 많이 연약하다. 그래서 수많은 남인도에서 파송받은 많은 선교사들이 북인도 지역에서 사역을 하고 있다. 문제는 남인도와 북인도 사람들 간에 갈등 상황이 심상치 않다는 것이다. 심지어는 선교 사역에 있어서도 남인도에서 파송받은 선교사들은 북인도 지역에서 환영받지 못하고, 배제되는 경우가 많다. 그 이유는 북인도 사람들의 관점에서 남인도 선교사들이 교만하며, 사역에 있어서도 지배적인 자세를 취하며, 현지인들을 존중하지 않는다는 것이다. 그래서 수만 명의 남인도 사역자들이 북인도 지역에서 사역을 하고 있지만 선교의 열매는 매우 지지부진한 상황이다.

인도의 힌두권에서는 사역하는 사역자들은 외국인이든 타 지역 사람들이든 간에 본고의 역할과 자질들을 면밀하게 재고해 볼 수 있기를 바란다. 힌두권에서 사역하는 모든 사역자들에게 하나님의 놀라운 은혜가 있기를 기도한다.

조범연

장신대에서 학부, 신대원, 대학원을 마치고 목회를 하던 중 선교의 부르심을 받았다. 그 뒤, 아신대학교에서 선교학 전공으로 박사 학위를 취득한 뒤에 동교 인도선교연구원 연구 교수로 재직하였다. 2006년부터 인도 Union Biblical Seminary에서 시작한 선교학 교수 사역을 현재까지 하고 있다. 2011년부터 인도의 차티스나가르 주와 나갈랜드 주에서 어메이징 그레이스 신학교를 설립하고 교회 개척 사역자들을 양성하여 460여 곳에 교회를 개척했다.

제2부
한국 교회의 힌두권 사역 회고

제5장

한국 교회의 인도 선교 40년 역사

    2022년은 한국 교회가 본격적으로 인도 선교를 시작한 지 40주년이 되는 해이다. 사실 사도 도마의 시대로부터 2천 년이라는 장구한 세월 동안 이어져 온 인도 기독교 선교 역사에서 한국 교회가 감당해 온 40년은 그리 긴 시간이라고 보기 어렵다. 하지만 그 40년이 지니고 있는 비중과 중요성만큼은 그 누구도 결코 가벼이 볼 수 없을 것이다.

    인류 역사의 비극인 제2차 세계 대전의 종료와 더불어 영국의 식민 지배가 끝나고 인도 연방이 출범한 이후 지난 수 세기에 걸쳐 인도선교를 주도해온 서구교회 선교사들은 자신들의 사역을 이양하고 철수할 수밖에 없었다. 이는 본국교회의 쇠퇴와 신생교회의 성장으로 인해 선교사들이 더 이상 과거와 같은 영향력을 갖기 어려웠기 때문이기도 했다. 이후 인도에는 거의 30여 년에 이르는 선교적인 공백기가 도래하게 되었다.

    한국 교회의 선교가 이 공백기 동안에 서구 선교사들이 남기고 간 유산을 관리하고 나누는 데만 몰두해 있던 인도 교회를 깨우고, 인도에서의 기독교 복음을 확장하고 선교의 불꽃을 재 점화하는 데 있어 결정적인 역할을 해 왔음은 누구도 부인할 수 없다. 이 장에서는 먼저 한국 교회의 선교가 시작되던 시기의 인도와 한국의 상황 및 역사적 배경을 선교적인 관점에서 간략히 조망해 보고, 한국 교회의 인도 선교 40년의 역사를 10년 단위로 나누어 시기별로 살펴본 다음, 각 사역 분야별로 한인 선교사들의 사역을 간략히 개괄한 후, 간략한 평가를 시도해 볼 것이다.

최근 인도의 상황을 고려할 때 보안과 선교사 보호가 무엇보다 중요하기에, 지난 10여 년간의 한인 선교사들의 사역에 대해 구체적으로 소개하지 못하는 점과 제한된 지면으로 인해 지난 40년 간 인도 땅을 밟은 선교사 개개인의 생활과 사역들을 모두 다루지 못하고 큰 흐름 위주로 서술할 수밖에 없다는 점을 널리 양해해 주시기 바란다. 이 글을 저술함에 있어 직접 수집한 많은 자료와 인터뷰 내용을 제공해 준 조○○님께 감사를 전하며, 그가 『한국 교회의 인도선교 백서』에 기고한 "한국 기독교의 인도선교 30주년 개관"은 본고 집필의 소중한 기초가 되었음을 밝힌다.

한국 교회 인도 선교의 역사적 배경

인도 교회의 상황

주후 52년, 사도 도마가 남인도 서해안의 크랑가노르에 상륙하여 복음을 전하고 순교한 이후, 지난 2천 년 동안 인도 대륙에 그리스도인과 복음 사역자들이 존재하지 않았던 시기는 없었다. 도마의 전승을 간직하고 그의 신앙을 이어받은 남인도의 그리스도인들은 천 년이 넘는 세월 동안 페르시아에 자리 잡고 있던 동방 시리아정교회와 지속적으로 교류하며 자신들의 신앙과 전통을 유지해 왔으며, 15세기 후반 포르투갈을 비롯한 서구 열강의 인도 진출과 더불어 시작된 시리아교회와 로마 가톨릭교회와의 만남은 협력과 갈등의 긴 역사로 이어졌다. 이때로부터 수 세기에 걸친 로마 가톨릭, 특히 예수회의 남인도 선교는 주목할 만한 많은 결실을 거두기도 했으나, 그에 못지않은 부정적인 영향으로 인해 후대의 선교에 큰 장애물을 안겨 주었다.[42]

1706년 덴마크왕 프레드릭 4세의 후원을 받은 독일 경건주의 선교사 지겐발크와 플루차우가 남인도 동해안 트랑케바르에 상륙함으로써 시작된 개신교회의 인도 선교는 18세기 후반 인도 동부 꼴까따를 중심으로 사역한 윌리엄 캐리 및 그의 동료들의 세람포르 선교를 통해 그 기초가 놓였고, 19세기 이후 기존의 영국은 물론 미국과 독일, 호주 등 개신교 국가들의 여러 선교회가 인도에 진출하여 전역에 선교기지를 건설하고 이른바 '위대한 선교의 세기'를 열었다. 특히 영어와 현대적인 교육을 받은 뛰어난 현지인 엘리트들의 개종과 19세기 후반부터 20세기 초반까지 이어진 집단 개종 운동은 이 시기 선교의 가장 대표적인 유형이었다.

19세기 말부터 마하트마 간디를 중심으로 시작된 인도의 민족주의와 독립 운동은, 마침내 1947년 2백 년의 영국 식민 지배의 종식과 독립된 인도 연방의 탄생을 알렸다. 20세기 초반부터 시작된 남인도의 교회 연합 운동은 남인도 교회(CSI)의 출현이라는 소중한 결실로 이어졌고, 북인도는 파키스탄 분리 독립 문제로 인해 연합 운동이 늦어지긴 했으나

1970년에 북인도 교회(CNI)와 파키스탄 교회(Church of Pakistan)의 출범으로 나타났다.⁴³

20세기 초반의 두 차례의 세계 대전과 자유주의 신학의 확산, 에딘버러 세계선교대회(1910) 이후 열린 예루살렘(1928)과 탐바람(1938)에서의 IMC(International Missionary Council)대회는 각 선교지에 출현한 현지 교회, 이른바 신생 교회들의 각성과 더불어 서구 교회의 영향력과 선교 활동의 축소 내지 철수라는 결과로 이어졌다. 당시 서구 교회들의 가장 큰 선교지 중 하나였던 인도 역시 그 직접적인 영향을 받게 되었고, 서구 교회들은 대부분의 선교 자원들을 새로 출범한 CSI와 CNI교회에 이양한 채 인도를 떠나게 되었다. 이에 따라 1970년대에는 극소수의 선교사들만 인도에 남게 되었고, 서구 교회들은 인도 교회의 유지를 위한 재정적인 지원을 점차 축소해 감으로써 인도 교회 자체의 자립과 자강이 가장 중요한 문제로 대두되고 있었다.

한국 교회의 상황과 인도 선교

1884년 언더우드와 아펜젤러 선교사의 입국으로부터 시작된 한국에서의 개신교 선교는 1903년의 원산 부흥 운동, 1907년의 평양 대부흥 운동을 거쳐 백만 명 구령 운동으로 이어졌고, 1912년의 대한예수교장로회 총회의 창립이라는 놀라운 결과를 가져왔다. 대한예수교장로회 독노회는 1907년에 벌써 최초의 목사 7인 중 한 명인 이기풍을 제주도 선교사로 파송하였고, 대한예수교장로회 총회는 창립 이듬해인 1913년에 중국의 산동성에 박태로, 사병순, 김영훈 등 세 명의 선교사를 파송하였다. 이는 한국 교회가 그 시작부터 뜨거운 구령의 열정을 가진 선교적인 교회였음을 의미하고 있다.

이후 일제 강점기와 한국 전쟁이라는 비극적인 역사를 딛고 한국 교회는 비약적인 성장을 이루었으며, 1956년에는 최초의 타 문화권 선교사로 최찬영, 김순일 목사를 태국에 파송하였다. 이후 각 교단과 선교부에서는 지속적으로 선교사를 파송하여, 1976년 통계에 따르면 16명의 선교사가 11개국에서 선교 활동을 감당하고 있었으며,[44] 1982년에는 교단 총회 선교부 8개, 초교단 선교부 8개, 교단적 범위에 근거를 둔 선교부 8개, 초교파 선교 기구 23개에서 파송된 180명의 선교사가 세계 곳곳에서 사역하고 있을 정도로 비약적인 성장을 이루었다.[45]

한국 교회가 인도 선교에 최초로 관심을 가진 최초의 기록은, 1911년도에 이화학당의 여학생들이 1년간 저축한 벙어리 저금통을 깨뜨려 바친 헌금을 이름도 남기지 않은 인도의 한 여전도사를 돕기 위해 보냈다는 것이다.[46] 인도를 향한 한국 교회의 선교 활동이 본격화되기 이전에 이루어진 선교 활동에 대한 또 다른 기록은 기독교대한성결교회가 1977년에 교단 창립 70주년을 기념하여 첫 해외 선교의 시작을 인도로 택한 것이다. 성결 교회는 당시 인도에 선교사를 직접 파송하기는 어렵다고 판단하여 1978년부터 미자립 교회 목회자를 위한 생활비 지원, 교회당 건축, 인도 교역자 및 지도자 초청 교육 사업을 추진하였다.[47]

이상의 기록에서 보듯이 최초의 개신교 선교사가 입국한 지 불과 1백 년도 채 지나지 않은 한국 교회가 오히려 선교하는 교회로 탈바꿈해 가는 과정은 세계 선교 역사상 유래를 찾아보기 힘들 정도로 놀라운 일이었고, 그런 폭발적인 부흥과 선교의 열정이 마침내 세계 최대의 미전도 지역이라고 할 수 있는 인도 대륙으로 향하게 된 것은 당연히 한국 교회를 다음 세기 세계 선교의 주역으로 예정하신 하나님의 계획 속에 이루어진 일이었을 것이다.

10년 단위로 본 한국 교회의 인도 선교 역사

1980년 11월 예장(통합) 소속 김영자 선교사가 영락교회에서 파송예배를 드린 후 첫발을 내딛은 한국 교회의 인도 선교는, 지난 40년의 세월 동안 파송 선교사의 숫자로만 놓고 볼 때 참으로 놀라울 만큼의 성장을 이루었다고 해도 과언이 아니다. 하지만 그 역사 속에서 인도 현장과 한국 교회가 처한 상황에 따른 크고 작은 부침이 있었고, 지금도 그 연장선상에 놓여 있다고 하겠다. 한국세계선교협의회(KWMA)의 연도별 한국 선교사 파송 현황에 따르면 인도에서 가장 많은 선교사가 사역했던 시기는 2014년으로서 당해 12월 통계로 87개 단체에서 파송된 총 1,161명의 선교사가 사역하고 있는 것으로 보고되었다.[48] 그러나 이를 정점으로 그 수가 매년 점진적으로 감소하여 2020년 12월 현재의 통계에 따르면 630명만이 인도 현장에서 사역을 지속하고 있는 것으로 나타난다.[49]

이 장에서는 지난 40년 동안의 한국 교회의 인도 선교 역사를 소개함에 있어 장황하고 산만한 전개를 피하기 위해 편의상 10년 단위로 다소 인위적인 시대 구분을 시도해 보았는데, 이는 절대적인 기준이나 근거에 따른 것이 아니며 단지 독자들이 인도 선교 역사에 좀 더 친숙하게 이해하고 다가갈 수 있도록 돕기 위한 것이다.

1980년대 : 선교의 개척자들

전술한 바와 같이 한국 교회의 인도 선교는 한 여성 독신 선교사의 헌신으로부터 출발하였다. 방송인 출신의 김영자 선교사는 본래 미국 문맹선교회의 초청으로 필리핀 극동방송국 아나운서로 가고자 했지만 세 차례나 여권 발급을 거부당했고, 다시 인도로 대상 국가를 변경하여 여권을 발급받은 후 장신대 여신원 2학년을 채 마치지 못한 상태에서 장신대와 영락교회에서 파송 예배를 드리고 미국 미시간 대학에서 언어 훈련을 마친 다음 1982년 7월 24일 마드라스(現 첸나이)로 입국하였다.[50] 이어 1981년 11월, 외항선교회 소속으로 동 영락교회의 파송을 받은 강선자 선교사가 로고스호에 승선하여 직간접적으로 인도 사역에 계속 참여하다.

1984년 7월에는 1980년 12월에 예장(합동) 소속으로 리비아에 파송받아 활동하던 정윤진 선교사가 남아시아에 대한 소명을 느끼고 뭄바이에 들어와 직간접적인 선교 사역에 참여하기 시작하였다. 한편 예장(통합) 소속 이용범 선교사는 1985년 10월 30일 영락교회에서 파송 예배를 드린 후 동년 11월 12일 첸나이에 입국하였다. 이어 1987년 9월에는 백종태 선교사가 뿌네 소재 UBS(Union Biblical Seminary) 최초의 한국인 유학생으로 입국한 후 1988년에 뭄바이한인교회를 설립하고 본격적으로 선교 사역에 참여하였다. 이후 UBS 소속 이중훈 선교사가 1987년 10월에, 그리고 같은 UBS 소속 김도영 선교사가 1989년에 각각 델리에 입국하였고, 1989년 1월에는 예수전도단 소속 이정미 선교사가 벵갈루루에, 3월에는

김정식 선교사가 하이데라바드에, 4월에는 최철만 선교사가 델리에 각각 입국하여 정착하였다.[51]

전문적이고 체계적인 선교 훈련을 받을 수 없는 상황에서 인도 현지에 관한 구체적인 정보를 접하기 어려웠던 1980년대에 오로지 뜨거운 사명감과 열정을 품고 인도에 발을 내딛은 개척자들은 당시 많은 시행착오를 경험할 수밖에 없었다. 김영자 선교사는 인도에 도착한 뒤 일주일 후부터 타밀어를 배우며 시작했던 문맹 선교의 시행착오에 대해 다음과 같이 회고한다.

> 문화를 몰랐고, 사회 구성의 모양을 몰랐습니다. 계급 제도가 있다는 것은 학교에서 배워서 알고 있었지만 그것이 어떻게 구성, 운영되어지고 있는지 전혀 알 수 없었습니다. 그리고 그렇게 심각한 것인 줄도 몰랐습니다. … 처음에 그곳에 교회를 짓고 예배를 드릴 때는 너무 행복했고 많은 사람들이 예수님을 영접했다고 믿었습니다. 그런데 그들은 예수님을 또 하나의 자신 신으로 받은 것이지 오직 구원자이신 구세주를 믿지는 않았습니다. 세례를 베푸는 일이 있어서 기뻤습니다. 그런데 그 세례를 벌써 몇 번이나 받았는지 모를 정도의 상황이었습니다. 그간 타밀어를 배우고 그들이 수군거리는 소리를 들을 수 있었을 때는 너무 실망이 커서 나를 다스리기가 힘들었습니다. 그 세례를 받는 사람들은 일당을 받고 그곳에 오고 있었습니다.[52]

이와 같은 시행착오는 단지 김영자 선교사만의 경험은 아니었을 것이다. 그러나 지극히 척박한 환경 속에서도 초창기 한국 선교사들은 영혼 구원에 대한 열정과 하나님 나라 확장에 대한 소명 의식으로 첸나이에, 델리에, 뭄바이와 뿌네, 벵갈루루와 하이데라바드에 정착하며 점차 사역의 뿌리를 내려갔다.

1990년대 : 주요 관문 도시 정착과 사역의 확장

1988년의 서울 올림픽 이후 정부의 해외 여행 자율화 정책은 인도 선교 현장에 꼭 필요한 훌륭한 일꾼들이 각자의 소명과 비전에 따라 들어와 사역할 수 있는 좋은 여건을 제공해 주었다. 1990년대가 시작되면서 한인 선교사들은 인도의 다양한 지역에 정착하고 뿌리를 내렸는데, 단기 선교차 인도를 방문했다가 현지인 형제와 결혼하고 1991년도에 최초로 꼴까따에 한국 선교의 깃발을 꽂은 예장(합동) 소속 이은옥 선교사, 변승이 선교사를 필두로 하여, 1992년에 감리교 소속의 김대균 선교사와 예수전도단 소속의 김현철 선교사가 벵갈루루에 자리를 잡았고, 1993년에는 예장(고신) 소속 김광선 선교사, 고해성 선교사가 델리에, 성결교 소속 김봉태 선교사는 뿌네에, 예장(합동) 소속 임권동 선교사가 하이데라바드에 각각 정착하였다.[53]

그리고 1994년에는 여의도순복음교회 소속 배드보라 선교사가 델리에, 예장(합동) 소속 조준상 선교사는 벵갈루루에 정착하였으며, 이듬해인 1995년에 성결교 소속 조금옥 선교사가 델리에, 1996년도에 국승호 선교사와 예장(합동) 소속 조은호 선교사가 역시 델리로 입국하여 자리를 잡았다. 1997년도에는 조동욱 선교사가 벵갈루루, 이영길 선교사가 비하르, 예장(통합) 소속 김상수 선교사가 북동인도의 미조람에 정착하였으며. 1999년도에는 오엠선교회 소속 김세진 선교사가 마하라슈트라 뿌네에서 사역을 시작하였다.

1990년대에 접어들면서 한국 선교사들은 인도의 주요 관문 도시라고 할 수 있는 델리와 뭄바이, 뿌네, 벵갈루루, 첸나이, 하이데라바드, 꼴까따 등에 자리를 잡고 사역의 터전을 마련하였으며, 이들의 사역은 교회 개척과 신학교 사역, 제자훈련, 어린이 선교, 학교 설립, 공동체 사역, 농촌 및 마을 개발, 대학 캠퍼스 사역, 교수 사역 등 총체적이고 다양한 형태로 그 영역이 확장되었다. 그런 점에서 한국 교회 인도 선교의 두 번째 10년은 관문 도시 중심의 대도시 선교, 선교 영역과 현장의 다변화로 특징지을 수 있을 것이다. 이는 다가올 새 천 년의 새로운 세기를 준비하는 토대가 되었고, 이후에 물밀듯이 밀려 들어온 2천 년대 초반의 선교사들에게 사역의 길을 안내하는 등대의 역할을 했다고 할 수 있다.

한국 교회의 인도 선교가 1980년부터 시작되었지만 10여 년이 지나도록 인도 현장에서 사역하는 한인 선교사들은 서로 간의 교류와 유대, 연합을 위한 기회를 갖지 못하고 각자의 현장에서 고립된 채 사역해야 했다. 이는 아마도 지리적인 거리와 열악한 교통 및 통신 수단이 주된 원인이었을 것으로 추정된다. 이런 한인 선교사들의 교류와 연합에 대한 간절함은 마침내 1995년 12월 말에 뭄바이에서 개최된 제1회 전인도 선교사 대회라는 열매로 나타났다. 이 전인도 선교사 대회는 1996년의 벵갈루루대회 이후 격년마다 개최되어 오늘에 이르고 있다.

2000년대 : 도약과 연합의 새로운 세기

새로운 밀레니엄이 시작되면서 IMF 구제 금융의 암울한 터널에서 벗어나 2002년 월드컵을 공동 주최하고 남북 정상 회담을 갖는 등 대한민국의 국력이 크게 신장함에 따라 밀레니엄의 첫 10년 동안 한국 교회의 선교는 양적인 면에서 말 그대로 폭발적인 팽창을 보였다.[54] 이는 인도 선교에 있어서 더욱 두드러진 양상을 보였다고 할 수 있는데, 한국선교연구원(KRIM)의 통계를 보면 2000년 말에 160명의 선교사가 인도에서 사역했으나, 2010년 말에는 그 수가 50개 단체에서 파송된 690명으로 무려 4.3배가 증가함으로써 동일 기간 한인 선교사 총수의 증가율인 2.7배를 훨씬 뛰어넘는 수치를 보였다.[55] 이와 같은 선교사 숫자의 증가는 1990년대 후반부터 활발하게 전개된 미전도 종족 입양(AAP) 및 선교운동의 영향으로 전 세계 미전도 종족의 2/3가 살고 있는 인도 대륙에 선교적 관심이 집중된 것이 주된 요인이었을 것으로 추측된다.

1980~90년대에 이미 정착하여 뿌리를 내린 선교사들의 사역은 이 시기에 이르러 그 규모와 질적인 면에서 비약적인 성장을 이루었고, 2000년대에 새로 인도 땅을 밟은 선교사들은 선임 선교사들이 닦아 둔 필드에서 함께 일하거나 그들의 경험과 정보를 활용하여 주요 관문 도시뿐 아니라 지금까지 사역이 펼쳐지지 않았던 중·소도시와 농촌, 오지에까지 그 사역을 확대해 나갔다. 이 시기에 한인 선교사들은 남인도의 우띠와 코다이카날, 마이소르, 중부인도의 북인도의 러크나우, 바라나시, 찬디가르, 데라둔, 마날리 등을 비롯하여 웨스트뱅갈과 북동인도 지역의 실리구리, 구와하티, 미조람 등에 새로운 사역지를 개척하고 정착하였다.

이 시기에는 사역의 형태 역시 더욱 세분화되고 다양해졌는데, 기존에 언급한 사역들 외에도 UBS를 비롯한 인도 현지 신학교와 델리대, 네루대 등 일반 대학교의 교수 사역, 전문적인 기술을 가지고 비즈니스를 통해 복음을 전하는 BAM(Business as Mission), 태권도와 축구 등 스포츠를 통한 선교, 은퇴 이후의 삶을 헌신하는 실버선교 등 사역의 형태뿐 아니라, 사역의 내용과 방법에 있어서도 가정교회 운동, 전방 개척 지도자 훈련 등을 비롯하여 과거의 빼내오기식 선교의 한계를 극복하기 위해 힌두 또는 무슬림 공동체 내에 남아 있으면서 복음을 전하게 하는 C4 혹은 C5 공동체의 실험 등이 한인 선교사들에 의해 시도되었다.[56]

이 시기의 인도 선교에 있어 특기할 만한 또 하나의 분야는, 전인도 사역자 협의회를 통해 한국과 인도의 선교 협의체 간의 교류가 시도되었다는 점이다. 선교사 개인 차원에서의 인도 현지 교단 또는 단체와의 협력은 선교 초창기부터 지속적으로 시도되어왔으나 전인도선교사회 차원에서 인도복음주의연맹(Evangelical Fellowship of India: EFI)의 선교 전략 기구인 인도선교단체협의회(India Missions Association: IMA)와 교류가 시작된 것은 매우 큰 의미가 있다. 이 노력은 2007년 6월 27~28일, 하이데라바드에서 열린 '한국·인도 제1회 파트너십 포럼'으로 열매를 맺게 되었으며, 이후 북부(델리, 2009. 5.), 동부(꼴까따, 2009. 6.), 중부(뿌네, 2009. 11), 남부(나그뿌르, 2010. 2.) 등 네 지역에서의 지역 모임으로 이어졌다.[57]

또한 1995년에 시작된 전인도 선교사 대회 역시 2000년 벵갈루루, 2002년 코친, 2004년 망갈로르, 2006년 꼴까따, 2008년 벵갈루루에 이어 2010년에는 뉴델리에서 모였고 대회가 거듭될수록 참가인원과 규모가 확대되었다. 초기에 이 대회는 주로 선교사들 간의 교제와 정보교환, 치유와 영성 부흥에 중점을 주었으나 횟수가 거듭될수록 선교 현장의 필요와 사역 형태, 방법론, 선교 전략, 인도 내 선교단체들과의 네트워킹 등에 대한 토의와 소모임 등이 중요하게 대두되면서 서로 간의 공동체적인 친교와 치유의 장으로서뿐 아니라 한인 선교사들의 사역을 업그레이드하는 기회로도 그 역할을 감당하였다.[58]

2010년대 : 성장과 한계, 창의적 접근

새로운 밀레니엄의 첫 10년 동안의 인도 내 한인 선교사 수의 폭발적인 증가 추세는 2010년대 중반기까지 이어져 전술한 바와 같이 2014년에 1,161명으로 그 정점에 이르렀고, 이후부터는 매년 5~10% 정도의 감소율을 보였으며, 2020년에는 630명으로 2014년 정점 대비 46%가 줄어든 수치를 나타냈다. 이는 2010년대 후반, 인도의 선교 환경이 급격하게 악화되어 선교사들의 자발적 혹은 비자발적 철수가 대규모로 발생했음을 의미한다.

그 원인으로 여러 가지를 들 수 있지만 우선 2014년 총선 이후부터 인도 연방 정부는 물론 대부분의 지방 정부 선거에서 인도국민회의(INC)가 패배하고 힌두 민족주의를 지향하는 인도인민당(BJP)이 승리하면서 외국인에 대한 각종 비자 발급 요건이 강화되고, 비자 관련 정책이 수시로 바뀜과 동시에 인도 내의 외국인 등록과 체류 연장 절차가 엄격해짐에 따라 선교사들의 장기 체류가 어려워진 것이 주된 요인이라고 할 수 있다. 또한 인도 내 여러 주에서 반개종법을 발효하고 경찰과 정보 기관, RSS

나 VHP 등 힌두교 외곽 조직들을 통해 선교 활동이 의심되는 외국인 및 인도 현지인 기독교 지도자들의 활동을 면밀히 감시하고 탄압하는 일들이 계속 이어짐으로써 사역 환경이 악화된 것도 그 원인 중 하나일 것이다. 다른 요인으로는 한국 교회의 성장이 멈추고 교인 수와 재정 수입이 하락세에 접어들면서 선교사의 신규 파송 숫자가 감소한 반면, 선교사 은퇴와 자발적 혹은 비자발적 철수가 증가한 것도 그 간접적인 원인으로 꼽을 수 있다.

따라서 2010년대는 한국 교회 인도 선교가 그 형태와 방식에서 극적인 전환을 가져온 시기였다고 할 수 있다. 현장 상황의 급격한 변화로 인해 더 이상 기존에 당연시해 왔던 대형 프로젝트나 재정을 쏟아 붓는 방식의 선교가 어려워지게 되었고, 대중을 향한 직접 선교보다는 소그룹 중심, 현지 목회자와 지도자 중심의 선교, 현지 교단 및 선교단체와의 협력과 연합을 통한 선교, 현지 문화와 소통하고 현지의 상황에 응답하는 선교의 중요성이 무엇보다 강조되었다.

2007년부터 시작된 IMA와의 교류는 이 시기에 더욱 구체적인 진전을 보였다. 2011년에 전사협 안에서 내부 및 외부 협력을 추진하고 다양한 선교 현장의 이슈를 다루는 인도 선교 전략 포럼이 출범하여 IMA의 선교 지도자들과 함께 한국 교회의 인도 선교 30년을 돌아보는 시간을 가졌고, 2014년 6월에 열린 제2차 포럼에서는 총체적 선교를 주제로 모임을 가졌다. 또한 전사협 협력 위원회와 연구 위원회 주관으로 신임 선교사들을 위한 필드 오리엔테이션을 격년마다 개최하였다. 2009년(뿌네), 2011년(하이데라바드), 2013년(델리), 2015년(델리)에 각각 개최된 오리엔테이션에는 한인 선교사 뿐 아니라 인도의 선교 지도자들도 강사로 참여하였으며, 그 결과물이 『인도선교매뉴얼』이란 이름의 자료집으로 출간되었다.[59] 한편 이 기간 동안 인도 현장 이해를 돕고 사역에 대한 새로운 접근을 제시하는 다양한 도서들이 한인 선교사들에 의해 출판되기 시작한 것도 한국 교회의 인도 선교가 한 단계 성장했음을 보여 주는 사례일 것이다.[60]

2020년대 : 팬데믹 시대, 위기와 도전

2020년 1월부터 확산되기 시작한 전 지구적인 COVID-19 팬데믹은 인도 선교의 현장에도 엄청난 충격과 타격을 가져왔다. 2019년 말에 788명이었던 인도 선교사의 수가 불과 1년 후에 630명으로 줄었는데 이는 전년도에 비해 무려 20%가 감소한 수치이다. 인도에서 세 차례에 걸친 대확산을 겪는 동안 많은 선교사들이 코로나19 감염으로 큰 고통을 겪었으며, 2021년 4월에는 구르가온에서 사역하던 故 이충식 선교사가 산소 치료 가능한 병상을 조기에 확보하지 못해 안타깝게도 세상을 떠났다. 현장 사역 지속이 어려운 상황에서 선교사들은 대부분 팬데믹으로 생계가 곤란한 이들과 확진 후 치료가 어려운 이들을 위한 구호 활동에 나섰으나, 한국에서도 장기간 대면 예배가 중단 내지 제한되면서 재정적으로 힘들어진 대다수의 교회들이 선교 후원을 중단 또는 축소하기 시작했고, 이는 선교 활동의 급격한 위축으로 이어지고 있다.

선교사의 안정적인 장기 거주가 어려워진 인도 내의 상황 변화와 COVID-19 이후 가중되는 선교비 조달 문제는 앞으로의 인도 선교가 새로운 형태와 패러다임으로 준비되어야 할 당위성을 제기하고 있다. 그러나 COVID-19 상황은 역설적으로 선교사들에게 새로운 사역의 차원을 열어 갈 기회를 주기도 했다. 한국에 일시 귀국한 후 인도에 돌아가지 못하는 선교사들과 인도에서 현장 방문이 어려운 선교사들은 온라인을 통한 모임과 훈련을 실시하면서 사역의 끈을 놓지 않고 있으며, 이를 통해 현지인 동역자의 사역 역량을 강화하고 있다. 한국 교회의 인도 선교가 지금 위기에 처해 있음은 분명하지만 한인 선교사들은 그 속에서도 끊임없이 새로운 도전을 모색하고 있다.

사역 분야별 한국 교회의 인도 선교 역사

이상에서 우리는 한국 교회의 인도 선교 40년의 역사를 10년 단위로 나누어 그 큰 흐름을 짚어 보았다. 이제 지난 40년 동안 한국 선교사들이 인도에서 주로 어떤 유형의 사역을 해 왔는지에 대해서 간략하게나마 살펴보기로 하겠다.

교회 개척 사역

2019년의 KWMA의 통계에 의하면 전체 한국 선교사의 과반에 가까운 수가 교회 개척 사역에 헌신하고 있는 것으로 나타나고 있는데, 이는 인도 현장에서도 크게 다르지 않을 것이다. 지난 40년 동안의 인도 선교에 있어 한인 선교사들이 교회를 개척하는 형태는 다양했다.

가장 보편적인 사례는 선교사가 교회 개척이 필요한 곳을 발견한 후,

현지인 사역자를 보내 교회를 설립하게 하고 생활비를 지원하다가 적절한 시기에 한국 교회와의 연결을 통해 예배당을 건축해 주는 형태일 것이다. 또한 선교사가 운영하는 신학교 또는 다양한 규모의 지도자 훈련 과정을 수료한 제자들을 교회 개척자로 파송하는 경우도 많이 볼 수 있는데, 벵갈루루의 정윤진, 김○○, 윤지원, 정○○, 양재일, 남성현 선교사와 델리의 유○○, 꼴까따의 노수길, 실리구리의 조○○, 뿌네와 나갈랜드의 조○○ 선교사 등이 그 대표적인 예라고 할 수 있다.

또한 철저히 현지 교단과의 협력을 통해 교회를 개척하는 사례들도 여러 곳에서 볼 수 있는데, 하이데라바드의 김정식, ECI 교단과 협력하여 교회를 개척한 성결교의 김봉태, 기장 소속의 이옥희, 예장(합동)의 임권동, 오엠의 김세진 등이 이러한 형태로 많은 교회를 개척하였다. 한편 2000년대부터 시작된 여호수아 프로젝트의 전략에 따라 미전도 종족 입양과 미전도 지역 개척을 위해 현지인 지도자를 중심으로 신약 시대와 같은 형태의 가정교회를 세워 나가는 운동이 북인도의 내륙 지역에서 GAP 소속 안○○ 선교사와 그의 팀들에 의해 조용하면서도 활발하게 진행되었다.[61]

신학교 운영 및 신학 교육

선교 현장에서 신학교가 갖는 의미와 중요성은 굳이 말로 설명할 필요가 없다. 잘 훈련된 우수한 인재야말로 선교지의 교회를 세우고 기독교 복음 사역의 토대를 마련하는 가장 중요한 요소이기 때문이다. 한국 선교사들도 초기부터 그 중요성을 인식하고 이 사역에 적극적으로 참여하였다. 이들이 세운 학교들 중에서 아시아신학연맹(ATA) 회원 인증을 받은 학교로 벵갈루루에는 정윤진 선교사가 설립한 아시아복음신학대학(AECS), 故 이기섭 선교사가 설립한 코린(KORIN)신학대학, 김○○ 선교사가 설립한 뉴라이프신학대학 등이 있고, 웨스트뱅갈의 꼴까따에 노수길 선교사가 뱅갈어 과정으로 설립한 장로교개혁신학대학, 실리구리에 조○○ 선교사가 설립한 열방신학대학(ANTS)이 있으며, 나갈랜드의 조○○ 선교사가 설립한 어메이징그레이스신학교, 남인도 폰티체리에 국○○ 선교사가 설립한 하나님의 성회 소속 안디옥신학대학 등이 있다. 그 외에도 벵갈루루의 칼빈신학교(윤지원), 남인도신학대학(SIBC, 정○○), 델리신학대학원(유○○) 등이 독자적인 교육 체계를 갖추고 신학 교육을 진행하고 있으며, 현지 교단의 신학교를 맡아서 운영한 경우로는 꼴까따의 성결교 신학대학(김봉태), 마하라슈트라신학교(김정식) 등이 있다.[62] 한편 유니온신학교(UBS)를 비롯한 현지 신학교 또는 한인 선교사가 세운 신학교에서 교수로 사역하는 경우도 다수 찾아볼 수 있다.

제자훈련 및 공동체 사역

한국에서와 마찬가지로 전통적으로 제자훈련과 공동체 사역은 교단 소속 선교사들보다는 선교단체 출신의 선교사들이 훨씬 강점을 갖고 있는 분야라고 할 수 있다. 그러나 교단에 속한 선교사들 중에서도 그와 유사한 형태를 가진 사역을 시도하고 성공적인 열매를 거둔 사례들이 있다. 이 분야에 있어서 최초의 시도는 1980년대 초기 선교사인 이용범 선교사의 경우이다. 그는 첸나이로 입국하여 3년 후인 1988년에 벵갈루루로 이동했고, 그곳에 CKF(Christu Krupa Fellowship)라는 공동체를 만들어 교회 학교 교사와 제자훈련, 유치원 운영, 직업 훈련, 야학, 문서 선교 등을 실시했으며 이를 토대로 인재 양성과 교회 개척 사역을 진행했다.[63]

전술했듯이 이 분야는 학원 선교단체 출신 선교사들이 풍부한 경험과 노하우를 갖고 있기에 UBF나 YWAM에 속한 선교사들이 인도의 각지에서 공동체를 통한 제자훈련 사역을 진행해왔다. 특히 YWAM 선교사들은 북인도의 쉼라나 마날리, 바라나시, 심지어 라다크의 잔스카르 등 일반인들이 쉽게 정착하기 어려운 곳에까지 들어가 현지인들과 공동체를 이루며 제자훈련을 했다. 그 외에도 꼴까따의 이○○, 조○○, 뿌네의 김세진, 하이데라바드의 임권동, 트리반드룸의 양정하, 실리구리의 임○○, 나갈랜드의 강○○ 등의 선교사들이 다양한 유형의 공동체 사역을 이어왔다.

델리와 꼴까따, 뿌네 등지에서 현지 대학교의 한국어학과를 비롯한 몇몇 분야의 교수로 일하면서 캠퍼스에서 복음을 전하고 제자훈련과 공동체 사역을 하는 경우도 찾아볼 수 있다. 2000년대 이후에 인도에 입국한 선교사들 중에서도 상당수가 이런 유형의 사역에 참여하고 있는 것으로 알려져 있으나, 그 정확한 현황을 파악하기란 쉽지 않다.

어린이 청소년 및 학교 사역

2천 년대에 접어들면서 선교학계에서 가장 집중해야 할 선교적 목표로 제시된 것은 지리적인 개념으로서의 10/40 Window와 세대적 개념으로서의 4/14 Window였다. 인도의 경우 전 세계에서 평균 연령이 가장 젊은 나라일 뿐 아니라 어린이와 청소년 인구 비중이 가장 높은 나라이기에 이 사역의 중요성이 어느 선교지보다 더 크다고 할 수 있다. 전통적으로 어린이와 청소년 사역은 주로 여성 선교사와 평신도 선교사들이 집중해 온 사역으로서 선교사 개인이 한국의 후원 그룹이나 단체와 협력하여 실시하는 경우와, 한국과 인도의 어린이 청소년 선교단체의 매개자로서 역할을 하여 필드에서 요구되는 교재와 교육 과정을 개발하고 보급하며, 교사들을 훈련하는 경우가 있을 수 있다.

전자의 경우 여기서 그 사례를 열거하기 어려울 만큼 인도의 각 지역에서 많은 선교사들이 사역에 참여하고 있고, 후자의 경우 뿌네 UBS에 교과목을 편성하고 전문 어린이 청소년 사역자를 양성하고 있는 김○○ 선교사와 인도 어린이 전도 협회 소속으로 전문 어린이 학습 교재 제작을 돕고 있는 이○○ 선교사의 경우를 들 수 있다.

한편, 인도의 다음세대 양성을 위해 정규 학교를 설립하여 운영하는 사례들도 다수 찾아볼 수 있다. 이 학교들은 인도 연방 정부 또는 주정부의 인가를 받고 인도의 대표적인 교육 과정 체제인 CBSE Board에 가입하여 운영되고 있다. 이런 학교들로 타밀나두 크리쉬나기리에 김영자 선교사가 설립한 트리니티 아카데미, 벵갈루루의 변미화 선교사에 의해 설립된 St. Paul School(유치원, 초중등 과정, PUC과정), 꼴까따의 이○○ 선교사가 설립한 8곳의 초중등학교, 1곳의 고등학교, 모바일 학교, 고아원 및 탁아소, 찬디가르의 고 권오덕 선교사와 부인 김○○ 선교사가 설립한 에스라국제학교 등을 꼽을 수 있다.

현지인 목회자 훈련 사역

인도에는 전통적인 주류 교단에 속한 교회들 외에 풀뿌리 목회자들이 세운 수많은 가정교회와 비조직 교회들이 존재한다. 이들 교회의 목회자들은 정규 신학 교육을 받지 못한 채 도시의 빈곤 지역, 시골 및 오지의 최전방 지역에서 힘들게 목회 사역을 감당하고 있으며, 체계적인 훈련과 성경 교육을 받고 자신들의 교회를 성장시키고자 하는 강한 동기를 갖고 있다. 따라서 이들에게 교육과 훈련의 기회를 제공하고 교회의 성장을 돕고 이들을 통해 미개척 지역에 복음을 확장하는 일 역시, 선교사에 의한 직접 선교가 불가능한 인도에서 취할 수 있는 효과적인 선교 방법이라고 할 수 있다.

이런 유형의 선교 사역을 감당하고 있는 사례로는 주로 타밀나두의 풀뿌리 목회자들을 대상으로 정기적으로 목회자 세미나를 개최하고 목회 현장 사역을 지원해 온 남○○ 선교사, 뿌네를 중심으로 마하라슈트라의 목회자들을 대상으로 7가정의 한인 선교사들이 팀워크를 형성하여 북인도 교회(CNI)와의 협력을 통해 진행하고 있는 IGM(India Gospel Mission) 목회자 훈련 사역, 북인도 펀잡주의 풀뿌리 목회자들을 대상으로 임○○ 선교사가 EFI와 협력하여 진행하는 목회자를 위한 순회성경훈련(Punjab Mobile Bible Training) 등을 꼽을 수 있다.

한인 교회 사역

인도에서 최초로 설립된 한인 교회는 마드라스한인교회(現 첸나이한인교회, 담임 이면재)로서, 이 교회는 1982년에 입국한 김영자 선교사가 그해

8월부터 그곳의 한인들을 대상으로 드리던 정기 예배에서 출발하여 이용범 선교사를 정식 담임 목사로 청빙하면서 1986년 5월 18일에 공식적으로 창립 예배를 드렸다. 비슷한 시기인 1982년 10월 23일, 델리에서는 한국 여성 이명희와 결혼한 V. K. Singh 목사가 한 인신자 다섯 가정과 함께 벧엘한인교회의 설립 예배를 드렸다.

1995년에는 김광선 목사에 의해 델리에 임마누엘한인교회가 설립되었다. 임마누엘한인교회는 2007년에 벵갈루루와 구르가온에, 2008년에는 하이데라바드, 2015년에는 각각 그레이트노이다 임마누엘한인교회를 개척하였다. 델리 NCR지역에는 그 외에도 뉴델리한인교회, 구르가온한인교회, 구르가온열린교회, 노이다순복음교회 등이 있다. 뭄바이에는 백종태 선교사가 성경 공부 그룹을 중심으로 1988년 3월 27일에 창립한 뭄바이한인교회가 있고, 뿌네에는 뿌네한인교회와 시온한인교회, 안디옥한인교회 등이 있다. 꼴까따의 경우 한사랑선교회의 예배 모임과 GMS 선교사들의 정기 예배가 통합하여 2008년에 한인연합교회를 설립하였고, 꼴까따의 목회자 선교사들이 1년씩 순차적으로 담임 목사를 맡아왔다.

한인 교회들은 초창기에는 한인 교우들 간의 예배와 돌봄, 친교에 집중했지만 점차적으로 현장 선교사들과의 협력을 통해 인도 선교 현장과 한인성도들 간의 가교 역할도 감당해오고 있다. 최근 COVID-19 상황에서 큰 시련에 처해 있는 인도 한인 교회들은 이를 극복하고 다시 일어서기 위해 힘쓰고 있다.

비즈니스를 통한 선교

2010년대부터 본격화되기 시작한 BAM, 이른바 '선교로서의 비즈니스'(Business as Mission, BAM) 개념은 그전까지의 자립선교(Tentmaker Mission)나 '선교를 위한 비즈니스'(Business for Mission)의 차원을 뛰어넘는 새로운 접근으로 큰 관심을 받고 있다. 이는 비즈니스를 선교를 돕는 보조 수단으로 보는 관점을 넘어 비즈니스 그 자체가 바로 선교의 현장이 되어야 한다는 관점이다. 특히 인도에서의 비즈니스 선교는 비자 문제 해결과 자립 선교라는 두 가지 측면에서 많은 선교사들이 관심을 갖고 시도해 왔고, 준비 중인 선교형태이다.

한인 선교사들 중 비즈니스 선교라는 영역을 개척한 첫 사례로는 꼴까따의 조○○를 들 수 있는데, 아가페 디벨로퍼스라는 회사를 설립하고 패스트푸드 사업과 식품 운송 앱을 개발하여 성공적으로 선교로서의 비즈니스를 펼쳐 가고 있다. 전사협에서는 2010년에 비즈니스 선교 연합체의 필요성을 느끼고 관련 세미나를 개최하고 40여명의 참석자들을 중심으로 KIMA(Korea India Marketplace Association)를 창립하였으며, 이는 추후 전문가들을 포함하는 IBAT (India Business Association Trust)로 발전, 여러 차례의 비즈니스 포럼과 MBA 과정을 개설 운영하였고, 수료자들의 비즈니스 멘토링과 컨설팅, 선교적인 목적 달성을 위한 재정 및 영성 훈련 등 비즈니스 선교를 위한 다양한 영역의 사후 돌봄 서비스도 제공해왔다.[64] 지금 인도에서는 여러 선교사들이 여행사, 제과제빵, 패스트푸드점, 까페, 수공예품 생산, 무역 및 유통, 음악 학원 등 다양한 분야의 비즈니스를 통해 선교의 영역을 확장해 가고 있다.

기타 창의적인 접근들

여타 다른 현장들과 달리 인도 선교가 어려운 이유에는 여러 가지 요인들이 있다. 한인 선교사들은 그런 어려움을 극복하고자 지금까지 다양한 시도들을 해왔다. 그 중에서도 수천 년 동안 인도인의 세계관 속에 깊이 뿌리내린 힌두 종교와 문화에 대한 접근 방식과 태도는 선교사들의 교단 및 신학적 배경에 따라서 매우 다양한 스펙트럼을 보이고 있다.

최근에는 에큐메니칼 진영 뿐 아니라 복음주의 선교 신학에서도 비판적 상황화 과정을 통해 현지 문화에 적합한 복음을 제시해야 한다는 논의가 활발하게 진행되고 있다는 점에서 인도 문화 및 종교에 대한 연구와 깊이 있는 이해는 이제 선교사들의 필수 과업이라고 할 수 있다. 이는 인도 전체 인구의 14%를 차지하는 이슬람 교도들을 향한 선교적인 접근에도 마찬가지로 적용될 수 있다.

힌두와 무슬림 공동체들을 향한 이런 형태의 토착적인 접근은 인도의 그릇 포럼(Indian Bowl Forum)을 비롯하여 전방 개척 선교 학교를 통해 복음을 받아들인 힌두들로 하여금 자신의 공동체를 떠나지 않고 그 안에서 예수의 제자로 살게 하고 힌두 문화를 비판적으로 수용하여 예배와 공동체를 세워 나가는 예슈 박따 운동 그룹, 바라나시의 힌두 공동체 내에서 토착적인 복음 사역을 펼쳐 가는 곽○○, 무슬림 사회에서 그들의 이웃이 되어 예수를 구주로 영접하고 따르는 무슬림 공동체를 세워 나가고 있는 델리의 김바울, 사하란뿌르의 윤○○, 하이데라바드의 이○○, 박○○, 꼴까따의 박○○, 잠무카시미르의 문○○ 선교사 등을 꼽을 수 있다. 한편 부다가야의 불교도들 가운데에서 이유 유사한 토착적인 접근을 시도한 조○○ 선교사의 경우도 이에 해당한다고 할 수 있다.

한편 인도의 시골 지역에 들어가 농업과 직업 기술, 생태 환경 운동 등의 사역을 통한 복음 전도를 시도하는 창의적 접근의 사례들이 있는데, 대표적으로 비하르주의 친베리야 마을에서 문맹 퇴치와 교육 사업, 여성 자족 운동 등 총체적 선교를 해온 GMP 소속 이○○, 안드라쁘라데시의 힌두뿌르에서 NGO 사역으로 생명 누리 공동체를 설립하고 이끌어 온 정호진 선교사의 경우가 이에 해당한다. 또한 조○○ 선교사는 열방 신학대학(ANTS) 졸업생들을 중심으로 실리구리와 티벳의 라사(Lhasa)를 복음으로 연결하는 '히말라야 하이웨이 프로젝트'를 통해 미개척 지역을 향한 전략적인 접근을 시도하였다.[65] 그 외에도 벵갈루루, 뿌네, 델리, 꼴까따 등지에서 태권도나 축구 등 스포츠를 매개로 사역하면서 복음을 전하거나 합창단이나 악기 교습 등 음악을 활용하여 복음을 전하는 창의적 접근의 사례들도 여러 곳에서 찾아볼 수 있었다.

한국 교회 인도 선교의 의미와 평가

이상의 논의를 통해서 볼 수 있듯이 한국 선교사들은 불과 40년의 짧은 기간 동안에 서구 교회가 떠나고 난 후 공백 상태에 있던 인도 선교 현장의 주류 세력으로 등장하였다. 복음 전도에 대한 한국 선교사들의 열정과 헌신은 오랜 세월 정체되어 있던 인도 교회에 큰 도전을 주었고, 잠자고 있던 인도 교회의 선교적 사명과 정체성을 일깨웠다. 2010년대 중반부터 더욱 강화된 힌두 민족주의와 이에 편승한 비자 정책으로 그

동안 인도 현장에서 땀과 눈물과 기도를 바친 수많은 선교사들이 인도 현장을 떠나야 했지만, 그럼에도 불구하고 인도 선교의 현장에서 한인 선교사들이 차지하는 역할과 비중은 결코 작지 않다.

여기에서는 지난 40년 한국 교회 인도 선교가 보여 준 긍정적인 측면과 부정적인 측면을 간략하게 되짚어 봄으로써 추후 한국 교회 인도 선교가 나아가야 할 방향을 점검해 보고자 한다.

한국 교회 선교의 긍정적인 면

인도에서 사역하는 한국 선교사들의 주류는 한국의 전통적이고 보수적인 교파 또는 선교단체에 속해 있다고 할 수 있다. 이들은 자신들이 속해 있는 교단의 신앙적·신학적 배경에 기초하여 선교 현장에 접근하고 사역해 왔다. 따라서 한국 교회가 지닌 장점과 긍정적인 측면이 고스란히 선교 현장의 장점이 된 것은 당연한 일일 것이다. 본고에서는 한국 선교가 보여 준 여러 긍정적인 요소들 중에서 대표적으로 세 가지만 살펴보려고 한다.

먼저, 대부분의 한국 선교사들은 인도의 선교 현장에서 예배와 기도, 성경 읽기와 묵상의 중요성을 강조하고 그것을 영성의 기초로 삼았다. 일주일에 한 번만 예배드리는 것이 당연하고 새벽 기도나 통성 기도 같은 것은 경험조차 해 보지 못한 인도 교회의 목회자와 성도들에게 한국 선교사들이 보여 준 영성은 신선한 충격이었을 것이다. 이와 같은 한국 선교사들의 뜨거운 신앙과 영성은 인도 교회의 신학자와 신학생들에게도 큰 도전이 되었고 그들의 각성을 불러왔다.

두 번째로, 한국 선교사들은 선교 초창기부터 영혼 구원과 전도, 교회 개척에 대한 뜨거운 열정과 강한 신념을 갖고 있었다. 다종교 사회에서 이웃 종교와의 충돌이나 갈등을 최소화하려는 성향을 가진 인도의 신학자나 목회자들과 한국 선교사들의 다른 점이 바로 여기에 있었다. 한국 선교사들은 외국 선교사들이 들어가거나 접근하기 어려운 지역들과 히말라야 산간 오지까지도 들어가 복음을 전하고 교회를 설립했으며, 이를 위해 제자훈련과 교회 개척 지도자 훈련에 매진해 왔다.

인도 사회의 가장 가난하고 멸시받는 계층인 지정 카스트와 지정 부족들을 대상으로 문맹 퇴치, 보건 위생과 의약품 제공, 기술 교육 등을 통해 그들의 경제적 자립과 사회적 지위 향상을 위해 노력했을 뿐 아니라 그들의 고통스러운 삶의 현장에 동참함으로써 통전적인 선교를 실천하고자 힘썼다. 이는 가난하고 소외된 자, 병든 자들과 함께하시며 그들의 아픔을 싸매어 주신 그리스도의 희생과 섬김의 정신을 인도 현장에서 실천한 아름다운 본보기라 할 것이다.

세 번째로, 한국 선교사들은 전사협이라는 전체 인도 선교사들의 연합 조직과 각 지역별로 결성된 연합 모임을 통해서 한인 선교사들 사이의 나눔과 교제, 협력의 좋은 본을 보였을 뿐 아니라 이를 토대로 기존의 인도 현지 교단과 선교단체들, 예컨대 ECI, CNI, IMA, EFI 등과의 협력 사역을 적극적으로 추진하여 여러 면에서 성공적인 열매들을 보여주었다. 물론 한국과 인도의 교단들 사이에 에큐메니칼 협약을 맺고 활발하게 교류해 온 사례들도 있기는 하지만 그런 교류가 선교 현장의 열매로 이어지는 경우는 그리 많지 않았다. 그러나 현장 선교사들이 서로 연합하고 그들이 직접 현지 교단 및 선교단체들과 협력하여 사역을 진행했을 때는 훨씬 구체적이고 풍성한 열매들이 나타났다. 이는 특히 교회를 개척하고 예배당을 건축하는 분야와 현지 목회자 훈련 분야에서 더 두드러졌지만, KMA와 IMA의 협력 사례를 통해서 보듯이 선교의 전략적인 측면에서도 상당한 진전과 열매를 볼 수 있었다.

한국 교회 선교의 부정적인 면

빛이 있는 곳에 당연히 그림자가 있듯이 한국 교회의 인도 선교 40년 역사에도 빛과 그림자가 함께 존재한다. 한국 교회의 선교가 이루어 온 훌륭하고 아름다운 업적들이 많이 있지만, 그럼에도 불구하고 그 어두운 부분과 한계를 여기에 언급하는 것은 앞으로 우리 앞에 닥쳐올 여러 가지 심각한 도전 앞에서 더 이상 과거의 실패와 시행착오를 반복할 여유가 없기 때문이다. 여기서는 한국 교회 인도 선교의 문제점을 간략히 몇 가지로 요약하여 논의하고자 한다.

먼저, 지난 40년 세월 동안 대부분의 한국 선교사들이 인도 선교를 인도 현지인들, 즉 내부자의 시선이 아닌 외부자적 관점에서 바라보고 선교해 온 것은 아닌지에 대한 반성이다. 이는 우리에 앞서 2백여 년 동안 인도 선교에 헌신했던 서구의 선교사들이 인도 현지 기독교인들로 받았던 비판과 다르지 않다.

인도 현지의 필요와 요구보다는 선교사 자신의 상황과 능력, 그리고 파송 교회의 요구에 맞는 선교를 하다 보니, 인도의 문화적 상황과 종교를 깊이 이해하지 못하고 그들의 필요에 적합한 선교적 메시지를 전달하지 못함으로 말미암아 선교사들이 전하는 복음이 그들의 삶과 세계관의 변화보다는 외적으로 드러나는 실적과 목표치를 이루는 것으로 선교의 성패 여부를 판단하는 시행착오를 반복하고 있다는 점이다. 이와 같은 내부자적 시선의 결여는 결국 선교의 대상을 인도 사회의 주류 계층이 아닌 지정 카스트(Scheduled Caste)나 지정 부족(Scheduled Tribe), 혹은 여타 후진 카스트(Other Backward Caste)로 제한시키는 결과를 낳았다. 이에 대해 진기영은 『인도선교의 이해 II』에서 다음과 같이 통렬하게 지적한다.

> 복음의 수용성이 높다고 하여 하층민 선교만 한 결과 오늘날 인도에서 기독교는 '하층민의 종교'로 낙인이 찍혔고, '가진 것 없고 무지한 자들을 사회 봉사와 경제적 이득으로 유혹하여 인도를 자신들의 지배하에 두기 위한 외국인의 종교'로 각인시키고 말았다.[66]

둘째로, 전통적으로 한국 교회 선교의 문제점으로 많이 지적되어온 물질주의 혹은 물량주의적 선교 행태로서, 이는 인도 현장에서 더욱 두드러지게 나타났다고 볼 수 있다. 전술한 바와 같이 선교사들의 사역대상이 주로 가난하고 소외된 달릿 계층이다보니 어느 정도의 재정 지원은 불가피한 면이 있는 것이 사실이다. 하지만 이런 재정 지원은 결국 목회자뿐 아니라 성도들의 자립 의지까지도 약화시키게 되고, 선교사의 지원이 없으면 교회가 문을 닫게 되는 결과로 이어지게 된다.

이런 물량주의적인 선교가 가장 두드러진 분야는 예배당 건축이라고 할 수 있는데, 이 역시 복음의 확장과 인도 교회의 성장을 위해서 일부 불가피한 측면이 있는 것은 사실이다. 실제로 엄격한 기준과 심사를 거쳐 건축 후원 대상 교회를 선정하고, 건축비를 후원할 때도 반드시 현지 교인들 스스로 일정 부분의 몫을 감당하도록 함으로써 자립 의지를 고취시키는 사례들도 볼 수 있다. 하지만 한국 선교사들 가운데 예배당 건축을 하나의 선교 비즈니스처럼 해 왔던 사례들 역시 존재하며, 인도 교회 지도자들은 그런 사례들에 대해 강하게 비판한다. 이는 선교사 자신이 현지 지도자들을 직접 훈련할 수 있을 만한 언어 능력이 갖춰지지 못한 상태에서 대리인이나 사역자를 세워 건축을 진행할 때 자주 발생하는 사례라고 할 수 있다.

최근 인도 내에 강화되고 있는 힌두 민족주의 및 근본주의 단체들은 기독교 선교사들의 이런 물량주의적 선교를 매우 민감하게 반응하고 있으며, 이는 그들에게 기독교와 선교 활동을 핍박하는 데 있어 합리적인 명분을 제공해 주고 있다는 점에서 더욱 신중하게 접근할 필요가 있다.

그 외에도 인도 교회 지도자들은 한국 선교사들이 인도 내에서 별도의 교단이나 교파를 만들어 한국 교회와 같은 분열의 역사를 반복하고 있다는 점을 지적하고 있으며, 한국에서와 마찬가지로 수준 이하의 군소 신학교가 난립하고 있다는 사실, 일부 선교사들의 언어 능력과 교양과 인격에 대한 의구심이 일고 있다는 점, 사역자들과의 비인격적인 관계와 불협화음, 한국 선교사들끼리의 다툼과 불화 등에 대해 비판하고 있음을 우리는 아프게 받아들여야 할 것이다.

나가는 말

지금까지 우리는 지난 40년 동안의 한국 교회 인도 선교 역사를 연대순으로, 그리고 각 선교 영역별로 간략하게나마 살펴보고 그 의미와 평가를 시도해 보았다. 여러 제한 사항들 때문에 그 구체적인 내용을 들여다보는 데에는 한계가 있었으나, 분명한 것은 지금의 한국 교회 인도 선교 현장은 지난 세월 동안 그 땅에 땀과 눈물을 쏟아 낸 선배들의 헌신으로 일구어져 온 것이라는 사실이다. 40주년을 맞이하면서 가장 먼저 해야 할 일은 그분들의 헌신을 기억하고 그것을 우리가 다시 써 내려가야 할 새로운 역사를 위한 자양분으로 삼는 일일 것이다.

끊임없이 변화하는 인도의 상황과 한국 교회의 현실 앞에서 우리가 감당해야 할 인도 선교의 과제는 무엇인가? 무엇보다도 먼저 한국 교회의 선교는 인도의 문화와 종교, 그들의 삶의 방식 속에 뿌리내리는 선교가 되어야 한다. 이 점에서 우리는 과거 서구 교회의 선교가 실패했던 방식을 답습해서는 안 된다. 인도의 종교와 문화에 대한 깊은 이해를 바탕으로 복음의 핵심 요소들을 보존하면서 인도의 그릇에 복음을 담고자 하는 노력을 결코 포기해서는 안 된다. 이를 통해서만 우리는 서구 교회가 포기했던 주류 힌두 교도들을 향한 복음 전도라는 인도 선교의 진정한 목표에 다가갈 수 있기 때문이다. 다음으로 인도 선교를 인도 교회가 스스로 하게 하려면 토착 교회의 설립과 운영을 넘어서 경제적으로도 현지 교회가 선교사에게 의존하지 않고 자립하도록 그 의식과 자세를 변화시키는 데 집중해야 한다. 이는 성경에 기초한 바른 신앙과 신학의 바탕 위에서 토착 교회의 선교적 역량을 강화시키는 것과 더불어 돈으로 하는 선교가 아닌 지도자와 공동체를 세우는 선교, 즉 건물을 뛰어넘는 진정한 교회개념이 선교사 자신과 인도 사역자들에게 구체화될 때에만 가능하다. 마지막으로 선교사들은 영적 지도자로서의 높은 신앙 인격과 절제된 삶, 경건성과 전문성을 통해 인도인들을 감동시키는 삶의 증거를 보여 주어야 한다. 진정으로 인도를 사랑하고 그들의 곁에 서는 삶을 통해, 스탠리 존스가 말했던 것처럼 인도의 길을 걷고 계시는 예수 그리스도께 인도인들을 소개하는 선교사들이 되어야 할 것이다.

임한중

장신대 신대원(M.Div.)과 대학원(Th.M.)을 졸업했으며, 미국 그레이스신학교에서 상호문화학 박사(Doctor of Intercultural Studies)를 취득했다. 현재 예장 통합 선교부 소속 선교사로 인도에서 사역하고 있으며, 미국 월드미션대학교 겸임 교수(선교학)로 섬기고 있다.
저서, 역서: 『박띠의 다리를 건너 그리스도께로』(CLC), 『인도 교회사』(C.B. Firth 저, CLC), 『인도기독교사상』(Robin Boyd 저, CLC)

제6장

한국 교회의 인도 속의 무슬림 선교

'인도' 하면 가장 먼저 떠오른 것이 힌두교이다. 왜냐하면 인도는 오래전부터 다양한 신들을 섬기는 힌두적인 사상과 문화 관습으로 살아왔기 때문이다. 사실 인도는 힌두교가 주종을 이루고 있다. 하지만 인도에는 힌두교 이외에 소수 종교로서 무슬림과 기독교, 시크교, 불교, 자이나교, 조로아스터교 등이 있다. 이 글은 그중에 인도 내에 소수 종교로 살아가는 무슬림에 대하여 그들의 기원과 삶과 신앙을 살펴보고 기독교인으로서 현재까지 그들에게 어떻게 복음이 전파되었으며 또 앞으로의 전망과 어떻게 하면 그들에게 복음이 더 잘 전파될 수 있는가에 대하여 알아보려고 한다.

필자는 지난 22간의 인도 무슬림 속에서 살고 사역하면서 그들의 삶과 문화, 신앙생활 등을 보고 배우며 정말 많은 것을 느꼈다. 그리고 그들에게 복음을 향한 무한한 가능성이 있다는 것을 발견했다. 현재 인도 정부의 집권당이 근본주의의 강성 힌두교 성향을 띠고 있어서 인도 내의 소수 종교로 핍박당하며 살아가는 무슬림들이지만, 그럴수록 더욱더 단합하여 하나의 운명 공동체라는 의식으로 대처해 나가는 것을 볼 때 인도 내에서 오래된 무슬림의 역사와 전통을 끝까지 이어 오려고 하는 그들 만의 노력을 엿볼 수 있다.

인도 무슬림의 현황

인도는 전 세계에서 두 번째로 인구가 많은 나라이다. 2021년의 인구 통계에 의하면 인도 인구는 14억이 넘었다. 요 근래에 들어와서 중국이 지난 1978년 1가구 1자녀 산아 제한 정책을 시행한 이후 인구가 급격한 정체 현상을 나타내고 있어서 2020년 이후 인도가 중국을 추월하여 인구 1위의 대국으로 이미 자리를 잡았다는 이야기도 들리고 있다. 이런 인도의 인구를 종교별로 살펴보면, 역시 힌두교가 80%이고 무슬림이 15%이며 기독교와 시크교 그 외 종교를 합쳐서 약 5% 정도로 이루어져 있다. 인도 인구의 15%가 무슬림 인구이면 인도의 무슬림 인구는 약 2억 1천만이다. 이 인도 무슬림 인구는 계속해서 증가하고 있어서 2015 Pew Research Center survey 에 의하면 2050년에는 인도의 무슬림 인구는 3억 천백만 명이 될 것으로 예측하고 있다.[67]

인도 무슬림의 인구는 전세계에서 인도네시아 다음으로 많은 무슬림 인구를 가지고 있다. 우리는 무슬림 하면 무슬림의 근원인 사우디아라비아 등의 중동에 가장 많은 무슬림들이 있을 것이라고 생각하는데 사실은 그렇지 않다. 인도 무슬림의 인구는 아프리카를 제외한 중동의 모든 무슬림 인구보다도 많은 인구를 가지고 있다. 더 나아가 전 세계 무슬림 전체 인구를 약 15억이라고 하는데, 그 가운데 인도와 인도의 영향권에 있는 무슬림 인구는 엄청난 비율을 차지하고 있다.

인도가 영국으로부터 1947년 독립을 하기 전에는 파키스탄도 인도였고 지금의 방글라데시도 인도였다. 그러므로 파키스탄과 방글라데시의 무슬림들도 동일한 인도의 영향권에 살고 있는 무슬림들이다. 실제로 파키스탄의 무슬림들은 인도와 동일한 언어와 문화 관습을 가지고 있다. 인도가 영국으로부터 독립을 하면서 정치적으로 강제로 분리된 것뿐이지 전혀 다르지 않다. 방글라데시는 초기 분리 독립하면서 동 파키스탄으로 남아 있다가 1971년 파키스탄으로부터 다시 분리 독립을 하여 지금의 방글라데시가 되었기에, 이곳 무슬림들은 지역에 따른 차이로 언어만 다를 뿐이지 문화와 풍습은 동일하다. 그래서 인도에 약 2억 1천만, 파키스탄에 2억, 방글라데시에 1억 5천만을 해서 약 5억 6천만의 무슬림들이 인도의 영향권에 살고 있는 것이다.

이 세 나라의 무슬림들은 전세계 무슬림 인구 15억 중에 약 37.4%의 비율을 차지하고 있다. 이렇게 많은 무슬림들이 모여 살고 있음에도 불구하고 세계 선교학계의 무슬림 사역의 중심에는 인도와 그 영향권에 있는 나라들은 소외되어 있다. 특별히 그 중에 인도는 힌두교에 가려져 인도에 무슬림들이 그렇게 많이 살고 있는지 조차도 모르는 것이 일반적인 상황이다.

인도에 현재 살고 있는 무슬림 미전도 종족은 426 종족이다. 그 가운데 인구가 10만이 넘는 미전도 종족도 62개 종족이다. 이 통계는 전 세계 무슬림 미전도 종족 3,821 종족 가운데 11.2%가 인도에 살고 있다는 것이다.[68] 이것은 미전도 종족으로나 인구수 개념으로만 보아도 힌두교에 가려져 있지만, 인도의 무슬림은 정말 중요하여서 전략적으로 더 깊은 관심을 가지고 복음을 전해야 할 것이다.

인도 무슬림의 역사

여기에서 인도 무슬림 역사에 관하여 상세히 언급하는 것은, 이 글의 핵심과 지면 안배상 맞지 않기에 부적합하다고 생각을 한다.[69] 하지만 기본적으로 인도에 무슬림들이 들어온 시기와 개략적인 역사를 언급해 주어야만 인도 사회 속에서 힌두들과 함께 살아가는 무슬림들을 이해하는 데 도움이 될 수 있기에 대략적인 기술만 하기를 원한다.

기원

인도에 무슬림들이 들어오게 된 경로는 일반적으로 두 가지를 말한다. 그것은 무굴 제국 이전의 시대와 무굴 제국 시대로 나눈다. 모하메드 이전의 시대에도 인도에 아랍인들에 대한 언급이 남인도의 말라바르 해안에 정착해서 살았다는 언급이 있으나 이들은 이슬람교를 믿고 있는 사람들이 아니기에 무슬림의 유입이라고 말할 수 없다.

모하메드 이후 7세기경에는 아라비아 반도에서 남인도 해안가로 들어온 무슬림 상인과 선원들이 인도 토착민들을 이슬람으로 개종시키기 시작했다. 이때 아랍인들에게는 사무리(Samuri)로 알려졌고 포르투칼 인들에게는 자모린(Zamorin)으로 알려진 캘리컷(Calicut)[70] 국왕의 개종은[71] 종교적인 전설이라고 생각할 수 있겠지만, 당시 켈리컷의 군주들은 그들이 들어와서 전교하는 것에 아무런 제재를 가하지 않았다. 그러나 이것은 실질적으로 무슬림들이 인도에 본격적으로 들어온 것은 아니다.

무굴 제국 이전의 시대

무슬림들이 인도를 본격적으로 침입하기 시작한 것은 711년부터이다. 지금의 파키스탄 지역인 신드에 대한 무슬림들의 원정은 초기 무슬림의 시초가 되었다. 그러나 이때의 원정은 안정되지 못했으며 지속된 것도 아니었다. 일반적으로 술탄 왕국이라고 하면 1206년부터 1526년까지 델리를 중심으로 인도를 지배했던 다섯 왕조를 의미한다. 하지만 이 다섯 왕조 이전에 델리 중심은 아니지만 인도 북부와 멀리 아프가니스탄까지 전체를 점령했던 두 왕조까지도 포함하고 있다.

그 왕조들을 살펴보면, 인도에서 처음으로 지속적인 지배를 실시한 왕조는 투루크(터어키) 노예 출신인 일프티긴이 962년 가즈니에서 시작하여 그후 사북 데킨과 그의 아들 마흐무드에 의해서 전승기를 이룬 지금의 카불 서남쪽에 위치한 가즈니 왕조이다. 그 영향은 펀잡, 신드, 후라산을 비롯하여 이란 쪽으로는 지발까지 미쳤다. 마흐무드는 전후 17차례에 걸쳐 인도를 침입하여 수없이 많은 물품들을 약탈해 갔다. 그는 투르크 출신이며 페르시아의 사고를 가졌던 순니 무슬림이었다. 그는 페르시아어를 궁중 언어로 택하였고, 그가 후원하였던 페르시아 시인들과 순니 신학자들은 그를 이슬람권의 위대한 용사로 불멸화시켰다.

가즈니 왕조는 중부 아프가니스탄 토착민들에 의해 건설된 구루 왕조의 무하마드로 이어졌으며 12세기 후반 가즈니 왕조의 영역의 거의 대부분을 차지한 그들은 남쪽으로는 신드를 쳐서 영토를 확장해 나갔다. 무하마드는 1192년 2차 타라인 전투에서 인도의 힌두 왕조에게 크게 승리를 거두고 그의 부하인 꾸뜹 웃 딘 아히박에게 델리를 장악하도록 하였다.[72] 그 후 무함마드가 1206년 살해당하자 델리의 지배자였던 꾸뜹 웃 딘 아히박이 그의 왕조를 계승해 나갔다. 그는 터어키 족의 노예 출신으로 포악하고 무자비한 군주였다. 그러나 강력한 세력을 구축한 후 결혼 동맹으로 자신의 지위를 강화시켜 나가기도 했다.

그는 동일한 노예 출신의 신드 지방의 지사인 나시르 웃딘과 자신의 유능한 부하 일투트미스를 자신의 공주들과 결혼시켜 정권을 유지해 나갔다. 그는 티벳트 국경 쪽으로 영토를 넓히기도 하였으나 낙마하여 죽자 그의 부하 일투트미스가 왕위를 계승하였다. 그 후 라지야 여왕, 40인의 노예, 발반 등이 왕위를 계승하다가 마지막 발반의 사망으로 소위 인도의 무슬림 노예 왕조는 막을 내리게 되었다.

그 후 무슬림 왕조는 킬지 왕조로 대체되었으며 그 왕조의 6인의 군주들 치세에 남인도의 데칸고원까지 세력을 확장하였다. 그러나 이 킬지 왕조는 반란과 내전으로 인해 14세기 전반 투굴락 왕조로 대체되었다. 이 투굴락 왕조는 1398년 티무르의 인도 침입으로 소규모 국가들로의 분열화가 가속되어 갔으며, 그후 델리에는 처음에 사이드 왕조가 잠깐 있었으며 그 후 아프간 족의 일파인 로디 왕조가 들어와 지금까지의 터키 족의 지배를 끊어 버렸다. 로디 왕조는 3명의 왕이 있었으나 아프간 인들의 내란으로 인하여 결국 멸망하고 그 후에 북인도 무슬림의 전성기인 무굴 왕조가 세워지게 된다.

결론적으로 무굴 제국 이전의 노예 왕조와 그 외 다른 왕조들은 그 근원이 지금의 터키와 중앙 아시아를 근거로 있었던 투르크족에서 그 근원을 찾을 수가 있다.

무굴 제국 시대

무굴 제국은 1526년 초대 왕 바부르가 델리 근교의 파니파트 전투에서 로디 왕조를 크게 이기고 그 다음 해에는 무슬림과 라즈푸트 연합군을 격파함으로 세워지게 되었다. 무굴 왕조의 초대 왕인 바부르는 1483년에 태어났는데 부계로는 티무르의 5대 손이며, 모계로는 칭기스 칸의 15대 손으로 그의 뒤를 이은 모든 왕들이 그의 자손들로 이어져 내려갔다. 그는 지금의 우즈베키스탄의 페르가나에서 태어나 우즈벡의 사마르칸트를 정복하려고 하였으나 우즈벡 공화국의 무함마드 샤이바니로부터 늘 쫓겨 다니다가 우즈벡을 포기하고 남쪽의 인도로 눈을 돌려 인도로 들어오게 되었다.

초대 왕인 바부르는 야심 차게 델리를 정복하고 지금의 아그라로 진격하여 스스로를 인도의 황제라고 선포하고 무굴 제국을 시작하였지만, 지나친 욕심으로 인하여 그 당시 우즈베키스탄의 정치적인 혼란기에 우즈벡까지 점령하려고 하다가 실패하고 불과 4년만에 죽게 되었다. 바부르(1526~1530) 이후 무굴 제국은 후마윤(1530~1556) - 아크발(1556~1605) - 제항기르(1605~1627) - 샤자 한(1627~1658) - 아우랑제브(1658~1707) 순으로 왕위를 계승해 나갔다. 이 왕위의 계승은 거의 모두 형제들 간의 살육을 통하여 계승되었지만, 그래도 한 혈통에서 지속적으로 이어져 내려왔기에 무굴 제국이라는 한 왕조를 형성하게 되었다. 그중에 3대째인 아크발의 시대부터 5대 샤자 한의 시대에[73] 이르기 까지는 옛날 마우리아 왕조에 버금가는 전성기를 누리기도 했다. 하지만 아우랑제브 이후 무굴 제국은 힘을 잃고 주위의 소 동맹 제국들에게 엄청난 어려움을 겪고 있었다. 그 후 영국의 동인도 회사의 출현과 프랑스의 뱅골 지역의 지배권 다툼 등으로 무굴 제국은 더 많은 어려움에 있다가, 1757년 영국이 '플라시 전투'에서 프랑스를 격파하고 인도의 실질적인 지배자로 등장을 하게 되면서, 전혀 힘을 쓰지 못하게 되었다. 그 후 영국은 인도 용병들인 '세포이'들을 고용하여 이 지역 소 동맹국들을 흡수 정복하였다. 그러던 중 1857년 영국의 동인도 회사에 고용되었던 용병들이 '세포이 반란'을 일으키면서 다시 무굴 제국의 영광을 찾으려고 노력하였지만 2년만에 반란이 진압됨으로 말미암아 그때까지 명목상으로만 남겨 두었던 무굴 황제 바하두르 샤 2세의 지위를 폐위시킴으로 무굴 제국은 완전히 멸망하게 되었다.

이상으로 인도 내에 무슬림들이 들어오게 된 내용과 엄청난 번성기를 누렸던 무굴 제국의 흥망성쇠를 보았다. 여기서 인도에 들어온 무슬림들의 기원이 무굴 제국 이전에는 투루크 계통의 무슬림들이고 무굴 제국의 근원은 멀리 몽골의 칭기즈칸으로부터 유래되었음을 알 수 있다. 그렇기에 현재의 인도에 살고 있는 무슬림들도 그 근원으로 두 가지 종류로 분류할 수 있다. 그리고 나중에 다시 언급하겠지만 인도 무슬림들은 처음부터 외부로부터 들어온 사람들(투루크 계통과 몽골 계통)과 인도 내에서 힌두에서 무슬림으로 자의적이든 강제적이든 개종이 된 사람으로 다시 분류된다.

바부르 후마윤 아크발
제항기르 샤자한 아우랑제브

인도 무슬림의 특징

인도 무슬림은 중동 아랍의 무슬림들과 많은 차이를 보이고 있다. 중동 아랍의 무슬림들은 많은 경우 근본주의 무슬림의 사상과 규례, 문화 풍습을 가지고 있지만 인도 무슬림은 앞서 인도 무슬림의 기원에서 살펴보았듯이 중동 아랍에서 직접 전파되어 들어온 무슬림들이 아니라 길게는 페르시아의 투르크 계통과 짧게는 몽골 계통의 혈통을 가지고 있기에 사상과 문화 풍습이 좀 많이 다른 형태를 띠고 있다. 이러한 다양한 인도 무슬림들만의 특징들은 다음과 같다.

인도 무슬림들의 주류는 수피즘이다

이슬람에서의 수피즘의 기원에 대한 주장들은 상당히 다양하다.[74] 그리고 인도에 수피즘이 들어온 과정도 다양한 주장이 있지만, 이 논고에서는 그 기원을 다 다룰 수는 없고 다만 인도에 수피즘이 들어와서 어떤 영향을 끼쳤는가에 대한 부분만 다룸으로 인도 무슬림의 특징을 말하려고 한다.

인도에는 12세기 전후로 본격적인 무슬림의 침공이 시작되는데 그 때 초기의 침입의 절대적인 공은 수피주의 무슬림들인 수피들이 하였다. 그 당시 정복 전쟁으로 군대를 이끌고 온 왕들은 군대들 앞에 수피들을 앞세워서 그 당시 인도의 힌두 들에게 접근하였다. 무슬림 신비주의인 수피즘은 인도의 힌두 들에게 큰 이질감 없이 그들의 사상을 전파할 수 있었기에 초기 이슬람의 전파는 아주 효과적이었다. 인도에 수피즘을 통하여 무슬림이 들어온 것에 대하여 한국 외대 최종찬 교수는 자신의 논문에서 아래와 같이 말하고 있다.

12세기경 인도 수피즘의 본고장이라고 불리는 씬드(Sind) 지역에서 수피 교단이 최초로 활동한 것으로 추정되며, 수피즘은 인도의 전 지역에서 인도의 종교 사상인 범신론적 측면과 잘 어울려 큰 저항없이 확산되었다. 수피즘은 하나의 종파라기 보다는 의식을 중시하는 종교의 형식주의에 반발하는 인본주주의적 반동으로서 엄격한 정통 이슬람과 대조를 이룬다.[75]

인도 무슬림에 수피즘의 영향이 강한 것은 처음부터 인도를 정복해 들어온 군대가 수피들을 앞세워서 들어온 것뿐만 아니라 수피즘의 사상과 행습이 인도에 전통적으로 뿌리내리고 있던 힌두교의 사상과 문화와 아주 유사한 점이[76] 있기 때문에 힌두들에게 잘 먹혀들어 갔으며 그로 인해 전파의 속도가 아주 빨라졌다.

수피즘은 의식보다는 신과 개인과의 직접적인 교통을 강조하였으며 그들의 사상은 수피 시를 통하여 널리 전파되었다. 수피들은 이슬람의 별개 종파로 간주되지는 않았지만 영적 능력을 지닌 성자를 중심으로 무리를 지음으로써 교단을 형성하게 되었다. 본질적으로 순니(Sunni)에 속하는 이 교단은 지속적으로 생성되고 분파되고 소멸되면서 여러 교단으로 발전하였다. 수피 교단은 모두 14개로 정리되며 그중에 대표적인 교단으로는 찌슈띠(Chishti),[77] 수흐라와르디 (Suhrawardi), 까디리(Qadiri), 샷따리(Shaṭṭari), 그리고 낙슈반디(Naqshbandi) 등이 있다.[78] 그들의 영향에 힘입어 인도는 수피즘이 가장 융성한 지역의 하나로 발전하였으며, 현재 인도 무슬림의 3분의 2는 수피 교단에 속해 있는 것으로 추정된다.[79]

인도 무슬림들은 여러 가지 정치적이고 환경적 요인으로 인하여 수피즘이 강하게 발달해서 모스크나 다르가[80]라는 위치적인 개념만 떠난다면 힌두들이나 많이 다를 바 없는 종교적인 생활과 형태를 나타내고 있다. 특별히 인도 수피즘은 매주 줌메 라뜨(Jumme Ki Raat)에[81] 수피 성자의 무덤에 모여서 큰 집회를 여는데 이때 그들은 인도 전통 악기인 다블라와 시따르, 그리고 하모니움 등으로 음악을 연주하고 노래를 부름으로 모인 사람들이 무아지경에 빠져 들어가게 하고 신접하게 하는 등을 통하여 병자를 고치든지 귀신을 쫓아내는 능력을 나타내고 있다. 이렇게 음악을 하는 사람들을 까왈리(Qawwali)라고 한다.[82]

이 수피즘이 강한 현상은 인도 무슬림들에게 기독교 복음을 전파함에 있어 상대적으로 긍정적인 면이 있다. 전 세계적으로 적대적인 관계를 가지고 있는 종교는 기독교와 이슬람인데 인도에서만 오히려 기독교와 이슬람의 관계가 그렇게 나쁘지 않다. 그것은 또 다른 중요한 이유가 있지만, 인도의 무슬림들이 – 꾸란과 하디스를 기준으로 강조하는 – 근본주의 무슬림들보다 오히려 온건하고 적대적이지 않다는 것이 기독교 복음 전파에 한 장점이 되기도 한다.

인도 무슬림에게도 계급 제도인 카스트가 존재한다

우리는 '카스트 제도'라는 단어를 생각하면 '힌두교에만 존재한다'라고 생각을 한다. 카스트라는 단어가 힌두교에서 출발하기는 했지만, 그것은 18~19세기까지 전세계 거의 모든 나라에 존재했던 계급 신분 제도를 의미한다. 하지만 다른 대부분의 나라에 있었던 계급 신분 제도는 근대 산업 문명의 발달로 교육의 보편화와 경제적인 자립 등으로 사라졌다. 하지만 인도에는 여전히 이 카스트 제도가 존재하고 있다. 인도에 카스트 제도가 아직도 존재하는 이유를 다양하게 말할 수 있지만, 한 가지 분명한 것은 인도의 카스트 제도는 힌두교라는 종교를 근간으로 한 것이기에 그 종교가 사라지거나 교리의 변화를 일으키지 않는 한 사라지기가 어렵다고 생각한다.

인도 내에서 카스트 제도는 비단 힌두교에만 있는 것이 아니다. 인도에 살고 있는 무슬림들에게도 카스트가 존재한다. 이 카스트는 역사적 배경, 혈통, 지역, 언어, 풍습 등 다양하게 분류되고 있다. 정통 이슬람은 기본적으로 만민 평등을 기본 사상으로 하지만 인도 무슬림들에게 있어서 카스트 개념은 전반적으로 강하게 자리 잡고 있다.[83] 인도 무슬림 속의 카스트는 힌두 들과 같이 엄격하게 구분되지는 않지만 그들의 삶 속에는 분명하게 나누어지고 있다. 특별히 인도 무슬림들의 기원이 투루크 계통과 몽골 계통의 사람들이 인도에 정복 사업을 통하여 들어온 사람들이다 보니 그들의 후손과 또 그들을 통하여 다른 종교에서 무슬림으로 개종한 사람들로 구분될 수 있다. 그래서 인도 무슬림들은 크게 이 두 가지로 구분이 된다.[84]

높은 카스트 : 아쉬라프 자뜨(Ashraf Jat)

이들은 인도 현지인 들이 아니라 외국의 이슬람 국가에서 인도에 정복하러 들어온 무슬림들의 자손들이 높은 카스트가 되었는데 샤이드, 파탄, 샤이크, 무굴족을 합해서 '아쉬라프'라고 한다. 아쉬라프라는 말의 의미는 아랍어로 '귀빈'이라는 의미가 있다.

카스트 이름	surnames	종파	인구	많이 사는 지역
Sayyid/Syed	Jafari, Rizvi, Fatimi, Mir, Syed.	시아파	약 400만	U.P, West Bengal
Sheikh	Siddiqui, Farooqi, Usmami.	순니파	약 1000만	인도 전역에서 발견
Pathan	Khan	순니파	약 700만	파키스탄과 인도 국경 지대
Mughal	Mirwa, Baig, Mir	순니파	약 150만	델리

카스트 이름	surnames			
Rajput/Lalkhani	Khan	당시 인도의 지방 귀족들		
Malik	Malik	Syed 와 Mughal의 결혼으로 생긴 카스트		

낮은 카스트 : 아즈라프 자트(Ajlaf Jat)

카스트 이름	surnames	직업
Ansari/Momin/Julaha	Ansari	베를 짜는 사람들
Darzi	Idrisi	Tailors
Karadi		가구 만드는 사람
Qassab/kasai/Khatih/Qureshi.	Qureshi, Sheikh.	고기 파는 사람
Chik		양고기 파는 사람
Raie/Raine/Subzifurosh/Kunjra.	Nadaf	과일, 야채 장사
Besati		제지 공급업자
Mansuri/Dunia/Bahna/Pinjara.	Mansuri	담요 만드는 사람
Churihar/Sisgar.	Sisgar	팔찌 만드는 사람
Dafali/Daflange.	Dafali	북 만드는 사람
Hajjam/Nai/Napit	Sulaimani	이발사
Dhobi	Hawari	세탁업자
Chidimar/Mirshikar	Siddiqui, Chiriwar	사냥꾼

이들은 모두 무슬림이 아닌 인도 현지인들로서 무슬림으로 개종한 사람들이다. 이들 가운데도 세 가지로 분류하는데 다음과 같다.

높은 신분의 카스트에서 무슬림으로 개종한 사람들

이들은 힌두의 높은 카스트에 있던 사람들이 무슬림으로 개종하여 된 사람들이다.

전통적인 직업을 가진 사람들

이들은 일반적인 직업을 가진 사람들로서 무슬림으로 개종한 사람들이다.

깨끗하지 않은 직업을 가진 사람들-무슬림 Untouchable

이들은 자신의 고유 이름도 가지고 있지 못하며 불가촉천민이 무슬림으로 개종 사람들로서 가장 천대받는 계급이다. 하지만 무슬림들은 이들을 불가촉천민이라고 하지는 않는다. 예를 들면 이런 이름을 가진 카스트이다.

카스트 이름	직업
Qalanders	원숭이나 곰을 데리고 다니며 재주 부려 구걸하는 사람
Faqir/Fakir/Shah	움직이지 않고 한군데 있으면서 구걸하는 사람
Sheikjee	농부, 가축을 먹이는 사람
Ghosi	일용 잡부
Lal Begi/Bhangi	청소부, 변을 치우는 사람

최종찬 교수는 인도 무슬림의 구분을 아래와 같이 말하고 있다.

아쉬라프는 귀족이나 상층의 가문을 뜻하는 말로 기본적으로 인도에 들어온 중동 지역의 무슬림들을 칭하며 상층의 힌두였던 개종자들도 포함한다. 나머지 하층 무슬림은 아즈라프(Ajlaf)라 칭한다. 아쉬라프 중에서 사이드는 이슬람의 교조 무함마드의 딸 파띠마(Hadhrat Fatima)의 후예로, 셰이크는 초기 이슬람의 귀족의 후예로 알려져 있다. 이 두 집단이 최상층을 구성하며 무굴, 빠탄 등은 차 상위의 계층을 구성한다. 아쉬라프로 분류되는 힌두 상층 출신의 개종자들로는 무슬림 라즈뿌뜨와 까슈미르 브라흐만 등이 있으며, 그들은 자신들의 이름에 각각 칸(Khan)과 셰이크(Sheikh)를 추가하여 사용한다. 힌두의 낮은 계층에서 개종한 무슬림은 일반적으로 자신의 카스트와 관련된 직업을 그대로 유지하였다. 여기에는 직조공(Julaha), 이발사(Nai, Hajjam), 세탁부(Dhobi) 등이 포함되며, 그들의 개종은 개별적으로가 아니라 대부분 집단적으로 이루어졌다. 직업에 근거한 다른 카스트로는 재단사(Darzi), 백정(Qassab), 음악가(Mirasi) 등으로, 이 이름들은 개종 후에 택한 직업에서 유래한 것들이다.[85]

이 무슬림 카스트의 정착은 앞서 언급한 수피 성자들의 역할이 지대하다. 인도에 무슬림들이 정복해 오고 수피들을 앞세워서 들어오면서, 그 당시 인도 사회 속에 만연한 우상 숭배와 엄격한 카스트 제도를 적용했다. 그리하여 소외되고 무시당하는 많은 낮은 계급의 힌두들에게 수피들이 전파하는 박애 사상과 모든 사람이 평등하다는 사고들은, 그들을 무슬림으로 개종하게 하는 좋은 조건이 되었다. 그래서 초기 이슬람이 정복 전쟁을 하면서 아주 많은 낮은 계급의 힌두들이 무슬림으로 대거 개종하였다. 이러한 개종으로 인하여 힌두교에서 가지고 있던 그 카스트를 그대로 가지고 무슬림으로 들어오는 것으로 인해, 낮은 계급의 무슬림들은 자신이 가지고 있던 카스트를 그대로 가지게 되었다.

인도의 무슬림들에게 높은 계급의 사람들과 낮은 계급의 사람들의 비율은 20:80 정도의 비율을 가지고 있다. 이렇게 많은 차이가 나는 이유는 영국령 인도가 영국으로부터 파키스탄과 인도로 1947년 분리 독립을 하는 과정에서 인도의 모든 무슬림들은 파키스탄으로 가고 파키스탄에 있는 힌두들은 모두 인도로 가라는 소개령이 내리는 것으로 인하여, 인도에 있던 높은 계급의 무슬림들은 자신들이 가지고 있던 땅이나 재산 등을 모두 챙겨서 파키스탄으로 가버렸고 인도에 남아 있던 사람들은 거의 대부분이 가난하고 온전한 직업이 없는 농민들이나 잡일을 하는 사람들만 남아 있게 되었기 때문이다.

인도 무슬림의 카스트에는 이들 외에도 직업별로 분류된 카스트는 더 많이 있다. 그러나 무슬림들의 카스트는 힌두들과 조금 달라서 그렇게 엄격한 규정을 지키지 않는다. 힌두들 속에서의 카스트는 정(精)과 부정(不精)의 개념에 의한 카스트이기에 그들 속에는 엄격한 규정이 있고 또 그것을 지킬 수밖에 없는 상황이다. 하지만 무슬림들 속의 카스트는 정과 부정의 개념으로의 카스트가 아니다 보니 같이 밥을 먹는다든지 하는 것에는 큰 어려움이 없다. 그리고 결혼 관계도 남자의 경우 더 높은 계급의 여자들과 결혼하지 않고 여자도 더 낮은 카스트의 남자들과 결혼하지 않는다는 것, 그리고 높은 계급은 무슬림 가장 낮은 계층과 결혼하지 않는 것을 제외하고는 대부분이 결혼 관계를 갖는다.

인도 내에서 무슬림의 게토화[86]

인도 내에서 무슬림의 삶은 힌두의 소수로서 늘 게토화되어 있다. 앞서 언급하였듯이 무슬림은 역사 속에서 오랜 기간 동안 인도 전체의 주 지배자로 지내 왔는데, 언제부터인지 소수로 전락하여 지금은 인도 내에서 거의 주눅들다시피 하는 모습으로 살아가고 있다.

이렇게 된 이유는 몇 가지로 살펴볼 수 있는데, 첫째로는 무굴 제국이 영국으로부터 패배한 것이 가장 큰 원인이다. 무굴 제국 가장 전성기인 아크발에서부터 샤자 한 시대까지의 경제 규모는 그 당시 전 세계 총 생산의 25%를 차지했던 대국이었다.[87] 이러한 경제 대국이었던 무굴 제국이 영국에게 패전함으로 완전히 사라지면서 거대 권력을 쥐고 있던 무슬림들이 힘을 잃음으로써 쇠퇴를 시작하였다.

둘째로, 영국 통치가 끝나는 20세기 중반 정치적인 이유로 파키스탄과 인도가 종교적인 대립으로 분리·독립하면서, 인도에 있던 많은 무슬림들이 파키스탄으로 이동을 하고 또 무슬림이 주 종을 이루었던 파키스탄과 방글라데시가 나눠 지게 되어, 인도의 무슬림은 소수로 전락되었다. 인도는 1872년 이후 매 10년마다 인구 조사를 한다. 분할 독립이 1947년에 일어났는데 그 전인 1941년과 1951년의 종교 별 비율을 보면, 1941년에는 힌두가 64.5% 무슬림이 27%로 나오고 있고 1951년에는 힌두가 85% 무슬림이 9.8%로 나타나고 있다.[88] 이 통계 수치만 보아도 분리 독립 이후에 인도에 남은 무슬림 인구가 확실히 줄고 소수 종교로서 힘을 잃고 게토화될 수밖에 없었던 것을 볼 수 있다.

셋째로, 앞서 언급한 것이지만 인도가 분리 독립을 하면서 무슬림 상층 카스트와 대부분의 지식인들은 파키스탄과 그 당시 동파키스탄인 방글라데시로 가고, 가난하고 배우지 못한 하층 카스트 사람들이 인도에 남게 되어, 그것으로 인해 인도의 무슬림이 소외되고 게토화되었다. 그로 인해 현재 인도 무슬림은 사회 경제적으로 아주 열악한 위치에 처해 있다. 문맹률은 힌두보다 10% 이상 높을 뿐만 아니라 자녀들의 취학율은 인도 평균보다도 훨씬 못 미치고 있다. 특별히 작은 가게를 운영하는 비율은 힌두는 33.4%인데 무슬림은 57.4%로 월등히 비율이 높다. 이것은 작은 상공업에 종사하는 사람들이 많다는 말인데, 그것은 무슬림이 힌두들보다 취업이 어렵고 전문 직종을 가지기가 쉽지 않기 때문이다. 이것은 취업이 힘든 무슬림의 상황을 잘 대변해 준다고 볼 수 있다. 정부

공무원의 경우 쿼터제가 있음에도 불구하고 무슬림은 3%밖에 되지 않는다.[89]

넷째로, 인도는 독립 이후 세속주의를 내세운 인도 국민회의당[90]이 거의 54년 동안이나 집권을 하였으나 1996년에서 2003년까지 힌두 근본주의 정당인 인도인민당[91]에게 정권을 내어 주면서, 인도 인민당의 이념인 힌두트바를 내세워 인도 내에 있는 힌두교를 제외한 모든 종교를 몰살시키겠다는 사상으로 무슬림들을 조직적으로 핍박하고 게토화하고 있다. 인도 인민당은 다시 2014년부터 현재까지 다시 두 번 연속 집권을 하면서, 그 권력으로 무슬림뿐만 아니라 기독교까지 탄압을 가하고 있다.[92] 인도인민당이 2014년 선거에서 의회 의석 543석 중 282석을 차지하며 정권을 잡고, 2019년 다시 303석을 차지하면서 대승을 거두고, 자기들 뜻에 맞게 모든 법들을 고치거나 만들어 가면서 무슬림과 기독교인을 핍박하고 있다.[93] 이들은 자신들의 정당 안에 힌두 근본주의 조직들을 두어서 무슬림들을 조직적으로 핍박하고 있고, 그로 인하여 무슬림들은 힌두들을 피해 안전을 위하여 자기들끼리만 모여 살면서 사회, 경제, 문화적인 혜택을 받지 못하고 있기에 실질적으로 게토화되고 있는 것이다.

다섯 번째로, 인도 중앙 정부가 인도 전체의 통제를 위한 수단으로 하나의 통일된 언어인 '힌디어'를 모국어화 하기 위하여 무슬림이 쓰고 있는 언어인 '우르두어'를 사용하지 못하게 하는 정책을 쓰고 있다. 따라서 무슬림 지역에 있는 우르두어 미디엄인 학교들을 없애고, 출판물이나 매스컴에서도 우르두어를 사용하지 못하도록 압박을 가하고 있다. 이로 인해 현재 인도 무슬림 젊은이들 가운데 우르두어로 말을 할 수는 있는 사람은 있어도 읽고 쓸 줄 아는 사람들은 점차 사라지고 있다. 필자도 인도 무슬림 사역을 하면서 우르두어를 배우고 공부했지만 실제로 장년 이상의 사람들에게 전도지나 우르두어 성경을 가지고 접근을 하든지 성경 공부를 해야지, 젊은이들에게 우르두어로 접근하는 것은 불가능함을 경험하고 있다. 이것은 무슬림이 게토화될 수밖에 없는 상황으로 몰아가는 정책이다.

여섯 번째로, 힌두 근본주의자들은 의도적으로 힌두와 무슬림들의 갈등을 조직적으로 조장하고 있다. 무슬림들이 행하고 있는 언어, 문화, 풍습 등을 힌두들과 비교하고 무슬림은 자기들과 다르고 나쁜 사람들이라는 것을 강조하면서 그들을 게토화하고 있다. 힌두들의 이야기를 들어보면 정말 말도 안 되는 여러가지 이야기를 하고 있다. 예를 들면, 무슬림이 근친상간에 결혼하는 것에 대해서 그것은 인륜을 배반하는 일이라고 하기도 하며, 무슬림은 이혼 관습도 '트리플 딸락(Tripple Talaq)'[94]이라는 잘못된 이혼 관습을 가지고 있다고 비난하기도 한다. 또한 일부다처제를 비난한다든지, 무슬림은 조국 인도를 버리고 파키스탄으로 분리 독립했다고 한다든지, 무슬림은 대개 폭력적인 테러리스트들이라고 인식시키고 있다. 또한 어떤 특별한 힌두들은 "무슬림은 모든 것이 우리와 정반대이다."라고 하면서 언어를 가지고도 비난을 한다. 즉 힌두들이 쓰는 힌디어는 우리나라 한글과 같이 왼쪽에서 오른쪽으로 써 나가는 반면, 무슬림이 쓰는 우르두어는 아랍어에서 차용된 문자로 왼쪽에서 오른쪽으로 쓰고 있기에 문자를 쓰는 방식마저도 정반대라고 하면서 무슬림을 비난하고 게토화하고 있는 것이다.

안타깝게도 인도 무슬림들은 세계 선교학계에서도 소외되어 있다. 앞서 언급한 것처럼 '무슬림' 하면 중동과 중앙아시아를 떠올리는 데다가, 서구나 한국의 그리스도인들 같은 경우 인도에 무슬림이 살고 있는지조차도 잘 모른다. 뿐만 아니라 인도 무슬림들에 대한 종족 파악이나 기본적인 정보도 전무한 상태이다. 참고로 필자가 처음 인도에 무슬림을 위하여 사역하러 간다고 했을 때, 많은 분들이 "인도네시아 무슬림을 위하여 사역하러 가느냐?"라는 질문을 많이 했었다. 또한 인도 무슬림 사역을 하는 사역자들도 절대적으로 부족하다. 전문적으로 자기 나라에 살고 있는 무슬림들에게 사역을 하는 인도 그리스도인들 역시 아주 극소수이고, 무슬림들에게 접근하는 것조차도 두려워하며 회피하고 있다. 인도에서 가장 큰 선교 연합체인 IMA(India Mission Association)의 전 사무총장인 수산타 빠뜨라(Susanta Patra)는 인도 내에서 무슬림을 위하여 사역하고 있는 현지인 사역자들의 수가 약 150여 명뿐이라고 말하고 있다.[95] 인도 무슬림을 위해 사역하는 서구의 선교사들도 아주 극소수이다.[96] 물론 무슬림을 위해 사역하는 한국 선교사들도 손으로 꼽을 정도이다. 이러한 상황을 볼 때 인도 무슬림은 단지 사회, 경제, 문화적으로만 게토화되어 있는 것뿐만 아니라 지리적으로도, 그리고 선교학적으로도 게토화되어 있다.

인도 무슬림 속에서의 한국 선교사들의 사역 현황

한국 선교사들의 무슬림 사역 역사

인도 내에서 한국 선교사들이 인도 무슬림을 위해 사역한 기간이 그렇게 길지 않기에 역사라는 말을 사용하기가 다소 부적합하다는 생각이 든다. 하지만 인도 내에 무슬림이 정말 많이 살고 있고, 그들에게 복음이 절실하게 필요하다는 분명한 인식을 가진 몇몇의 한국 선교사들이 인도 무슬림을 위해 사역하러 들어와서 현재도 사역을 하고 있기에, 한 번은 정리를 해 주는 것이 좋겠다는 생각에서 이 부분을 쓴다.

한국 선교사로서 인도 무슬림에 가장 먼저 관심을 가진 선교사는 U 단체의 M 선교사였다. 그는 1993년에 파송되어 언어를 배우고 사역을 시작하다가 1998년부터 무슬림에 관심을 가지고 무슬림 대학을 중심으로 사역하였다. 그 이후로는 한국 침례 교단의 FMB에서 1999년부터 전략적으로 파송받아 북인도 전역에서 사역하는 팀들이 현재도 지속적으로 무슬림 사역을 감당하고 있다.[97] 그리고 2009년경에 MVP 소속으로 나온 W 선교사가 데라둔에서 사역을 하다가 무슬림의 가장 중요한 전략 지역인 UP주의 A 도시에서 사역을 하고 있다.

그 후 2010년이 지나면서 많은 한국의 선교사들이 인도에 들어와서 인도 무슬림에 관심을 가지고 전적으로 혹은 부분적으로라도 사역을 하기 시작하였다. 그중 특별히 I 단체와 F 단체, 그리고 GMS에서도 선교사들이 나와 인도 무슬림을 위해 사역을 시작하였다. 그중 I 단체는 인도 무슬림 근본주의자들이 주종인 캐시미르 지역에서 사역을 시작해 열심히 기도하며 복음을 전하려고 노력하고 있다.

한국 선교사들의 인도 무슬림 사역 종류

현재까지 파악된 인도 무슬림을 위해 사역하고 있는 한국 선교사들은 대략 30여 명이다. 이는 현재 인도에 있는 한인 선교사들의 약 10% 정도이다. 하지만 대부분의 선교사들이 2010년 이후 인도로 파송되었기에 인도 무슬림 내에서 온전히 정착하며 열매를 맺고 있는 분은 많지 않다. 그러나 한 가지 감사한 것은 선교사들이 어떤 한 대도시나 한 지역에 같이 머무르지 않고 전략적으로 인도 전체에, 특별히 무슬림이 가장 많이 있는 북인도 지역의 각 도시들로 흩어져서 사역하고 있다는 것이다. 물론 남인도의 무슬림 전략 지역인 하이드라바드에서도 한국인 선교사들이 사역하고 있지만 주로 북인도에서 사역을 하고 있다.[98]

무슬림 사역을 하는 선교사들의 사역 종류를 살펴보면 많은 분들이 청소년, 어린이 사역을 주로 하고 있다. 그리고 지역 사회 개발 사역을 통해 무슬림 지역에서 그들을 위해 학교와 유치원, 방과 후 사역 등을 하고 있다. 이는 인도 무슬림이 신비주의 무슬림이 주종이라서 다른 근본주의 무슬림 나라에서 사역하는 것보다 용이하지만, 그럼에도 불구하고 어른들과 그 무슬림 공동체 속에서 공개적으로 접근하기는 쉽지 않기 때문일 것이다. 하지만 선교사들이 청소년들과 어린이들에게 깊은 관심과 사랑을 가지고 접근하고 열심으로 그들을 키워 나갈 때, 그들이 자라서 어른이 되어 좋은 그리스도인으로 자라는 경우가 근래 꽤 많이 나오고 있다. 그리고 앞서 언급하였듯이 인도 무슬림은 힌두들에 소외되고 개토화되어 있기 때문에 가난한 그들의 아이들을 돌보아 주고 교육시켜 주면 거의 대부분이 환영하고 수용하는 입장이다. 지역 사회 개발 사역으로 마을 전체에 특별한 프로젝트를 하거나 가난하고 아픈 무슬림 아이들을 지속적으로 돌보아 주는 사역을 통해 그 가정이 주님 앞으로 돌아오는 경우도 늘어나고 있다.

또 다른 무슬림 사역은 가정교회를 개척하는 사역이다. 온전한 내부자 사역의 형태는 아니지만 지역 내 평화의 사람 한 명을 중심으로 가정에서 성경 공부와 예배를 시작하여 더 많은 사람들이 모이는 경우가 나오고 있고, 특별히 인도 무슬림 여성들은 거의 다른 일을 하지 않고 집에만 있는 주부가 대부분이라 여선교사들의 여성 사역에 의해 가정에서 작은 소그룹 모임을 형성하는 사역을 하기도 한다. 이 소그룹을 자맛(Zamat)[99]이라고 하는데 이러한 사역을 하는 선교사들도 있다.

인도에서 무슬림을 위해 사역하는 한국 선교사들을 보면 안타까운 점이 있다. 그것은 처음 인도에 들어오기 전부터 인도 무슬림에 비전과 관심을 가지고 들어와서 사역하는 선교사들이 거의 없다는 것이다.[100] 즉 인도에 와 보니 무슬림이 많이 있고 또 그들이 복음 전파에 소외되어 있다는 것을 알고서 그들을 위해 사역하는 경우가 대부분이다. 이것은 어떻게 보면 선교 전략의 부재라고 생각한다. 이러한 것으로 인하여 어떤 방법으로 어떻게 사역을 해야 할지를 준비하는 데 시간을 많이 소모하고 있는 것이기 때문이다. 또한 많은 선교사들이 사역을 하다 보니까 무슬림을 한 두 명씩 만나게 되면서 관심을 가지고 사역을 시작하는 경우도 있는데, 어떻게 시작하든 우리는 하나님의 인도하심을 맡겨야 하겠지만 좀 더 체계적으로 미리부터 기도하며 잘 준비하고 접근한다면 더 많은 열매를 맺을 수 있을 것이다.

한국 선교사들의 인도 무슬림 선교의 가능성

인도의 무슬림 역사를 보면 전인도가 무슬림 제국 속에 지배를 받은 기간만 해도 무굴 제국 250년 이상의 기간이 있고, 부분적인 지배를 받은 기간까지 생각한다면 거의 약 800년 이상의 기간이 있음에도 불구하고, 현대에 이슬람 국가가 되지 않는 것은 정말 놀라운 일이다. 전세계적으로 한 나라에 무슬림이 지배 계급으로 들어가서 평균 50년 이상만 통치하면, 거의 대부분의 나라들은 이슬람 국가가 되거나 무슬림이 주종인 나라로 변한다. 그러나 인도는 그 오랜 기간 동안 무슬림 권력자의 통치를 받았음에도 이슬람 국가가 되지 않았다. 그 이유에 대하여 다양한 의견들이 있지만, 그중에서도 특별히 인도에서는 힌두교라는 감당할 수 없을 정도의 정말 어마어마한 영적인 거장이 버티고 있었다는 것과 근대사에서 영국으로부터 독립할 때 종교적인 분리 독립이 이루어졌기 때문이 아니었나 생각한다. 인도에서의 힌두교는 마치 블랙홀과 같은 역할을 하고 있다. 인도에 어떤 다른 외래 종교가 들어온다고 하더라도 그것을 흡수하여 힌두화하는 능력이 있다.[101] 인도를 그렇게 오랫동안 무슬림이 지배했음에도 불구하고 이슬람 국가가 되지 않은 원인이 거기에 있다고 본다. 아이러니하게도 이것은, 한인 선교사들이 이슬람을 기치로 들고 있는 다른 어떤 나라에서 사역하는 것보다 훨씬 더 용의하게 사역할 수 있는 상황을 만들어 주었다. 만약에 인도가 무슬림 국가화되었더라면 선교사들은 이들 무슬림에게 접근조차 힘들지 않았을까 하는 생각이 있다.

인도 무슬림의 특징에서도 언급한 바와 같이 인도 무슬림은 근본주의 정통 무슬림이 주종이 아니라 신비주의 수피 무슬림이 주종이기에, 수피즘의 특성상 다른 종교와의 적대적인 관계를 별로 좋아하지 않는다. 그들은 알라에 대한 박애와 순종, 그리고 수피 성자들을 통해 신에게 다가가 평화와 안녕을 추구한다. 그렇기 때문에 기독교와도 그렇게 적대적인 관계를 갖지 않으려고 한다. 또한 수피 무슬림은 자신의 문제와 어려움을 죽은 수피 무덤에 가서 기도하거나, 살아 있는 수피들에게 찾아가서 상담과 조언, 기도 받기를 무척 좋아한다. 그래서 선교사들이 가정을 찾아가서 그들의 어려움을 들어 주고, 상담해 주고, 좋은 조언을 해 주는 것을 그들은 매우 좋아한다. 게다가 그들을 위하여 기도해 주겠다고 하면 한 사람도 싫다고 하는 사람이 없다.[102] 선교사들이 그들에게 다가갈 때 하나님의 깊은 사랑과 그들을 섬긴다는 비움과 낮아짐의 자세로 그들의 어려움을 듣고 기도해 주면서 다가 간다면, 그들은 마음 문을 열고 우리와 좋은 친구가 될 것이다.[103] 그리고 복음의 열매도 맺게 될 것이다.

인도 무슬림은 인도 내에서 게토화되어 있고, 또 소수 종교로서 힌두들에게 늘 어려움과 핍박을 당하고 있는 상황이다. 이것은 무슬림이 인도 내 더 적은 소수 종교로서 힌두들에게 동일하게 어려움과 핍박을 받고 있는 기독교인들과 그렇게 큰 어려움 없이 잘 지낸다는 장점이 있다. 이것은 "같은 병을 앓고 있는 사람들끼리 서로 불쌍히 여긴다"는 고사성어인 동병상련(同病相憐)의 마음일 것이다. 그래서 무슬림들은 힌두들을 아주 많이 미워하고 싫어하지만 기독교인들은 그렇게 적대적이거나 싫어하지 않는다는 것을 무슬림 사회 속에 들어가 보면 확실히 느낄 수 있다.[104]

인도 무슬림은 기독교인들이 힌두들보다는 자기들에게 더욱 가깝고

친근하다고 느낀다. 왜냐하면 앞서 언급한 것처럼 힌두들의 사고 속에 무슬림들이 모두 반대로 행하는 문화, 풍습, 심지어 언어 등에 대한 동일한 생각이 무슬림들에게도 있기 때문이다. 즉 인도 무슬름인, 기독교인들이 적어도 힌두들과는 같지 않고, 유일신을 섬기고, 자신들과 교리도 비슷하다고 알고 있어서 힌두들보다는 호의적으로 대한다. 또 꾸란을 어느 정도 아는 무슬림은 어느 정도 한계는 있지만 꾸란에 성경의 여러 인물들이 나오고 또 예수님에 관하여 이야기하고 있는 것을 알기에, 꾸란과 성경에 대한 이야기를 같이 나누는 것을 좋아한다.

인도 무슬림은 가난하고 소외되어 있으므로 지역 사회 개발을 통해 그들을 도와주고 특별히 그 자녀들을 돌봐 줄 때 정말 좋아하고 마음의 문을 연다. 오랜 기간동안 지속적으로 깊이 있게 그들의 자녀들에게 좋은 교육을 하고 또 마음을 다해 사랑하면서 그들의 필요를 채워 준다면, 그들은 우리의 마음을 알고 자신들의 마음 문을 열 것이다. 혹자는 그들의 물질적인 필요를 채워 주는 것은 소위 말하는 Rice Christian을 만드는 것이라고 말을 하지만, 필자는 그렇지 않다고 생각한다. 물론 별 생각 없이 예수 믿게 할 목적으로만 먹을 것과 그들의 필요를 채워 준다면 그렇게 될 수도 있을 것이다. 하지만 당장 가난하여 먹을 것이 없어 배가 고픈 그들에게 복음을 전한다고 해서 그들에게 먹혀 들어가지 않는다. 가난하고 소외되어 있는 그들에게 무엇보다 양식이 필요하고 또 마음의 위로와 안정이 필요하다. 그래서 그들에게 떡과 복음이 동시에 필요한 것이다. 복음을 전할 목적으로 떡을 주는 것이 아니라, 그들을 진정으로 사랑하고 긍휼히 여기는 마음으로 지속적으로 쉼 없이 떡을 주면서 사랑한다는

것을 보여 준다면 그 떡 때문이 아니라 그 사랑으로 인해 마음 문을 열 것이다.[105]

많은 무슬림들이 시골에서 살기보다는 막노동을 해도 도시의 빈민가에서 살면 경제적인 여건이나 자녀 교육에 조금 더 낫다는 생각을 가지고서 고향을 떠나 대도시에 나와 살고 있다. 그리고 자녀 교육이나 경제적인 이유 때문에 거의 대부분의 부부가 아침 일찍부터 저녁 늦게까지 일을 한다. 그러다 보니 오히려 자녀들을 돌보며 관심 가지는 시간이 부족하다. 그래서 그 자녀들을 돌봐 주고 깊은 사랑으로 관계를 맺으면, 이들은 누구보다도 마음이 열려 복음에 더 잘 반응한다. 그들에게는 종교적인 관심보다는 자신의 자녀들이 잘되고 성공하는 것이 더 좋다고 생각하는 경우가 허다하다. 그리고 그 자녀들에게 복음을 전해서 예수 그리스도를 영접했을 때 가족들의 핍박이 있지만 그 핍박만 잘 견딘다면 좋은 그리스도인으로 성장하는 것을 본다. 이렇게 마음이 열려 있는 무슬림 가정들에게 전략적으로 잘 접근할 때 복음의 수용성이 강하게 나타난다.

나오는 말

인도 무슬림은 기독교 복음에 대한 무한한 가능성과 수용성을 가지고 있다. 그들의 마음은 아주 가난해 있어서 마태복음 5장 3절의 말씀처럼 천국을 소유할 수 있는 권리가 있다. 예수께서 직접 말씀하신 "밭이 희어져 추수할 것이 많다"는 성경 말씀(요 4:35)은 눈을 들어 보라고, 추수할 일군들을 보내 달라 간구하라고, 가서 직접 추수하라고 우리에게 명령하고 있다.

　인도 무슬림은 정말 온전히 익어서 이제 추수할 때만을 기다리고 있다. 누구라도 먼저 낫을 들고 들어오기만 하면 곡식을 거두어들일 수 있는 땅이 인도 무슬림들이다. 세상에서는 정치, 사회 문화, 경제적으로 소외되어 있고, 영적으로는 삶의 공허감과 절망 속에 빠져 있는 인도 무슬림들에게 그 모든 소외와 절망을 한꺼번에, 그리고 단번에 종식시킬 수 있으신 예수 그리스도를 소개한다면, 그들은 영육 간에 온전한 회복과 구원을 이룰 것이다.

　이 글의 제목이 "힌두 사회 속의 이슬람"이라 인도 내에 힌두 주종의 사회 속에서 살아가고 있는 이슬람 종교와 무슬림들의 삶을 소개해 보려고 노력하였으나 여러가지로 부족한 부분이 있음을 고백한다. 기독교적인 시각으로 바라본 인도 무슬림에 관한 자료도 부족하고 필자의 사역도 연약하기 때문이라고 생각한다. 하지만 여전히 그들에게 복음이 필요하고 하나님의 긍휼하심이 있다고 믿기에 짧은 글이지만 적어 보았다.

　이 글을 통하여 한국 내에서도 인도에 정말 많은 무슬림이 복음을 듣지 못하고 죽어 가고 있음을 알리는 역할을 하길 바라고, 또 가능하다면 인도 무슬림을 위해 헌신된 더 많은 선교사들이 나오기를 기도한다. 이 짧은 글이 한 사람이라도 인도 무슬림을 품고 기도하게 하고 또 선교사로 나오는 데 작은 역할을 한다면 그것만으로도 필자는 만족한다.

김바울

2000년 3월에 인도로 파송받아 무슬림 사역을 하고 있다. FMB와 KFHI 소속이다.

제7장

한국 교회의 네팔 선교 역사

1982년은 한국 선교사가 네팔에 처음 도착한 해이다. 이때는 한국 교회가 타 문화권 선교를 시작한 지 69년이 지난 즈음이었다. 1913년, 조선예수교장로회가 선교사 세 가정을 중국 산동성에 파송했다. 이것이 한국 교회의 타 문화권 선교의 시작이었다.

1956년, 우리나라 장로교회는 최찬영 선교사와 김순일 선교사 가정을 태국으로 파송했다. 이들은 대한민국 여권을 가지고 선교지로 간 첫 선교사들이었다. 1960년대로 들어서며, 그 수는 여전히 미미했지만 선교사들의 수와 선교지는 확대되었다. 1979년에 집계된 한국 선교사의 수는 93명에 불과했다.[106]

표1이 보여 주듯이, 1982년은 한국 교회의 선교 역사에서 도약기에 해당한다. 1971년에 6개 선교회에 소속된 30명의 한국 선교사들이 10개국에서 사역했다. 그리고 1989년에 92개 선교회에 속한 1,178명의 한국 선교사들이 72개국으로 파송되었다.[107] 불과 20년도 되지 않는 짧은 기간

동안 한국 교회의 타 문화권 선교는 엄청나게 도약했다.

시기	명칭	특징
1912~1955	태동기	중국 산동성 선교
1956~1970	개척기	태국, 파키스탄
1971~1989	도약기	동남아, 서남아, 남미 교포
1990~2000	팽창기	공산권까지 선교 확대
2000~2015	성숙기	선교사: 1만 명에서 2만5천 명으로
2016~ 현재	포화기	양적 성장에서 질적 성숙으로

표1. 한국 교회의 선교 역사 시기 구분

1982년 이전에 한국 선교사들은 어디에서 사역하고 있었는가? 한국 선교사들의 대부분은 동남아시아에서 사역하고 있었다. 한국 선교사들은 주로 태국, 대만, 베트남, 필리핀, 인도네시아, 말레이시아 등에서 사역했다. 동남아시아보다 먼 지역도 있었는데, 파키스탄, 방글라데시, 이디오피아, 이집트에서 섬기는 한국 선교사들도 있었다. 독일에 간호사로 갔던 젊은 여성들 중에 자비량 선교사들도 있었고, 남미 농업 이민을 떠난 사람들을 돌보기 위해 갔던 선교사들도 있었다. 한편, 1982년 이전에 인도나 네팔에 장기 사역을 목적으로 거주하는 한국 선교사는 없었다.

과거에 한국 사회와 한국 교회는 네팔을 얼마나 알고 있었는가? 우리나라와 네팔은 1969년에 영사 관계를, 1974년에 외교 관계를 수립했다. 남북의 국제 외교 경쟁 때문에 외교 관계가 수립되었을 뿐, 실질적이고 구체적인 교류 협력 활동은 거의 없었다. 네팔은 농업을 중심으로 한 자립 경제 체제였고, 우리나라도 농업 중심에 경공업이 발전하던 과정이었다. 따라서, 네팔은 우리에게 관심의 대상이 아니었다.

네팔이 우리나라 대중에게 처음 알려지게 된 계기는 네팔의 자랑인 에베레스트산이었다. 1977년 9월 15일에 故 고상돈 산악인이 에베레스트산 정상을 등정하기 전까지, 한국 사람들에게 네팔은 사회과부도에 적힌 지명에 불과했다. "여기는 정상, 더 오를 곳이 없습니다."라고 말했던 고상돈 산악인의 세계 최고봉의 등정 소감과 함께 에베레스트가 있는 네팔의 이름이 많은 국민들의 입에서 오르내렸다. 이때까지 네팔은 우리나라 사람들에게 거의 알려지지 않은 나라였다.

이 장에서 우리는 한국 교회가 지난 40년 동안 네팔 선교를 어떻게 했는지를 살펴보고자 한다. 이것을 위해, 나는 40년의 시간을 4개의 시기로 구분하였다. 네 번째 시기는 현재에도 진행 중이다. 이어서 나는 네팔 선교의 미래를 네팔 사회의 변화와 네팔 교회의 변화에 기초해서 제안하였다.

시기별 특징들

1982년부터 현재까지, 한국 선교사들의 네팔 사역을 크게 4개의 시기로 구분할 수 있다. 초기에는 선교 사역이 여러 모로 무척 힘들었다. 두 번째 시기는 네팔의 정치 변화와 함께 한국 선교사의 사역이 확장된 특징을 가지고 있다. 세 번째 시기는 한국 교회의 네팔에 대한 이해 증대와 교통 환경의 개선으로 선교 자원이 증대되었다. 네 번째 시기는 네팔 사회의 안정과 함께 반개종법 규정 등으로 선교 환경이 부정적으로 변화되는 것이 감지되는 시기이다.

제1기: 1982년부터 1989년까지

제1기는 1982년부터 1989년까지의 기간으로 초기 한국 선교사들이 여러모로 어려움을 겪던 시기였다. 이 시기에 세 가정과 한 명의 독신 선교사가 한국을 떠나 네팔에서 사역했다. 한 선교사 가정은 교회 관련 사역과 함께 신학교를 설립해서 운영했고, 또 한 가정과 한 명의 독신 선교사는 의료 선교 사역을 했다. 그리고 나머지 한 가정은 이 시기 후반부에 성경 번역을 위해 막 도착했다. 전체 규모가 작기는 하지만 각각의 전문 사역 분야가 있었다.

이 시기의 네팔은 절대 왕정 체제였으며, 외국인의 선교 사역과 네팔인들의 신앙생활에 제한과 핍박이 많았다. 100년이 넘는 라나 가문의 세도 정치가 1951년에 끝나면서 네팔은 새로운 시대를 맞았다. 허수아비와 같았던 네팔의 국왕은 네팔 정치의 중심에 서게 되었을 뿐 아니라, 이때부터 네팔은 서서히 개방화의 길을 걷기 시작했다. 그 열매 가운데 하나가 네팔 기독교인의 입국은 물론 선교사의 입국이 가능해진 것이다.

국제네팔협회(International Nepal Fellowship, INF)가 1951년 포카라를 중심으로 의료 사역을 시작했고, 네팔연합선교회 (United Mission to Nepal, UMN)이 1954년 카트만두를 중심으로 의료 사역을 시작했다. 외국 선교사들이 의료와 지역 개발과 교육 분야에서 봉사하며 그리스도의 사랑을 전하는 것은 할 수 있었다. 하지만, 외국 선교사들이 전도하는 것은 엄격히 금지되었을 뿐 아니라 선교사들도 네팔 정부와 불필요한 갈등을 피하려고 노력했다.

이 시기에는 한국 교회가 파송한 선교사들이 네팔을 포함하여 외국으로 나가는 것이 쉽지 않았다. 1960년대에 비해 많은 경제 발전을 이루었지만, 우리나라는 여전히 외화 유출에 대하여 국가적으로 부정적인 시각을 가지고 있었다. 기업인이 아닌 일반인이나 종교인들에게 여권 발급은 매우 까다로웠다. 1989년이 되어 우리 정부가 해외여행 자유화 조치를 취하자, 비로소 선교사들의 여권 취득과 외화 송금과 해외여행이 크게 자유로워졌다.

1980년대 중반까지도 네팔에 대한 정보를 우리나라에서 거의 구할 수 없었다. 1980년대 중반에 네팔 선교를 준비했던 강원희 선교사는 네팔에 대한 자료를 구하기 힘들었다고 기억했다. "요즘처럼 인터넷 시대도 아니어서 정보를 얻기가 쉽지 않았다. 정부 기관까지 찾아갔으나 별 소득이 없어서 집에 있는 『브리태니커 백과사전』의 네팔 항목을 참고했을 정도다."[108]

1980년대 후반에 네팔에 도착한 이상룡 선교사의 기억도 이와 유사하다. 동료 일본 선교사의 집에서 네팔 관련 일본어 자료들을 본 뒤에, 그도 관심을 가지고 네팔 관련 한국어 자료를 찾아보았지만 허사였다. "아무리 눈 크게 뜨고 뒤져 보아도 한 권도 없는 거예요." 한국 교회의 네팔 선교의 시작은 이러했다.

1982년에 네팔에는 만 명의 세례 교인이 있었다.[109] 네팔에 세례받은 네팔 기독교인이 1959년에 2명, 1966년에 100명, 1977년에 1400명을 고려할 때 기독교인 인구가 매우 빠르게 성장했다. 그럼에도 불구하고 네팔 전체 인구 대비 기독교인 인구는 너무나도 적은 수였다. 1960년 이후에 네팔 교회는 여러 차례 핍박을 받기도 했지만, "정부의 핍박은 계획적이고 철저하기보다는 주로 민원 해소 차원이었다."[110]

이성호·천정희 선교사 부부는 1982년 네팔에 입국한 한국 선교사들이다. 이들이 받은 파송장에 따르면, 예장 통합 교단 선교부가 이들을 1982년 1월 인도 선교사로 파송했다.[111] 한편, 이들은 초기 약 6년 동안 인도에서 한, 두 달을 지내고 네팔에서 한 달을 머무는 머물며 양국을 오가면서 사역했다. 이성호 선교사는 목회자였고 전문 지식이나 기술이 없었기 때문에 네팔에 장기간 거주할 수 있는 비자를 받기가 어려웠을 것이다.

한편, 이성호 선교사가 1982년부터 1991년까지 네팔 트리부반대학교에서 석사 학위를 수학했다는 점을 보아 그가 네팔에 머물렀던 것은 사실로 보인다. 이 부부는 1986년에 네팔신학교를 설립했는데, 이것은 네팔 최초의 신학 대학이다. 네팔신학교 이전에는 몇 주, 40일, 1년 과정의 단기 신학 교육 과정만 있었다.[112]

강원희, 최화순 의료 선교사 부부는 월드컨선선교회와 영락교회의 파송을 받아 네팔에 1982년에 입국했다. 이 부부는 INF에 소속되어 3년 반 동안 포카라의 간다키조날 병원에서 응급실과 외과를 담당했다. 강원희 선교사는 쉬는 날에 인근 마을로 왕진을 마다하지 않았고, 이것이 교회 개척으로 이어지기도 했다.[113] 그는 신학 공부를 하고 목회자가 될 수 있도록 여러 명의 네팔 기독교인들을 돕기도 했다.

이춘심 선교사는 예수병원 간호전문학교(現 예수대학교)에서 간호학을 공부한 뒤에 2년 과정의 마취과 훈련을 받았다. 그 후 선교의 비전을 가지고 있던 그녀는 아세아연합신학연구원에서 의료선교학을 공부했다.

1985년, 그녀는 지도 교수의 제안을 받아 네팔 카트만두에 있는 UMN 병원으로 3년 약정을 하고 선교를 떠났다. 그녀는 예장 통합 교단 선교부 소속이었으며 남대문교회가 파송했다.

그녀는 사역 기간을 갱신하여 섬기던 중 네팔인 전도사 반다리의 끈질긴 구애를 받아 결혼했다. 그리고 그녀는 개인적으로 많은 어려움을 겪었다. 반다리 목사의 추문과 불임은 그녀에게 오랜 기간 동안 상처가 되었다. 그뿐 아니라, 그녀는 지난 30년 동안 목 부위 암, 난소암, 혈액암, 급성악성림프암 등 네 번의 암 투병을 하면서도 네팔 선교를 멈추지 않았다. 그러나 2022년 2월 예수님 품으로 갔다.

이상룡·이혜련 선교사는 예장(고신) 선교부 소속 선교사로 1988년 5월에 성경 번역을 위해서 네팔에 입국했다. 이 선교사 부부는 초기에 안정적으로 장기간 네팔에 체류할 수 있는 방안을 마련하고 이것을 성실히 이행해서 오랜 기간 네팔에 머물 수 있었다. 물론 비자 취득에 여러 번 위기가 오기도 했지만, 이들은 슬기롭게 극복했다. 이 선교사는 네팔어-한국어 사전을 1999년에 출판했고, 이혜련 선교사는 2000년에 네팔어-영어 회화 책을 출간했다.

이 선교사 가정이 세르파 부족 마을에서 장기간 체류할 수 없는 큰 제약 때문에 시간이 더 걸리고 고생도 더 했지만, 결국 2014년에 세르파어 신약 성경을 출간했다. 이 선교사가 성경을 번역하는 과정에서 전도와 제자 양육이 이루어져 카트만두에 세르파 교회가 설립되었다. 이 선교사는 최근의 세르파족 기독교인의 수를 약 200~300명 정도로 추산한다.

제2기: 1990년부터 2006년까지

제2기는 선교 사역의 확장기로서 1990년부터 2006년까지의 기간이다. 이 시기에 한국 교회에서 타 문화권 선교는 대중화되었다. 1988년, 대학생과 청년들에게 타 문화권 선교에 대한 눈을 뜨게 한 선교 한국이 시작되었다. 같은 해에 미국 위튼컬리지에서 열린 한인 세계선교대회에 많은 선교사와 목회자가 참석했다.

1989년에 여행 자유화 조치가 취해지며 단기 선교가 활발해지기 시작한 때도 이 시기였다. 1990년대에는 굵직한 선교 대회들이 한국에서 많이 개최되며 한국 교회 내에 선교의 붐을 일으키는 데 한 몫 했다. 또한 미전도 종족 선교에 대한 관심이 높던 때도 이 시기였다. 이 시기에 한국 선교사의 수는 1989년에 1178명에서 2006년에 16,616명으로 폭발적인 성장을 하고 있었다.

같은 시기에 네팔은 정치적으로 다양한 사건들과 변화들이 있었다. 1980년대 후반은 전 지구적으로 정치 변동이 많았던 시기였다. 우리나라를 포함하여 여러 나라에서 민주화 운동이 있었다. 이 시기에 소련이 여러 나라로 해체되어 독립하였다. 이러한 국제 정치 환경 변화에서 네팔도 자유롭지 않았다. 1962년 이후 절대 왕정 체제의 네팔은 1990년 2월 민주화 운동의 영향으로 입헌 왕정 체제로 바뀌었다. 이러한 변화는 선교 사역과 네팔 교회에 크게 도움이 되었다. 수감 중이었던 네팔인 목회자가 석방되었고, 1995년 초에는 네팔 기독교인들이 대규모의 옥외 집회를 경찰의 보호를 받으며 개최하기도 했다.

이 시기에 네팔인들은 기독교에 대해 호기심이 많았으며, 선교 사역의 어려움도 많이 줄어들었다. 네팔에서 전국을 다니며 문서 배포를 했던 어느 국제 선교 단체의 전도지, 쪽 복음서, 신약 성경의 수가 1990년을 기점으로 크게 바뀌었다. 1989년 이전까지는 며칠의 기간 동안 신약 성경을 두세 권 팔기도 힘들었는데, 1990년 이후로는 20권 내외를 판매할 수 있었다. 이것은 기독교에 대한 네팔 사회의 관심이 얼마나 커졌는지를 보여 주는 좋은 예이다.

1996년 이후, 네팔의 정치 환경은 또 다시 크게 바뀌었고 이것은 기독교 선교에도 부정적인 영향을 주었다. 네팔 공산주의자들은 1996년 2월부터 1999년 8월까지 무장 투쟁을 다섯 차례 벌였고, 그 결과 네팔의 대부분 지역을 장악하였다.[114] 2001년 6월 네팔 왕실에서 벌어진 총기 난사 집단 살인 사건은 왕정 체제를 약화시키는 데 주요 역할을 했다. 네팔 왕실에서의 총기 난사 사건 이후, 마힌드라 왕의 동생 가얀드라 왕자가 왕위에 오른 뒤에 왕권 강화를 시도했다. 결국 가얀드라 왕의 시도는 무위에 그치고, 2006년에 네팔은 힌두 왕국에서 세속 공화국으로 전환되었다.

공산주의자들의 무장 투쟁은 지방에 거주하는 선교사의 안전에 위협이 되었고 사역에도 큰 지장을 주었다. 양승민 선교사는 1994년에 호산나재단과 협력하여 비랏푸르에서 농촌 개발 사역을 시작했는데, 1998년 공산당원들의 금품 강탈과 철수 통보에 사역을 중단하고 수도인 카트만두로 이동했다. 2004년 경, 네팔 정치 혼란과 치안 부재와 신변 안전에 대한 우려가 깊어지자 모여 기도하던 한국 선교사들은 임시 철수를 고민하기도 했다.

1990년대부터 한국 선교사들 가운데 교회 관련 사역을 하는 이들이 많아졌다. 물론, 1980년대에 네팔에 입국한 이성호, 강원희 선교사도 전도 또는 교회 지원 사역을 했었지만 제한적이었다. 이 시기의 다수의 선교사들이 네팔 목회자나 성도들과 함께 동역하며 교회를 개척했다. 교회나 목회자의 필요를 재정적으로 채워 주는 지원 사역을 하는 선교사들도 적지 않았다.

신학교를 설립하고 운영한 선교사들도 있다. 이춘심 선교사가 1990년대 초반에 카트만두신학교(現 예수대학교)를 설립했고, 백종윤은 1993년에 목회자 훈련원을 설립했는데, 2000년대 중반에 네팔성결교신학교가 되었다. 김연정 선교사가 1999년에 설립한 복음주의장로교신학교 (現 개혁장로신학교)는 현지인들에게 이양되어 운영되고 있다. 이외에도 수년간 신학교를 운영한 경우도 있고, 신학 교육을 받지 못한 목회자들을 위한 훈련 프로그램이나 세미나를 운영한 선교사들도 있다.

이 시기에 한국 선교사들에 의해 다양한 비영리 단체들이 네팔에 세워졌고 다양한 사역들도 펼쳐졌다. 1993년에 백종윤 선교사가 호산나재단을 설립하고 네팔 정부의 사회복지위원회에 국제 NGO로 등록한 뒤, 여러 선교사들과 함께 네팔 여러 지역에서 왕성하게 활동했다. "카트만두 외곽에 조이하우스를, 네팔간지에 고아원을 설립 운영하였다. 가나안학교, 도티수정영재학교, 다델두라학교, 교도소 내의 학교, 일람 뉴파라다이스를 설립하는 데 지방에 7~8개의 학교를 설립하였다. 이 단체는 도티수정병원과 티미경희-네팔친선병원을 설립운영하였다."[115]

기아 대책은 2003년에 네팔 정부에 국제 NGO로 등록하고 사역을 시작했다. 이전에는 호산나의 사회 복지 사업에 기아 대책이 재정 지원하는 형태로 네팔에서 섬겼다. 2002년 굿네이버스는 네팔 지부를 설립하고 현지에 거주하고 있던 정○○을 지부장으로 임명했다. 굿네이버스는 어린이집, 보건 위생 사업, 소득 증대 사업 등을 하며 지역 주민의 생활 개선을 도모했다. 장미회의 네팔 선교도 빼놓을 수 없는데, 주로 의료 선교를 하면서 초중고 과정의 소망아카데미를 설립해서 운영했다. UMN에 소속되어 의료 선교를 했던 이들도 여러 명 있다. 의료 선교사들 중에는 진료 사역만이 아닌 의대 혹은 보건 대학에서 가르치거나 행정 책임을 맡아 후학을 양성한 이들도 있다. 또한, 양승봉은 카트만두 인근 티미 지역에서 의료 보험 제도를 도입하려고 시도했었다.

1990년대 초·중반 이후 카트만두 또는 지방의 거점 도시에서 개별적으로 호스텔[116] 또는 고아원을 운영하는 선교사들이 나오기 시작했다. 감리교 선교사인 이○○ 선교사는 지방의 여러 모로 열악하고 어려운 환경 속에서 큰 규모로 고아원을 설립해 지금까지 운영하고 있다. 김○○ 선교사는 2002년에 장애인 특수 학교를 설립하여 발달장애 아동들을 교육하기 시작했다. 죠지 버워가 설립하고 대표로 섬긴 한 국제 선교회 소속의 한인 선교사들이 네팔에 입국하기 시작한 것도 이 시기의 일이었다. 이들은 1990년대에 원근 지방들을 다니며 전도지, 쪽 복음서, 신약 성경 등을 배포하는 문서 전도를 했다.

제3기: 2007년부터 2018년까지

제3기는 선교 자원 확충기로서 2007년부터 2018년까지의 기간이다.

이 시기에 네팔은 제헌 국회 구성, 헌법 제정, 정부 구성 등에 대한 정치적 혼란이 극심했다. 네팔은 2006년 갸앤드라 왕이 왕위를 물러나며 공화정 체제로 전환되었다. 한편 2008년 5월이 되어서야 제헌 국회를 구성했고, 2015년이 되어서야 비로소 헌법 제정이 마무리되었을 정도로 네팔의 정국은 혼란스러웠다.

2007년 이후 네팔 정치는 힌두교를 국교로 인정하지 않는 차원의 세속주의와 종족과 지역을 중심으로 한 연방주의의 특징을 띠었다. 의원내각제를 채택한 네팔의 정치는 군소 정당이 난립하고 정권 교체가 잦은 등 매우 불안정한 특징을 가지고 있었다.

네팔 교회는 이 시기에도 제2기에 이어 비교적 신앙의 자유를 누리며 급성장했다. 1990년에 5만 명이었던 네팔 기독교인 인구는 2016년에 약 100만 명으로 추정되었다.[117] 자신의 신앙을 공개적으로 드러내는 기독교인들도 늘어났고, 전도도 비교적 자유롭게 할 수 있었다. 치안이 안정되고 안전의 위협이 크게 줄어들게 됨에 따라 전도가 비교적 자유롭게 할 수 있었다.

네팔 국내의 교통과 한국-네팔 사이의 교통이 크게 나아졌다. 1990년대 중반에 네팔의 도로 상황은 매우 안 좋았다. 당시에는 카트만두와 평야 지역을 잇는 도로와 평야 지역을 중심으로 동서 횡단 도로가 있었지만, 2010년대 후반에는 중간 산악 지역까지 포장도로 혹은 비포장도로가 생겨났다. 국내선 비행기도 과거에 비해 많이 운항할 뿐 아니라 항공료도 비교적 저렴했다. 이처럼 과거에 비해 교통 시간이 크게 줄어들었다. 과거에는 태국 방콕이나 싱가포르를 거쳐야 해서 시간도 많이 걸리고 번거로웠지만, 2006년 11월부터 대한항공이 인천과 카트만두 사이의 직항 노선을 개설하면서 네팔은 한국에 더욱 가까워졌다.[118]

이 시기의 대부분의 기간 동안 한국 선교사 수가 지속적으로 증가했다. 2007년 이후 한국 교회 안에서 장년 선교사 운동이 일어나며, 네팔에 입국하는 한국 선교사들 가운데 장년 선교사들이 증가했다. 이것은 30대와 40대의 선교사들의 증가가 주춤하고 있는 것과 대비되었다. 이 시기에 한국 선교사들은 교회 관련 사역, 신학교 사역, 교육 사역, 사회복지 사역 등 다양한 사역들을 왕성하게 했다.

한국 선교사들 가운데 현지인 동역자와 함께 교회를 개척하거나 현지인이 설립한 교회를 지원을 하는 선교사들이 적지 않다. 1990년까지 네팔 교회는 정치적으로 사회적으로 핍박을 받고 있었다. 그런 이유로 네팔 교회는 가정 교회, 교파가 드문 교회, 어린 교회, 전도하는 교회의 특징들이 있었다.[119]

이런 데에는 무엇보다도 외국인 선교사가 네팔 사회에서 드러내 놓고 전도하거나 교회의 담임 목사로 섬기기 힘든 점이 있기 때문이다. 이런 상황에도 불구하고 교회 개척을 원하는 한국 선교사는 신학생 혹은 목회자와 같이 팀을 이루어, 현지인들이 앞장서고 선교사들은 이들을 지도하고 지원하는 등으로 서로 역할 분담을 한다. 기존의 현지 교회를 위해 예배당을 지어 주거나 다양한 지원을 하는 선교사들도 있다.

한국 선교사들 중에 교단 신학교를 설립하고 운영하는 이들도 있다. 백종윤 목사가 1993년에 설립한 목회자 훈련원이 발전해서 네팔성결교 신학교가 되었다. 방○○ 선교사가 주도적으로 이끌고 있는 이 신학교는

2008년에 첫 졸업생을 배출한 이래 지금까지 운영되고 있다. 임○○이 2007년부터 준비해서 2011년에 설립한 감리교신학교도 있다. 전○○은 네팔침례교신학교의 운영을 한국 교회의 재정 지원을 받아서 10년 동안 돕기도 했다. 이 학교들은 이전 시기의 신학교들과 같이 아시아신학연맹의 인준 신학교들이며, 학사 과정을 운영하고 있다. 이○○도 지방에 신학교를 2010년부터 운영하고 있고, 조○○은 2009년에 바울신학교를 설립해서 지금까지 운영하며 목회자 계속 교육도 하고 있다.

교육 활동에 중점을 두고 사역하는 이들도 있다. 신학교에서 교수로 사역하는 이들도 여러 명 있다. 문○○은 지방의 신학교를 도우며 교수 사역을 하고 있으며, 정○○, 어○○, 김○○ 등은 카트만두 소재의 신학교에서 네팔인 후학을 양성하고 있다. 목회자 또는 평신도를 훈련하는 이들도 있다. 김○○은 목회자들의 재교육을, 이○○은 지방 대도시에서 제자훈련 사역을, 정○○은 카트만두에서 성경 공부를 통한 제자훈련을 하고 있고, 양○○은 목회자들을 멘토링한다.

한국 선교사들의 NGO 사역에 변화가 있었다. 1990년대와 2000년 초반까지 왕성하게 사역했던 호산나재단이 크게 축소되었다. 굿네이버스는 선교의 측면은 지양하고 기독교의 정체성을 가진 사회 복지 단체로서의 역할에 집중하기로 결정하여 네팔에서 크게 사업을 벌이고 있다. 기아 대책은 2013년에 국제NGO 지위를 포기하고 네팔NGO로 새롭게 자리매김하여 어린이 복지 사업을 중심으로 카트만두와 지방에서 사역을 계속하고 있다.

서울 청량리에서 시작된 다일공동체가 2008년에 카트만두에 지부를 설립했다. 이 단체는 네팔에서 네 가지 사업을 했다.[120] 여러 선교사들이 지방에 거주하는 목회자 혹은 기독교인 가정의 자녀들 그리고 매우 가난한 가정의 자녀들과 고아들을 돌보는 호스텔을 운영하며 이들의 학업을 도우며 신앙을 지도했다. 선교사들은 대개 10~20명 규모의 호스텔을 운영하는데, 이들의 교육과 생활비를 모두 부담하며 양육한다.

이 시기에 신약 성경 번역도 여럿 이루어졌다. 앞에서 언급했던 이상륭의 세르파어 신약 성경(2014년) 외에도 이○○의 동타망어 신약 성경 (2011년), 정○○의 툴룽어 신약 성경 (2017년)이 출판되었다. 이들은 1990년대에 네팔에 입국했지만, 현지어 습득과 문화 적응 그리고 성경번역의 시간들 때문에 열매가 비교적 늦게 나타났다. 그럼에도 성경 번역 과정에서 해당 언어를 사용하는 사람들이 예수를 믿으며 교회가 설립되었다.

네팔에도 많은 한국 교회의 단기 선교 팀들이 제2기의 시작인 1990년 이후부터 코로나19 상황 직전까지 무수히 다녀갔다. 우리나라의 해외여행 자유화 조치 이후 한국 교회의 해외 단기 선교가 폭발적으로 성장했기에 가능했다. 1990년대에는 수정성결교회의 청년들이 네팔 서부 도티 지역을 꾸준히 방문하여 섬기면서 복음을 전했다. 의료 봉사 팀들도 많이 다녀갔으며, 교회의 청년 단기 선교와 목회자들의 네팔 방문도 많았다. 청년 단기 선교를 다녀간 이들 중에 네팔로 장기 사역을 위해 나온 이들도 있었고, 네팔에 방문한 목회자들이 선교사들의 사역을 지원하는 경우도 적지 않았다. 이는 단기 선교가 아니었다면 어려웠을 일들이었다.

2015년 네팔에는 30,000명이 넘는 사상자를 낸 진도 규모 7.8의 대지진이 있었는데, 이 때 한국 선교사들의 사역이 인상적이었다.[121] 한국 선교사들은 가족과 이웃의 안전을 확인한 뒤에 주변 네팔 사람들의 도움을 채우기 위한 노력을 시작했다. 이들은 합동 대책 위원회를 구성했고, 많은 선교사들이 자신의 생활비 등 재정을 기꺼이 내어 놓았다. 이것으로 응급 재난 구조를 시작했고, 한국 교회에 네팔의 필요를 알려 많은 재정 지원을 받았다.

이들은 교회 중심으로 구호 활동을 하되, 교회가 있는 지역 공동체의 필요를 우선적으로 채우고 교회의 필요는 차후에 돌보았다. 대지진 앞에서 네팔의 한인 선교사들의 연합과 협력은 다른 나라의 재난 상황에 대처한 한인 선교사들의 경우와 비교해도 매우 탁월했다.

비즈니스 선교에도 변화가 있었다. 과거에는 전 세계적으로 비자 취득을 위해 선교지에서 사업을 시작하는 경우가 많았다. 네팔도 크게 다르지 않았다. 그런데 2010년을 전후로 해서 BAM 선교사들의 사역이 다르다. 2010년 이후에 네팔에서 비즈니스를 잘 운영하고 수익을 내면서 기독교 사역은 기독교 사역대로 알차게 수행하는 선교 사례들이 있다.[122]

이들의 공통점은 비즈니스를 비자 취득의 수단이나 사역의 수단으로 보지 않은 것이다. 네팔에서 소규모 창업을 한 이들은 최선을 다해서 비즈니스를 수행하려고 했고 초기 1~2년의 기간을 비즈니스에만 투자하기도 했다. 이들은 함께 일하는 현지인들에게 수입원을 제공하려고 했고 이들과 제자훈련을 했다. 또한 이들은 현지인들에게 기독교인의 생활을 몸소 보여 주려고 노력했다. 이들은 비즈니스에서 창출된 수익금을 생활비로도 사용하고 사역비로도 사용했다.

ACTS 네팔 선교연구원은 네팔 교회의 질적 성숙을 돕기 위해 영문 학술지인 『네팔 크리스찬 저널』을 2013년부터 지금까지 매년 발행하고 있다. 네팔인 학자의 연구나 혹은 네팔 교회와 신학 관련 연구를 게재하고 있는 이 학술지는 네팔의 신학 연구 활동에 미약하나마 일익을 감당하고 있다. 이 연구원은 네팔어로 집필된 신학 교재들을 출판할 계획을 가지고 있으며, 2018년 『구약 개론』을 출간했고 네팔 교회와 선교 관련 연구 논문들을 꾸준히 출판하고 있다.

제4기: 2019년부터 현재까지

제4기는 2019년부터 현재까지의 기간이다. 이 시기에도 네팔 정부의 정쟁(政爭)은 계속되고 있으나, 전반적으로 정치 상황이 이전에 비해 점차적으로 안정되어 가고 있다. 그러나 최근 외국인의 네팔 선교 환경이 우려할 정도로 바뀌었다. 첫째는 개종을 크게 억제하는 조항들이 형법에 새롭게 삽입된 것이고, 둘째는 비자 환경이 크게 악화된 것이고, 셋째는 코로나19로 인한 생활과 사역의 어려움이다.

네팔은 자국민과 외국인에게 네팔 사람들에게 복음 전도를 허락한 적이 없다. 1960년대부터 1980년대까지 세례를 베푼 목회자나 세례를 받았던 성도들 가운데 어떤 성도들은 정부에 적발되어 짧지 않은 기간 동안 교도소에 수감되기도 했다. 1980년대 말에는 죠지 버워가 설립한 단체에 소속된 데이브 맥브라이드가 동료 선교사와 함께 문서 전도를 하던 중에 3개월 이상의 기간 동안 구치소에 갇히기도 했다. 1990년 이후 개종에 대한 처벌이 거의 없으면서 네팔 기독교인과 외국 선교사들이 전도의 자유를 실질적으로 누렸다.

한편, 2017년에 개정되고 2018년 8월에 발효된 형법에 반개종 관련 조항들이 새롭게 삽입되었다. 종교 관련 조항들은 형법 제9장 제155조부터 제159조에 명시되었다. 제155조는 종교 관련 시설을 파손하는 행위에 대한 처벌을, 제156조는 다양한 표현 방법 중 하나로 종교적 감정을 침해하는 행위에 대한 처벌을, 제157조는 종교 행위를 방해하는 행위에 대한 처벌을, 그리고 제158조는 개종과 관련된 행위에 대한 처벌을 명시한다.[123]

이 법이 발효된 이후, 개종 관련해서 체포되거나 법정에 서는 네팔 기독교인들과 외국 선교사들이 나오고 있다. 한 한국 선교사가 지방에서 체포되었다가 풀려난 사례도 있으며, 한국 선교사와 결혼한 네팔인 사역자가 서양 선교사와 지방을 방문하던 중 체포되었다가 풀려난 뒤에 이 건과 관련된 형사 소송에 출석하고 있기도 하다. 인도의 유사한 경우들을 볼 때에, 이 조항들 때문에 처벌받는 경우는 거의 없겠지만, 기독교인들과 선교사들이 많이 불편해질 수 있고 위축되어 사역에 지장이 생길 수도 있을 것이다.[124]

한국 선교사들이 네팔에 장기적으로 안정적으로 체류하는 데 필요한 비자의 취득이 점점 어려워지고 있다. 과거에는 NGO를 통해 비자를 받기 쉬웠고, 학생 비자도 취득이 비교적 용이했다. 과거에는 비즈니스 비자의 조건도 까다롭지 않았고 이것을 유지하는 것도 힘들지 않았다.

최근에는 NGO 설립과 유지가 매우 힘들다. 학생 비자 소지자를 대상으로 한 방문 점검도 있었고, 학생 비자 발급이 이전보다 엄격하다. 비즈니스 비자를 발급받기 위해 필요한 창업 자금 액수가 터무니없이 높아져서 현실적으로 신규 발급이 매우 어려워졌다. 이 이슈는 네팔에 장기간 머물기 원하는 외국인들에게 큰 부담이 되었다.

2019년 12월 중국 우한에서 발생한 코로나19는 세계적 대유행병이 되었고, 이것은 한국뿐 아니라 네팔에도 큰 영향을 끼쳤다. 네팔의 약한 경제 규모, 네팔 사회의 낮은 보건 상식, 델타 변이가 나온 인도와 가까운 지정학적 위치 등은 네팔 사회를 큰 곤경에 빠트렸다. 2020년 봄 이후 벌써 몇 차례의 통행금지 조치와 사회적 거리두기 등을 통해 네팔의 도시 중·하위층은 생존의 위협마저 받고 있다고 해도 과언이 아니다.

한국 선교사들의 네팔 생활과 사역이 코로나19로 인해 크게 위축되었다. 코로나 상황이 잠시일 것으로 예상하고 한국으로 왔다가 발이 묶인 선교사들. 네팔에서 코로나19에 감염된 선교사들. 통행금지 조치와 사회적 거리두기 때문에 실질적으로 사역이 어려워진 상황들. 불확실성 속에서 이도저도 결정하기 어려운 경우들. 컴퓨터, 스마트폰, 태블릿과 같은 스마트 기기의 부족으로 온라인 모임이나 온라인 예배가 한국처럼 쉽지 않은 환경. 2년 넘게 지속된 지구촌 규모의 대유행병은 한국 선교사들에게 큰 도전이 되었다.

네팔 선교의 미래

과연 네팔 선교의 미래는 어떤 모습인가? 코로나19를 예견하지 못할 정도로 한 치 앞을 모르는 인생이 어찌 한 나라의 선교를 말할 수 있겠는가? 만약 가능하다면, 과거에서 현재까지 펼쳐진 모습 속에서 대략 10년 후의 향방을 추론하는 것이다.

네팔의 미래 모습은 어떤가? 네팔은 인도와 가까운 외교 관계를 폐기하지 않겠지만 중국과 이전보다 가까운 관계를 맺게 될 것이다. 네팔의 경제가 과거에 비해 크게 나아졌지만, 도농(都農)의 소득 격차와 2차 산업의 부재는 빠른 시일 내에 해결되지 않을 것이다. 도시화와 청년들의 해외 이주 노동은 네팔에 새로운 사회 문제들을 만들어 내며, 이전보다 새로운 문화를 수용하는 것이 빠를 것이다. 네팔의 정치는 최소한 10년 정도는 더 혼란스럽겠지만, 네팔 사회는 안정될 것이다. 전기가 안정적으로 공급되기 시작했기 때문에, 대도시를 중심으로 일상생활의 변화가 클 것이다. 네팔에서 한국에 대한 우호적인 시각과 태도는 네팔 사람들이 우리나라에서 일할 수 있는 한 지속될 것이다.

네팔 교회의 미래 모습은 어떤가? 지난 수년 동안 네팔 교회의 양적 성장이 갑자기 둔화될 것이라는 조짐은 보이지 않는다. 도시화와 이주 노동 때문에 산간벽지의 교회들이 어려움을 겪을 수 있을지는 몰라도, 도시 교회는 도시화의 수혜를 입을 것이다. 네팔 신학교의 발전은 지속되어서 이전에 비해 양질의 신학 교육을 받은 목회자들이 많이 배출될 것이다.

네팔에서도 신학 관련 석사 과정이 확산 되고 있고 박사 학위 과정도 곧 개설될 것으로 보인다. 해외에서 신학 박사 과정을 하고 있는 이들도 적지 않다. 석·박사 과정에서 신학을 공부한 네팔 목회자들이 많아짐에 따라 상황화에 대한 이슈들이 보다 많이 다루어질 것으로 보인다. 네팔 교회가 자립의 길을 걷고 타 문화권으로 선교사를 파송하는 모습을 조만간에는 보기가 어려울 것 같다. 그러기에는 네팔 교회의 자기 이해가 긍정적이지 못하고 아직까지는 수혜에 익숙하다.

한국 선교사들은 장기적인 관점에서 네팔에서의 거주와 사역을 바라보는 것이 필요하다. 10년 이상 네팔에 머물며 사역을 할 계획을 가지고 있다면, 비자 취득을 어떻게 할 것이며 네팔 교회의 어떤 필요를 어떻게 채울 것인지에 대한 계획과 준비가 필요하다. 당장 눈앞에 보이는 필요를 채우는 데 급급하면, 기대하는 열매를 거두기 힘들 것이다.

앞으로 10년 혹은 20년 동안 네팔 선교는 많은 열매들을 거둘 것으로 기대된다. 네팔 교회의 지도력 강화는 앞으로도 오랜 기간 필요한 사역 영역이다. 이들이 성숙한 신앙과 바른 성경 이해와 적절한 지도력을 갖출 수 있도록 돕는 것은 매우 힘든 과제이다. 이것을 위해서는 선교사가 자기 분야에 대해 깊은 지식과 고등 학위를 소지하는 것이 필요하다.

노령화 사회인 한국과 달리 네팔은 젊은 사회이고, 네팔의 어린이와 청소년과 청년들을 신앙으로 이끌고 지도하는 주일 학교 교사 훈련도 필요한 영역이다. 도시화와 소득 불평등에서 발생하는 도시 빈민들을 돕는 사역도 외국인 선교사가 고려할 만한 사역 영역이다. 네팔 교회에 타 문화권 선교를 도전하고 지원할 선교 사역도 필요한 영역이다.

계속 증가하고 있는 이주 노동자와 결혼 이민자들에게 복음을 전할 국내 이주민 사역도 고려가 필요한 영역이다. 현재, 이주 노동자 사역자들은 사명감으로 어려운 환경을 마다하지 않고 분투하고 있다. 한국 교회와 네팔 거주 한국 선교사들이 국내 이주 노동자 사역자들과 협력할 수 있다면 좋을 것이다.

마지막으로 네팔 교회와 네팔 선교에 대한 연구가 더 필요하다. 이것은 연구자의 수가 늘어나야 하며, 연구를 뒷받침할 수 있는 재정도 있어야 한다.

나가는 말

이 장에서 우리는 지난 40년 동안의 한국 교회의 네팔 선교를 간략히 살펴보았다. 이야기된 것보다 이야기되지 않은 것이 훨씬 더 많다. 네팔 선교 과정에서 생명을 내어 준 이들이 있다. 故 김솔이 단기 선교사, 故 홍사옥 단기 선교사, 선교사 자녀 故 이주희, 주영 어린이. 긴 시간과 안락을 하나님께 내어 놓고 네팔을 섬긴 선교사들의 희생. 선교 사역과 네팔 교회를 위해 기꺼이 헌금을 내어 놓은 수많은 한국 교회의 성도들. 하나님께서 하신 지난 40년 동안의 네팔 선교였지만, 이런 희생들도 있었다.

1982년부터 시작된 한국 교회의 네팔 선교는 개척자들의 온갖 역경을 감수할 뿐 아니라 대부분 국제적 선교 협력의 차원에서 이루어졌다. 제2기가 시작된 1990년에 민주화가 가져온 선교의 기회를 많은 한국 선교사들이 놓치지 않고 활용했다. 그리고 공산당들이 지방에서 세력을 넓히며 정치 불안정이 다시 심화되던 시기이기도 했다. 제3기는 한국 선교사의 수가 더 늘어나며 다양한 사역들을 왕성하게 하던 시기였다. 정치 환경의 불안정은 선교의 기회를 제공했다. 한편, 2018년 늦은 여름에 반개종 관련 조항이 포함된 형법 개정과 비자 환경의 부정적 변화와 2020년 이후의 코로나19 상황은 이전 약 30년과 다른 선교 환경을 조성했다.

네팔 선교의 미래는 네팔 사회의 변화와 네팔 교회의 변화를 얼마나 잘 읽는가에 달려 있다. 한국 교회와 한국 선교사들은 이제까지 해 오던 사역을 답습하거나 당장의 필요를 채우는 사역에서 한 걸음 뒤로 물러날 필요가 있다. 그리고 앞으로 10년 혹은 20년 동안 네팔 선교에 꼭 필요한 사역을 모색해서 집중하는 것을 고민할 때이다.

김한성

2002년부터 현재까지, 아신대학교(ACTS) 선교영어학과 · 국제개발협력학부의 교수로 후학을 가르치고 있으며 네팔 선교연구원 연구 교수로도 섬기고 있다. 한국 복음주의선교신학회 부회장(2015년)을 역임했고, 한국 선교신학회의 우수 논문 연구자상(2020년)을 수상했으며, 현재 해외 학술지인 『Journal of Asian Mission』의 편집 위원, 『ACTS신학저널』(한국연구재단 등재지)의 편집 위원장으로 섬기고 있다. 저서, 역서: 『한국 교회와 네팔 선교』(아세아연합신학대학교 출판부), 『선하고 거룩한 동역』(죠이북스), 『선교지에 어떤 교회를 세울 것인가』(예영커뮤니케이션), 『모금의 영성』(헨리 나우엔 저, 포이에마), 『타 문화권 교육 선교』(마이클 로마노스키와 테리 맥카시 저, CLC), 『타 문화권 교회 개척』(톰 스테픈 저, 토기장이) 등.

제8장

한국 교회의 네팔 선교 특징들

이 장에서는 한국 교회 네팔 선교의 특징들을 알아보고자 한다. 이를 위해 선교사 개인 경험과 문화적 특징, 한국인 중요 선교단체와 일곱 개 영역, 개인 사역의 특징과 문제들로 나누어 알아보고자 한다.

한국인 네팔 선교사의 개인 경험과 문화적 특징

네팔은 한국 교회가 다른 나라들에 비해 일찍 관심을 가지고 선교를 시작한 나라이다. 한국 선교사가 네팔에 처음 도착했던 1982년 당시, 한국 교회가 전 세계에 파송한 한국 선교사의 수는 323명에 불과했다. 하지만 입국이 매우 까다롭고 생활 여건이 어려우며 사역의 범위도 제한적이어서 상대적으로 한국 교회의 선교적 관심을 받지 못했다. 그러나 2015년 네팔 대지진 등 네팔 사회의 변화와 복음의 확장으로 인해 선교 여건이 완화되었고, 선교적 필요와 요구는 급격하게 늘었다. 네팔 선교 현장은 더 많은 한국인 선교사가 필요하며 요구되고 있다.

네팔에서 사역하는 한국 선교사들은 아래와 같은 몇 가지 특징을 가지고 있다. 한인 선교사들은 수도 카트만두에 많이 거주한다. 그 이유는 첫째, 2006년 전후까지 네팔 정세가 너무 불안정하여 지방 거주가 신변 안전에 위협을 느꼈기 때문이다. 둘째, 수도에 거주하는 것이 체류 비자를 얻는 가장 쉬운 방법이었다. 셋째, 수도와 지방의 생활 환경 차이가 너무 커서 자녀 교육 등 동반 거주가 힘들다는 것이다. 한국인 선교사들은 체계적이고 합리적이면서 사명 완성을 위해 헌신적이고 열성적으로 일한다. 빠른 시간에 교회 개척 및 건축 같은 가시적 성과를 위해 힘을 쏟는 특징이 있다. 왜냐하면 한국 선교사들은 한국 교회 성장 경험과 성령 체험으로 무장하여 '죽으면 죽으리라'는 고백으로 사역하기 때문이다. 이는 서로 화목하고 돕기도 하지만 함께하는 사역이 적고 독립심이 강하다는 것이기도 하다.

네팔의 한국인 선교단체

호산나재단

호산나재단은 1993년 백종윤이 네팔 정부 사회 복지 위원회의 허가를 받아 설립한 국제 비영리 단체이다. 당시 네팔의 복음 전도와 개종 금지의 선교 환경에서 선교사의 체류, 관세, 재산 문제 등을 해결하기 위한 것이었다. 기독교 대한성결교회의 여러 선교사와 한국인 사역자들은 물론, 예수전도단과 오엠선교회 서구 사역자들도 이 재단을 통해 비자를 얻었다.

하지만 2000년대 이후 호산나재단의 비자 중단으로 비관광 비자로 전환되었다. 이 단체는 네팔에서 사회 복지, 교육, 의료 프로젝트를 시행하였다. 카트만두에 조이 하우스, 네팔 간지에 고아원을 설립하여 운영하였고, 교육 기관으로 가나안 학교, 도티 수정 영재 학교, 다댈두라 학교, 교도소 내의 학교, 일람 뉴파라다이스 등 7~8개 학교를 설립하였다. 의료 프로그램으로 도티 수정병원과 티미 네팔-경희 네팔병원을 설립하여 운영하였다.

2004년도에 이 재단의 대표가 박성규 목사로 바뀌어 2008년 국제 비영리 재단 종료 시까지 섬겼다. 2008년에 도티병원과 수정 영재학교는 RDSC로, 당구타 신두와의 가나안 학교는 현지인 NGO로, 조이하우스는 현지 호산나재단으로 이양되었다. 비기독교 단체로 이양된 원인은 시작 때부터 현지인 협력자들을 기독교인으로 한정하지 않은 것이 단초가 되었다는 것이다. 1997년 기독교 대한성결교회 해외 선교 위원회는 이 단체를 산하에 두기로 하고 외교부 산하 공익 법인으로 설립하게 되어 네팔에서 구성원들의 활동이 위축되는 결과를 낳았다.

장로교단들

2015년 현재 예장 통합 해외 선교부 파송 선교사는 9가정이며 교단에 소속된 단체나 교회 파송을 합치면 12가정이 있다. 기장 측 3가정, 예장 백석, 예장 대신 측, 예장 합동 측을 합치면 22가정이 네팔에 파송되어 사역하고 있다. 소속 교단별 월례회와 기도회를 가지며 정보 교환과 협력 선교를 하고 있다.

감리교

2015년 현재 감리교 교단 선교부가 파송한 선교사가 10가정 사역하고 있다. 카투만두 벨리 지역에 임KH를 중심으로 팀 사역을 하고 있으며, 지방에서 이HD를 중심으로 팀 사역을 하고 있다.

국제은혜선교회(GMI)

미국 은혜한인교회는 초교파 단체로 GMI를 설립하고, 2004년 이후에 여러 명의 선교사를 네팔에 파송하였다. 2004년 12월 이춘심·반다리 부부를, 2005년 4월에 김명옥을, 2008년 3월에 은인수·박경희, 오병수·영숙, 김성수·이순희 부부가 네팔에 입국하였다.

OM과 SIM

OM은 1990년대 초반부터 지방의 마을들로 문서 전도 여행을 다니는 순수 복음 전도 사역 단체이다. 김한성 등 수십 명의 사역자가 소속되어 사역했다. 정부에 NGO 단체 허가를 받은 후 농업 기술 보급 및 제자훈련 중심 사역으로 변화하였다. 1993년에서 2년간 사역한 임헌길·김영애 부부는 동남아로 옮겨 지금까지 사역하고 있다. SIM은 2015년에 설립되었고 재미 교포를 포함해 3가정이 한국인이다. 전학진은 타 문화권 사역 훈련원을 운영하면서 중국인 선교사 후보생들을 훈련하였다.

기타 다른 단체들

두란노 해외선교회 소속 3가정, 성경 번역 단체, 네비게이토, 맹인선교회, 컴미션 등이 있다.

카트만두 한인교회와 어부회

네팔에 한국인 사역자가 첫 입국한 지 10년만인 1992년에 어부회(네팔 주재 한국 선교사협의회)를 만들어 선교사들 간의 교제와 화합을 도모하며 정보 공유 및 사역의 협력적 관계로 발전하여 왔다. 2021년 현재 네팔 한인 사회에서 가장 큰 한인 단체 중 하나이다. 네팔에 처음 도착한 신임 선교사 훈련, 선교사 간 관심 분야 분과 모임, 연구 모임 등 매월 정기 모임과 체육 대회 및 수련회를 통해 서로 돕는 아름다운 관계를 유지하고 있다.

이 협의회의 가장 큰 배경은 유일한 카트만두 한인교회 때문이라 할 수 있다. 타 문화권 한인 사역자가 대부분 카트만두에 살고 있고 현지인 교회는 토요일에 예배를 드리기 때문에, 한인들이 일요일에 함께 예배 드리는 유일한 공간이요 끈끈한 공동체로서, 영성을 공급받고 정체성을 확인하는 네팔 선교의 플랫폼(platform) 역할을 하고 있는 것이다. 한글 학교가 있고 매주 자녀들의 신앙 교육이 이곳에서 집중적으로 행해지고 있다.

네팔 주재 한국 선교사 협의회와 카트만두 한인교회는 2015년 4월 네팔 대지진의 위기 때 즉시 공식 후원 협의체를 결성하고, 피해 사항 조사와 공보와 후원을 통해 한국 교회와 단체들로부터 311,600$를 후원 받아

적소에 후원하였다. 매년 홍수와 재해 지원, 코로나19로 고통받는 목회자와 교인들을 위한 후원 협력은 그리스도인의 생활 모습을 일깨워 주는 쉽게 찾아볼 수 없는 연합 사역이다.

선교 파송 단체나 교단을 통해 네팔에 도착한 타 문화권 한국인 사역자들은 개별 고유 사역을 담당하면서도 카트만두 한인교회나 네팔 주재 한국 선교사협의회를 통해 오랫동안 느슨한 수준의 끈끈한 연합과 공동 사역을 해 오고 있다.

개인 사역의 특징들

의료 보건 사역

한국 교회가 파송한 네팔 의료 선교사들은 네팔 선교 초기에 대부분 파송되었고 현재까지 꾸준히 지속되고 있다. 네팔은 의료 시설이 부족하고 낙후된 시설이었고 기초 의료 수준을 넘지 못했다. 네팔 정부는 복음 전파를 금지 했지만 의료 선교사에겐 문을 열어 주었던 것이다. 2014년 기준으로 선교 병원들이 네팔 의료 수요의 25%를 채우고 있는 것만 보아도 왜 의료 선교사에게 문호를 열었는지 짐작할 수 있다(양승봉. 2014:177). 그러나 현재 네팔에 체류하며 사역하는 의료 선교사는 소수이다. 그만치 네팔의 의료 보건 상황은 변화하고 있고 또 다른 선교 대책이 요구되고 있다.

강원희 · 최화순 부부는 네팔에 수년씩 세 차례 사역하였다. 네팔 이외에도 방글라데시, 스리랑카, 에디오피아에서 사역하였다. 1982년 한국 월드컨션선교회와 영락교회 파송으로 INF 선교사로 3년 반, 1995년부터 3년 반, 2010년에 다시 네팔에 입국하여 2015년 여름까지 사역하였다. 네팔인 록 반다리를 인도신학교에 보냈고, 미국 풀러신학교에서 신학 박사 학위를 취득시켰다. 도전받은 현지인을 아신대학교에 보내 공부하게 했다. 1990년 보령 의료 봉사상, 1996년 일가상, 2000년 연세의학대상, 2002년 언더우드선교상, MBC사회봉사상, 2014년에 국민훈장 동백장을 수여하였다.

김명호 선교사는 1990년 11월 UMN 이사회에 참석한 뒤, 자신이 회장으로 있던 장미회가 설립한 돌카 지역 가우리상카병원을 돌아보던 중, 열악한 환경 속에서 일하는 간호사들을 보고 파송할 의사를 못 구하면 자신이 오리라 마음먹은 후, 1991년 7월 은광교회와 장미회 파송으로 네팔에 와서 가우리상카병원의 원장으로 사역하며 주위 20만 명을 대상으로 진료했고, 바살촌 지역에 보건위원회를 조직하여 5천 명 이상에게 보건 교육 활동을 하였다. 1997년부터 5년 동안 장미회 설립, 바랏트풀보건대학에서 보건 인력 양성을 했고, 이때 일본 뇌염이 유행하자 한국 그로막스 제약 회사로부터 50만 불을 지원받아 연세대 출신 의사들과 함께 23만 명에게 예방 접종을 하였다. 그는 귀국 후에도 두 달에 한 번씩 네팔을 방문하여 의료 봉사를 하였다. 2008년 타 문화권 의료 봉사 활동 공로로 의협-화이자 상을 수상하였다.

양승봉 · 신경희 부부는 1995년부터 2009년까지 14년 동안 인터서브와 UMN 소속으로 의료 선교 사역을 하였다. 탄센병원에서 다른 국가 선교사들과 함께 전공인 외과 수술은 물론, 산부인과, 비뇨기과, 성형

외가, 신경외과, 흉부외과, 이비인후과 수술 등 온통 수술 사역을 하였다. 또한 병원 내 전도지 배포, 지역 여성 기술 교육, 가내 부업 돕기, 요리 교육과 신앙 모임도 하였다. 2007년 티미 지역에서 의료 보험 제도 실시를 위한 준비도 하였다. 2013년 베트남 호치민의 롱안 세계로병원으로 옮겨 사역하고 있다. 2009년 보령 의료봉사상, 2015년 제4회 이태석 봉사상을 수상하였다.

김안식 · 장말희 부부는 2000년 초에 도티에 단기 의료 선교를 갔다가 거기서 의료 선교를 하겠다고 결심하고, 2000년 10월에 다시 네팔에 입국하여 카트만두에서 네팔어를 익힌 뒤 2001년 4월 네팔 서부 도티 수정병원에서 사역하였다. 그는 첫 번째 사역 기간 동안 직원 숙소, 수도와 전기 시설을 갖춘 30병상의 극서부에서 외과 수술이 가능한 병원으로 성장시켰다(곽인, 2005). 정치적으로 불안하여 출국 권고가 있는 중에도 병원의 유일한 의사로서 7년 동안 마취 수술을 혼자서 담당하였다. 이 병원은 2008년도 이후 영국인과 네팔인 의사 등 5~7명이 근무하는 종합병원이 되었다. 2012년에 스크린턴 선교대상을 수상하였다.

정해광 선교사는 2001년부터 2004년까지 은사인 김명호 선교사의 뒤를 이어 바랏드플보건대학 학장으로 사역하였다. 그리고 주변 산악 지역 무의촌도 찾아가 사역하였다. 진료하던 중 열악한 교육 환경에 있는 두 소녀를 도왔는데 이것이 계기가 되어 은파기숙사가 시작되었다(의협신문, 2008). 현재 비거주 선교사로서 1년에 두 번씩 네팔을 방문하여 채팡 부족 사역을 하고 있다. 2015년에 채팡부족개발센터를 완공하였다. 2009년 보령 의료봉사상을 수상하였다.

단국대 의대 교수였던 이민철·김금숙 부부는 2000년 4월 네팔에 입국하여 인터서브와 UMN 소속 선교사로 사역하기 시작했다. 2003년 3월까지 카트만두 파탄병원에서 진료하면서 트리브번의과대학, 카트만두의과대학, 네팔의과대학에서 교수로 사역하였다. 두 번째 사역 팀인 2004년 8월부터 2011년 6월까지 기아 대책으로 소속을 바꿔 바랏트플 보건대학 학장으로 섬기는 한편, 같은 지역에 있는 네팔암병원에서 선임 병리 의사로 봉사하였다. 이들은 코이노니아 바랏트플교회 등 4개의 교회 개척과 건축을 도왔으며, 2011년 6월 귀국 후에도 주한 네팔 노동자들의 예배를 이끌고 있다.

김성광·장성란 부부는 1997년 고르카에 6천 평의 장애인 재활원과 진료소를 2003년에 대구 동산의료원의 재정 지원을 받아 카트만두에 네팔 동산특수크리닉을 운영하고 잇다. 손건영은 인터서브 UMN 소속으로 카트만두대학 생화학과 교수로 학생들을 가르쳤다. 간호사로는 주선미, 박정남, 설윤숙, 정HSA, 김성순, 연재정, 치료사로는 김00 물리 치료사, 박광호 방사선사, 박해수 임상 병리사, 윤미란 보건 행정원 등이 사역하였다.

네팔 의료 선교의 도전

네팔 의료 선교 현장에서는 외국인 의사가 비자를 얻기가 까다롭고 어렵다. 1년에 네팔 의사들 수천 명이 배출되고 있고, 대도시를 선호하고 지방에는 가지 않으려 하며, 자체적으로 인력 수급이 가능하다. 때문에 의료 환경과 수준에 따라 대처해야 할 시기가 되었다.

성경 번역 사역

네팔에는 123개의 언어가 사용되고 6개의 언어 군으로 구분된다. 이 언어들 중에 가장 먼저 네팔어로 성경이 번역되었고, 이후로 많은 종족 언어들로도 성경이 번역되었다. 물론 지금도 네팔의 여러 언어들로 성경이 번역되고 있다. 지금까지 한국 선교사들은 셀파어, 동따망어, 툴룽어로 신약 성경을 번역했고, 현재 번역 중인 선교사뿐만 아니라 미디어 선교를 하는 선교사도 있다.

1988년도에 입국한 이상룡·이혜련 부부는 카트만두 동북쪽 고산지에 거주하는 세르파 부족어로 신약 성경을 완역하고 2014년도에 출간하였다. 이 번역에 26년이 걸렸을 정도로 성경 번역이 녹녹치 않다는 것을 보여 준다. 이상룡은 1999년 네팔어 사전을 편찬하여 네팔 사회도 섬겼다. 2000년부터는 세르파어-한국어 사전을 편찬 중이다. 같은 시기에 부인인 이혜련은 영문으로 네팔어 회화 책을 집필하여 2000년에 출간하였다. 이 부부는 카트만두에 세르파 부족 기독교인으로 이루어진 모임을 결성하여 현재는 200~300명이 출석하는 교회가 되었다. 이 교회를 기초로 2014년 네팔 세르파인 기독연합회가 조직되어 연차 대회도 열리고 있다.

1993년 7월 입국한 이○○·김○○ 부부는 2011년 6월에 동 따망어 신약 성경을 번역하였다. 카트만두 서쪽 지역에 사는 45만여 명의 서 따망인들을 위한 서 따망 신약 성경은 1992년 호주 여자 선교사에 의해 출간되었다. 동 따망 사람들은 80만 명에 이르고, 서따망 부족들과는 언어적으로 많은 차이가 나서 이들을 위한 성경 번역이 필요했다. 2000년부터 성경 번역 팀을 만들어 번역 사역을 시작했는데, 미국인 부부의 조력과 동따망 부족 5명과 함께하여 동 따망 동족들에게 성경 번역을 훈련시키는 성과도 거뒀다. 동 따망 부족 사람들이 자발적으로 교회 개척도 했다. 언어 조력자가 예수님을 믿고 마을에 복음을 전한 결과, 세례자 50명이 나왔고 이를 기초로 교회가 세워졌다. 부인 김YM 선교사는 2009년부터 마을마다 다니며 종족 언어를 읽고 쓰는 교육을 실시했다.

1998년에 네팔에 들어온 정○○ 에 의해 툴룽어로 신약 성경을 번역하고 출판이 이루어져, 2017년 3월 27일 성경 봉헌식이 해당 지역에서 이루어졌다. 조○○는 네팔 동부의 B부족 언어로 신약 성경을 번역하기 위해 2003년부터 준비하고 2005년부터 번역을 시작했다.

교회 개척 사역

한국 교회 네팔 선교의 두드러진 특징 중의 하나는 교회 개척 사역이다. 서양 선교사들은 의료, 농촌 개발, 교육, 사회 복지 등의 사역을 주로 하면서 현지 기독교인들의 신앙생활과 교회 개척을 지원하는 사역을 하였다. 한국 교회 타 문화권 사역자들은 직접 교회 개척과 관련된 사역에 참여하는 사역자가 많다. 한국인 선교사들은 선교(기독교에 대한) 박해가 덜한 시기인 1980년대부터 네팔에 입국하였고, 목회자 선교사가 평신도 선교사 숫자보다 많으며, 교회를 개척하여 든든히 세우는 것이 선교의 최종 목적이라는 생각도 반영된 것이다. 이것은 한국 교회의 한국 내의 개척 경험들이 반영된 것이라고 할 수 있다.

네팔 최초 개신교회는 1952년 포카라 지역에 설립된 람가트교회이다.

1951년 네팔 정부는 이전까지의 반기독교 정책을 완화하고 네팔-인도 국경에 거주하던 선교사들과 네팔 기독교인들의 입국을 허용했다. 그 이후 핍박 속에서 성장을 거듭하여 네팔 정치 변화에 따라 세계에서 가장 빠르게 성장하는 교회로 꼽힐 정도로 폭발적으로 성장하고 있다. 네팔 교회 특징은 가정 교회, 하나의 교회, 어린 교회, 전도하는 교회 등으로 말할 수 있다.

첫째, 네팔 교회는 초기부터 네팔의 정치, 경제, 사회, 환경 속에서 가정 교회 형태를 띠었다. 교회당 건축을 할 수 없을 정도로 교인들이 가난했고, 정부와 힌두 사회의 억압으로 정체성을 드러내는 것을 가급적 피하는 것이 바람직했다. 적은 교인 수로 교회를 유지하는 것도 그 이유에 속한다. 1960년대까지 교인 수가 100명 미만에 불과했고, 1980년대 말까지도 교회 내의 세례 교인 수가 25명 이하인 경우가 대부분이었다. 현재 대형 교회들도 대부분 가정 교회 모습을 유지하다가 초리 교회(daughter church)들을 개척하였다. 1990년 이후 일정한 종교 자유를 가지면서 예배당을 소유하기 시작했고, 2007년 기준 네팔 교회 48%가 예배당에서 예배하고 있다(허인석.n.d:69).

둘째, 네팔 교회는 오랫동안 하나의 교회를 유지했다. 초기부터 17개의 나라에서 온 네팔 선교사들은 자기들이 속한 교단과 교파들을 들여오지 않았다. 연합 선교 활동을 통해 의료, 교육, 사회 복지 선교를 하였고, 교회 개척을 할 수 없었다. 개인적 차원의 조용한 전도 봉사를 하였기 때문에 네팔 교회의 성장과 하나의 교회를 이루는 데 큰 도움을 주었다. 1990년대 초까지 인도에서 들어온 오순절 교단과 침례 교단이 있었고,

하나의 그리스도 교회로 존재하였으며, 지역 교회들과의 연합과 교제를 위해 교회 연합회가 있었다. 1990년 이후 교파주의가 생기고 2000년이 넘어서는 더욱 확대되었다. 한국 타 문화권 사역자들은 그들이 속한 교파와 파송 교회의 영향과 신학을 소개하였고 한인 선교사에 의해 설립된 교파도 여러 개가 있었다.

셋째, 네팔 교회는 아직 미성숙한 교회다. 즉 어린 교회라 할수 있다. 힌두 문화 속에서 네팔 교회는 신앙 체험은 깊으나 성경을 읽고 배우는 기회가 없어서 말씀 지식이 부족하다. 대부분 성도들이 문맹률이 높아 성경을 읽을 수 있는 성도가 적고 성경 구하기가 힘들었다. 목회자들의 목회자 훈련 기간이 한 달 미만이 많고 43%가 1년 미만이다. 2021년 현재 신학교가 여러 개 있어서 훈련받은 목회자가 배출되고 있으나, 아직도 목회자 안수가 체계적이지 않다. 카스트 중 낮은 계급의 교인이 많고 가난하기 때문에 대외 의존적이다. 따라서 교회 운영도 자립보다는 의존적이다.

넷째, 네팔 교회는 전도하는 교회다. 왜 기독교인이 되었냐고 물으면, 힌두 종교 의식은 계속 해도 불안한데 기독교는 평안을 얻고 병든 몸이 낫게 되었다는 답을 종종 듣는다. 이렇게 소수의 경험적인 신앙을 가진 교우들이 가정에 모이는 가정 교회의 전통을 가지고 있다.

가정 교회들은 성물이나 재정이 필요하지 않으며, 같은 지역에 사는 성도들을 자녀 교회로 삼거나 자신 고향의 사람들을 자녀 교회로 삼는다. 이렇게 연결된 교인들이 구역 예배처럼 모이다가 규모가 커지면 주일 예배도 드리게 되어 정식 교회가 된다. 모교회 목회자가 정규적으로 지교회들을 방문하여 목양하고, 지교회 성도들도 모 교회에 모여 예배를 드린다. 이같이 모교회와 지교회 관계의 긍정적인 면은 모교회의 적극적인 돌봄과 전도가 열정적이라는 데 있다. 부정적인 면은 모교회가 지교회를 종속된 교회로 삼으려 하고, 지교회 재정과 경영까지 간섭을 할 수 있다는 것이다. 지교회도 의존적일 수밖에 없다.

네팔에서 한국인 선교사의 교회 개척 형식은 크게 세 가지로 나눈다. 첫째, 직접 개척 형식이다. 선교사가 모든 과정에 참여하여 주도적으로 교회 개척을 하는 것이다. 둘째, 동역 개척이다. 선교사가 현지인 사역자를 통해 교회를 개척하는 것이다. 셋째, 교회 지원이다. 현지인들이 개척한 교회를 재정적으로 지원하는 것이다. 이 경우 개척한 교회가 재정적으로 어려울 때 선교사가 돕는 것이다.

한국인 타 문화권 사역자들의 네팔 교회 건축 지원에는 나름대로 이유가 있다. 한국 교회 입장에서는 가난한 네팔 교회가 양적 질적으로 성장하여 교회를 건축한다는 것은 매우 요원한 일로 보일 수 있다. 가파르게 성장하는 교인 숫자를 볼 때, 우리가 담당해야 한다는 믿음이 생긴다. 한국 교회는 가시적 성과와 개척 교회 숫자에 치중하는 경우도 있다. 물량에 치중하다 보면 심각한 문제가 생길 수도 있다. 현지인 교회에 일어날 수 있는 제일 큰 문제는 이제 급격히 팽창하고 있는 네팔 교회가 자립할 수 있는 기회를 영원히 잊어버릴 수도 있다는 우려이다. 예배당 건축을 통해 현지 교회의 자립이 촉진되기를 바라지만, 네팔 현지 교회는 선교사에 대한 의존이 심화되어 가고 있다. 과연 예배당 건축이 성경적으로 적절한가를 고민해 보아야 한다.

네팔 사회는 급변하며 교회는 세상에서 가장 빠르게 성장하고 있다. 네팔 교회가 원하는 것은 하나가 되어 말씀이 살아 숨쉬고 내적인 영적 부흥 성장을 고대하고 있다. 의존적인 교회로 전락하는 것을 원하지 않는다면 성경 말씀 중심 영적 부흥이 일어나도록 하나님께 간구하여 도와야 한다. 신실한 이들과 교회를 중심으로 구심점을 만들어 선교의 재생산하는 힘을 만드는 데 도움을 주어야 할 책임이 한국 교회에 있다.

신학 교육 사역

신학 교육 사역은 네팔 타 문화권 선교 초기부터 중요한 사역이었다. 현재도 신학 교육과 관련하여 다양한 모습으로 사역하고 있다. 신학교를 설립하고, 기존 신학교와 협력하고, 신학 교수 사역과 신학교에 장학 후원과 인재 양성을 위해 사역하고 있다. 신학 학문은 선교의 바탕이고 기본이기 때문이다.

1960년대부터 몇 주 혹은 1년 정도의 성경 교육을 위한 성경 학교가 포카라에서 열렸다(Perry, 2000:84). 1978년 하나님의 성회는 40일간의 성경 훈련 프로그램을 운영하였고, 1980년부터는 1년 과정의 성경 교육을 실시하였다. 1981년 네팔 바이블 아스람은 1년 과정의 성경 교육을 실시하고, 나중에 2년 과정으로 확대하였다. 이 단기 성경 교육은 선교단체나 선교사 개인도 실시하고 있다.

대학 수준의 신학 교육은 1986년 이성호 선교사가 설립한 네팔 장로교신학교가 최초로 신학사 학위 과정을 시작하였다. 또 1989년에 이춘심 선교사가 카트만두신학교를, 1992년에 네팔 기독교교회협의회가 설립한 네팔 에벤에셀신학교가 신학사 과정 운영을 시작하였다. 1990년대 민주화 운동 이후 국가의 기독교에 대한 핍박이 줄어들어 복음 전파가 훨씬 자유롭게 되고 교회와 교회 수가 늘면서 신학교도 늘기 시작하였다. 2021년 현제 네팔에는 한국인이 세운 신학교가 8개가 된다. 대부분 아세아신학연맹의 정회원이고 신학교 두 곳과 두 개의 연합 기관이 준회원이다.

네팔 장로교신학교(Nepal Presbyterian Theological Seminary)는 1986년 이성호가 설립한 네팔 최초 학위 수여 신학교이다. 1986년 6월 신학교 부지 매입과 2층 본관을 건축하였고, 최근 본관 4층과 현대식 별관 건물도 신축하였다. 김○근은 2002년부터 이성호를 도와 아세아신학연맹에 가입하고, 재정 확충 활동과 교내에서 영어 사용을 의무화함으로 교육 과정 내실화에 힘썼다. 원래 네팔신학교(Nepal Theological seminary)였으나 아세아신학연맹에 가입하면서 현재 교명으로 바꾸었다. 현재 전임 교원 7명과 9명의 외래 교수에, 입학 정원은 30명이고 600명이 졸업하였다. 졸업생 중 450여 명이 교회를 개척하고 목회하고 있다. 150명은 기독교 관련 기관이나 목회 협력을 하고, 말레이시아에 선교사로 파송된 졸업생도 있다. 2015년부터 최○철이 신학교 운영 이사로 섬기고 있다.

예수대학교(Jesus College)는 1990년에 이춘심이 카트만두신학교를 설립했다. 네팔인 남편은 설립 시에 도미하여 플러신학교 석·박사 과정을 공부했다. 그는 한국과 미국의 후원으로 기틀을 다진 후에 학교명을 예수대학교로 바꿨다. 아세아신학연맹으로부터 신학사 과정을 인증받았다. 많은 졸업생들이 학교의 역사 만큼이나 네팔 교회와 여러 영역에서 두루 섬기고 있다.

복음주의 장로교신학교(Evangelical Presbyterian theological Seminary)는 김○정이 2000년에 설립했다. 그는 신학교 부지뿐 아니라, 건축과 운영 재정을 한국과 미국에서 모금하였다. 2014년까지 신학교 이사장으로 섬겼을 뿐 아니라 선교학과 실천신학 분야를 가르쳤다. 그는 현지인 교수 역량 개발을 위해 한국의 아신대학교에 2명, 횃불 트리니티 신학대학원대학교에 1명을 유학시켰고, 이외 졸업생들도 한국의 여러 신학교에서 수학했다. 신학과 내에는 교회음악 전공과 기독교 교육학 전공을 두고 가르치고 있다. 2009년 아세아신학연맹으로부터 신학사 과정을 인증 받았다.

네팔 침례교신학대학교(Nepal Baptist Bible College)는 2006년부터 전○○가 한국 교회로부터 후원을 받아 학교 운영에 큰 도움을 주었다. 그는 매년 10%씩 신학교 재정 부담을 네팔 교단이 담당하게 하고, 2017년에 재정 지원 기간이 끝났다. 이 학교는 이 지원 기간에 내실을 다져서 아세아신학연맹에서 인준을 받는 정회원 학교가 되었다.

네팔 성결교신학교(Nepal Evangelical Holiness Theological Seminary)는 1993년 백종윤이 조이하우스와 에버그린학교 근처에 2500평 부지 연건평 208평의 목회자 훈련원을 목회자 전도사에게 성경 공부를 시키는 것을 목적으로 하여 설립하였다. 이것이 나중에 네팔 성결교신학교가 되었다. 2014년 현재 교수 4명, 외래 교수 6명이 있다. 2017년에 아세아신학연맹 정회원으로 인준받았다. 현재 졸업생 147명은 모교회 등 부교역자 과정을 거쳐 목회하거나 교회 개척을 하여 시무하고 있다. 신입생 입학금이 있지만 여러 가지 형태로 거의 장학금을 받아 공부한다.

네팔 감리교신학교(Nepal Methodist Theological Seminary)는 임근하가 설립하였다. 2007년부터 건축을 시작하여 2011년 가을 학기부터 수업을 시작했으며 2012년 1월 30일에 개교 예배를 드렸다. 한국 교회 목회자들로 이사회가 구성되었고 아세아신학연맹의 정회원으로 인준받았다. 10학년을 마친 자에게 입학이 허용되고, 3년 수업과 1년 실습 수업을 한다. 교육 과정은 성경 중심이고 1년에 4번 성경 통독이 특징이다.

바울신학교(Paul Theological Seminary)는 2009년에 조중현이 설립했으며 목회자들을 위한 집중 교육을 연중으로 실시하고 있다. 성경 개관과 성경 통독을 하고 지역 목회자 재교육에도 힘을 쏟고 있다.

네팔 새언약신학대학(Nepal New Covenant College)은 2013년 권승일이 네팔 남동부의 모랑 지역에 설립하였다. 대지 2300평에 건평 700평, 강당 100평, 부속실 200평의 캠퍼스를 건축하였고, 농장 4,500평에서 특용 작물이 생산된다. 이 지역은 1951년 인도-네팔 국경에서 입국한 많은 교인들이 거주하며 교회도 많은 곳이나, 신학 교육을 받은 목회자가 거의 없기에 신학교가 필요한 곳이다. 현재 학부생은 10+2를 마친 자 80여 명이며, 기숙사 입소가 필수다. 교수진은 국내외 석·박사 학위 소유자들이다. 목회학 석사(M.Div) 과정에 40여 명이 수학하고, 동부 지역 11곳에 지방 신학교를 설립하여 400여 명의 학생을 교육하고 있다. 현재 세계 선교를 위해 사이버신학대학도 준비 중이다. 한국의 러브네팔 후원회가 이 학교를 지원하고 있다.

기타 신학교들로는 김○○○·장○○이 1998년 카투만두에 세워

2011년에 중단한 신학교, 2010년 이○○이 치투완에 설립한 소망신학교, 문○○이 2010년 네팔 서부 어참에 덩가리신학교가 운영되고 있다.

또한 네팔에는 오엠선교회 소속 영국인 선교사가 15년 전에 온라인 신학 저널을 2~3년 정도 발간했고, 2013년부터 아신대학교 네팔선교연구원이 연 1회 기독교 학술지를 발간하고 있다. 네팔인은 기독교학 범위 내에서 자유롭게 주제를 선택할 수 있고, 외국인은 네팔에 관한 연구 논문을 저술했을 때 게재한다. 네팔 크리스천저널(Nepal Christian Journal), 이 저널은 두 해는 한국에서 출간하였고, 2015년부터는 네팔에서 출판하여 네팔신학교 도서관과 교수들, 목회자들에게 배포하거나 판매한다.

네팔 개신교 신학교들은 많은 도전들에 직면해 있다. 네팔 정부에 정식 신학 교육 인가를 받지 못하고 있으며 적절한 교수 충원과, 학생 모집에 어려움이 있다. 재정이 넉넉지 않아서 당면한 문제 해결을 위해 모금과 모집으로는 장기적 대안이 될 수 없다. 자원의 효율적 사용과 신학교 간에 공유와 협력, 융합을 고려할 시기이다. 현재 네팔 신학 교육은 폭발적 성장과 변화하는 현장 교회의 신령과 진정으로 드리는 예배, 정확 무오한 말씀, 성령 충만과 교제 등의 성장이 요구되고 있다. 유능한 인재를 신학교로 유입하는 교육 정책과 함께 각 학교의 발전을 바탕하여 협력과 역할 분담으로 융합하지 않으면 도전을 감당해 내지 못할 것이다. 네팔 신학교들이 겪고 있는 도전들은 우선 네팔 정부로부터 정규 학사 학위 인증이 해결되어야 한다. 그리고 신학교 숫자와 규모에도 불구하고 네팔에서 주류된 네팔 전통의 신학 정체성을 확인하는 문제도 있다. 학교 재정이 열약하고, 신학자의 자기 개발, 목회자 재교육, 교육 과정 개발, 도서관 장서 늘이기, 네팔어 신학 서적 출판(김한성,2017:26) 등을 들 수 있다. 특히 적절한 신학 교육 없이 사역하는 목회자들을 위한 목회자 재교육이 필요하다.

사회 복지 사역

네팔에서 사회 복지 사역은 다른 사역에 비해 비교적 늦게 시작되었다. 1990년대 초반 호산나재단의 국제 비영리 재단이 네팔 정부에 등록된 이후 시작되어 2000년대 들어 단체들이 늘어났고 개별 사역을 하기 시작했다. 네팔 정부와 사회의 손이 미치지 못하는 복지 재활 사역을 담당하고 있다. 이중 다수가 호스텔을 운영하며 사회적 약자인 어린이 청소년을 도우며 신앙 지도를 하여 기독교인으로 성장할 수 있는 기회를 제공하고 있다.

호산나재단

1993년 4월 카트만두 외곽 탕곳 지역에 조이하우스를 설립하였다. 5800평 대지에 건물 5동을 건축하였다. 어린이 청소년에게 복음을 전하고 기독 문화 속에 성장케 하여 기독교 사회 지도자를 양성하는 사역 목표이다. 조이하우스 밖의 목회자, 성도 자녀들과 비기독교인 40% 포함 다비다꿈 장학지원 사업도 하여 2001년에는 404명을 지원하였다.

기아 대책 기구

기아 대책 기구 사업은 초기에는 호산나재단이 운영하는 사회 복지 사업에 재정을 담당했으나 2002년 사업 확장과 함께 분리 독립했다. 2003년에 네팔 정부에 INGO로 등록하고서 이후 10년 동안 비영리 단체로서 활동하였고, 2013년에 NGO로 전환하여 CDP라는 단체명으로 새롭게 등록했다. 기아 대책 기구의 주 사역은 어린이 결연 후원 사업(CDP)이다. 직원은 17명이며, 연간 30만 불 정도 후원받아 사업한다. 2014년 현재 1500명의 어린이가 결연되어 있고, 2015년 6가정과 독신 1명이 소속되어 있다. 이 기구는 2011년에 6개 학교 500명을 시작으로 어린이 후원 사업 내용은 영적, 교육적, 신체적, 사회적 영역이 건강하도록 지원하고 있다. 한편, 지역민과의 연계 사업, 성인 문해 교실, 성경 공부, 공동 시설 보수 작업 등의 사업도 하고 있다.

장미회

장미회는 교육과 사회 복지 사업도 실시하였다. 2008년 카트만두 남쪽 100km 떨어진 꾸린딸 지역이 수해를 입었을 때 이를 도왔는데 지방 정부로부터 토지를 기증받아 경기도의 지원으로 복지관을 건립했다. 한국인 봉사자를 파견하여 보건소 운영과 문맹 퇴치 사업을 하였다(장미회). 2007년엔 카트만두 소망아카데미에 도서관, 소망복지관을 설립하였고 컴퓨터, 자동차 정비, 문맹 퇴치 교육을 제공하고 있다.

네팔 밀알학교와 샘물 호스피스

2000년 김○○·백○○ 부부는 카트만두 탕곳에 제봉 봉제 교육 프로그램을 열고 빈곤 여성들에게 재봉틀을 제공하며 자립을 도왔다. 2002년 발달 장애아를 위한 네팔 밀알학교를 설립하여 정부에 등록하였다. 2021년 현재 320평 건물에 학생 75명 직원 15명이 특수 교육, 치료 교육, 직업 교육을 하고 있다. 2005년 한국 샘물 호스피스 선교회가 자원 봉사자 교육을 실시한 후, 2007년 2월 300평 건물에 의사와 17명의 의료 인력으로 말기 암환자 케어의 네팔 샘물 호스피스를 개원했다. 수백 명의 환자를 케어하고 많은 환자와 사람들이 스스로 구주를 영접했다. 2012년부터 현재까지 한국 밀알복지재단의 지원을 받아 4개 학교 500명 빈곤 아동 교육 지원으로 점심 식사 및 교복과 학용품을 제공하고 컴퓨터, 음악 미술, 상담, 통합 교육을 실시하고 있다. 네팔 정부의 감사패, 교육부 장관 표창, 카트만두 시장의 사회봉사상, 지역 구티회 감사장, 학교장 감사패를 받았다.

네팔 다일공동체

2008년 네팔 다일공동체를 열고 직원 15명 이상이 사역하고 있다. 주된 사업은 카트만두 마느하르 강변에 빈민촌 어린이 대상 주 5일 하루 6백 명 이상에게 아침 식사를 제공하고, 유치원을 설립하여 교육하고 있다. 아동 결연 사업과 방과 후 학교를 통해 아동을 돌보고 있다. 우물 개발 사역, 단기 의료 봉사 팀의 무료 진료를 실시하고 있다. 우리나라 사회 복지 모금회나 독지가의 지원으로 사역한다. 2014년 포카라에 여성을 위한 직업 기술 학교와 제빵 공장도 세웠다. 주된 사역인 아동 결연 사역은 매달 정기 후원 3만 원으로 아침 식사가 제공되고, 학교 납부금과 필요품을 아동이 지원받는다.

소망의 집

이○○ · 조○○ 부부는 1995년부터 3년 동안 네팔 간지에 있는 정부 소유 고아원에서 사역하였다. 고아들에게 티카를 하며 부엌과 모든 환경은 힌두 색채로 채워져 있었다. 직원들이 고아원 안에서 살림하며 고아원의 물품을 빼돌리거나 사용하였고 부정이 심했다. 부정한 직원을 해고하고 직원들은 고아원 밖에 거주하도록 하였다. 1997년 10월 치투원 저것푸르로 옮겨 일만 평의 대지를 구입하고 호스텔, 교회, 학교를 건축해 학생들의 학업과 신앙생활을 돌보기 시작했다. 2차로 만 평을 구입하여 농장, 양계장, 양어장을 하며, 물소, 염소, 돼지, 오리를 기르고 있다.

또한 나라얀가드에 제2의 소망의 집을 건립하고 고아원을 하고 있다. 현재 450명이 돌봄을 받고 있는데 매년 30명 정도가 12학년을 마치면 소망의 집을 떠나 사회로 나간다. 제2의 소망의 집에는 박○○ · 임○○가 사역하고 있으며 대학생 지도와 달빛학교, 선교 센터의 제빵 실을 관리하고 있다. 2014년 저것푸르에 왕○○ 외 사역자 7명이 입국하여 농업 사역을 담당하고 있다. 1915년 안○○은 침술 시술 사역 후 카트만두에 거주하며 게스트하우스에 있는 대학생 5명을 돌보며 소망의 집 행정을 하고 있다.

소규모 고아원 또는 호스텔 운영

한국 사역자들의 고아원 또는 호스텔 운영은 사회 복지 사역의 주류가 될 정도로 여러 선교사가 사역하고 있다. 임○○ · 김○○ 부부, 김○○ · 장○○ 부부, 김○○ · 박○○ 부부, 전○○ · 유○○ 부부, 장○○,

임○○ 등이 사역하고 있다. 또한 농촌 개발 사업, 생활 개선 사업, 직업 재활 교육 등 다양한 사역을 하는 선교사들이 있다.

교육 분야 사역

교육 분야 사역은 대개 단체가 학교를 설립하고 운영하는 것이 특징이며 개인이 설립하기도 했다. 초·중등학교와 고등 기관의 학교도 설립했고 위탁받아 운영도 하고 장학 지원과 방과 후 교육도 하고 있다. 초기 네팔의 학교 설립은 신고제이며 육영 개념보다 사업 개념이 강하였고, 외국인 명의의 학교 설립이 이루어졌으나 현재 외국인들은 현지인들을 관리자로 세우고 30명 학생과 일정 수준 시설을 갖추면 비교적 쉽게 운영할 수가 있다. 최근에 대도시들을 중심으로 점점 규제를 강화해 나가고 있다. 이미 현지인에게 이양하기도 했다.

호산나재단은 1992년에 따라 분자학교를 인수하고, 임○○가 운영하였다. 1993년 동부 당구타 신두와에 가나안학교 유치부-초급 대학 과정을 설립하였다. 1995년 서부 지역 도티에 수영영재학교를 설립하였고 정○○이 초대 교장으로 섬겼다. 수정 성결교회 지원으로 3000평 대지에 440평의 교사(校舍) 세 동을 건립했다. 2008년부터는 현지인 NGO가 운영하고 있다. 1998년에 카트만두에 에버그린학교를 설립하여 박○○가 초대 교장으로 섬겼다. 이 학교는 조이하우스 학생을 교육하는 것이 목적이었고 10% 정도를 지역 주민 아동을 입학시켰다. 그리고 한국인 직원 1명, 네팔인 직원 9명이 유치원에서 7학년까지 140명을 지도하였다. 초기에는 교사가 없어서 호산나재단 소유 목회자 훈련원 건물을 임대하였고 2000년에 코이카와 후원 교회의 후원으로 2층 교사(校舍)를 건축하였다. 박○○는 교직원과 함께 식사도 하고 아침 예배도 매일 드렸다. 호산나재단은 정부로부터 의료 교육 기관들을 위탁받아 운영했다. 1996년 극서부 다델두라에 다델두라보건전문대학, 1997년 중부 바랏부르에 바랏드푸르보건대학을 운영을 시작했다. 김○호, 정○광, 이○철이 학장으로 수고하였다.

장미회는 1998년 카트만두에 중등 교육 기관 소망아카데미를 설립하고 2000년 태초 지역으로 옮겨 2005년부터는 초등 과정까지 운영하기 시작했다. 2015년 현재 600명 학생이 재학하고 있다. 1999년 교장으로 양승민이 시작하여 2004년 4월까지 섬겼다. 2000년에 카펫 공장 부지 5000평을 매입하고 교실과 기숙사와 운동장을 닦았다. 1995부터 2009년까지 카트만두 북쪽 부다닐칸타에 국립 직업 훈련원을 위탁받아 운영하였다. 2002년 8월에 이 학교의 현지인 기숙사 사감인 목회자가 40명의 학생들과 신앙 집회를 하였는데, 불만을 가진 학부모들이 고발해서 선교사와 학교 직원들이 어려움을 당했다. 1차 조사 때는 경찰이 조사했으며 2차는 교장이 각서를 쓰고 귀가하였다. 그러나 네팔인 교감, 사감, 교사 1인은 구속 수사를 받았다. 양 선교사도 4일간 구속 수사를 받았다. 양 선교사를 위해 한국 대사는 내무부와 왕궁에 협조를 구하였고, 한인회장은 검찰과 법원을 찾아다녔다. 양 선교사는 유치장에서도 전도를 했다. 이때 유치장에도 기독교인 경찰이 있는 것도 알았고, 개종 금지법도 알게 되었으며, 네팔의 인권에 대해서도 체험을 하였다. 이 사건은 고발자가 경찰 조사를 받지 않아서 1년 후에 무혐의로 종결되었다.

국제 기아대책기구는 2004년 카트만두 외곽 마라나타에 에버비전학교를 설립하여 550명 교육을 시작했다. 아동 결연 후원 사업인 이 사역은 아동들이 힌두교에 노출되어 있고 아동 교육 수준을 높이기 위해 시작하였다. 10학년까지 교육 과정을 운영하고 있다. 일본 로터리클럽의 토지 제공과 한국 국제협력단과 기아 대책 기구가 교사를 건축하였다. 2007년에 750명까지 재학하였고 사립학교 운영 체제로 희망 학생에 한해 성경 공부방을 운영하고 있다. 치투원에도 2012년부터 유치원을 운영 중이다.

예수전도단은 4개의 유치원을 설립 운영하고 있으며, 임○○에 의해 카트만두 파라다이스스쿨, 동부 바랏나가르산타스쿨, 다란 시온인터내셔널스쿨, 다목 드림스쿨, 꾸르버 언쩔스쿨, 꾸르버 언쩌유니버시티, 일람 뉴 파라다이스스쿨, 인도 다질링, 부탄 성요한 스쿨 등 7개 학교를 운영하고 있다. 호산나재단의 수정학교 교장, 2002년 굿네이버스 네팔 지부장으로 사역하며 많은 경험을 가진 정○○·장○○ 부부는 2009년 카트만두에 한솔학교를 설립하고 운영하고 있다. 2014년 현재 교직원 28명, 학생 175명이 공부하고 있으며, 수원 늘푸른교회가 파송한 김○○선교사와 동역하고 있다. 이와 함께 허○○과 홍○○이 함께 공동으로 재정 투자해서 한솔유치원을 설립하였다. 2005년 그는 이○○과 박○○, 미국인과 함께 카트만두 러닝센터를 세워 네팔어 한국어 영어를 가르치고 있어서 네팔 사람들에게 언어 교육의 필요를 채우는 한편, 체류 자격을 얻고 있다.

김○○·김○○ 부부는 2000년 4월 카트만두에 리빙스턴학교를 설립하였다. 기독교 지도자 양성과 교역자 자녀 교육을 위한 이 학교에 대해 좋은 평가가 있어서 입학하려는 학생이 많다. 문○○은 2001년 어린이 지도자 양성 교사 훈련원을 시작하여 신학교로 발전하였다. 학생들에게 신학 교육을 시키는 한편, 트리브반대학교에 연계하여 학사 학위도 취득할 수 있게 하였다. 2011년 신학교 내에 인문 대학, 경영 대학, 음악 대학 학사 석사 과정을 정부로부터 인가받았다. 하지만 다른 소수 종교 관련 대학이 문제가 되고, 한국의 자매 결연 대학들이 네팔 교육 당국에 종교계로 분류됨으로써 이 학교의 학위 과정 운영은 잠정 중단되었다.

네팔 장애인 교육자, 전문가 양성의 학사, 석사 과정 설립의 코디로 한국 선교사가 사역하였다. 네팔 사회는 장애인을 전생의 죄로 여기고 윤회에서 해탈의 선행을 위해 자선하는 것이며(김정근, 2020:45-53), 장애인을 위한 법제 수준보다 시행이 미미하다(김정근, 2018:12-18). 네팔의 특수 교육이나 재활 복지는 다른 나라의 지원으로 이루어지고 있다. 1993년 덴마크의 협력으로 전국 23개 지역에 특수 교육 프로그램을 실시하고 180개 리소스룸을 설치했다. 7개 영역 장애인 정의도 하였다. 현재 통합 교육을 국가적으로 실시하고 특수 학급 380개를 운영하고 있다. 장애인 판별 배치를 하고 있으며 2017년에 장애인 인권 선언 법도 공표하였다.

네팔의 특수 교사 양성은 1980년 미국 오래곤 대학교에서 트리브반 대학교 연구원 7명이 특수 교육 석사 학위를 받은 후 학사 학위를 가진 자에게 1년 학사 학위 과정과 초등 교사 대상 6개월 교육을 3년간 실시하였다. 2005년부터 2012년까지 강남대학교는 학사 학위 소지자 대상으로 1년 과정의 특수 교육 전공 학위 과정을 다시 개설하여 운영하였고,

2014년부터 2019년까지 창원대학교가 '네팔 특수 교사 양성과 기초 교육 역량 강화 사업'으로 정부 지원금 24억을 받아서 학부 40명, 석사 20명으로 설치 및 운영되고 있다. 더불어 정부와 특수 교육 담당자 연수를 하고, 교육 과정과 자료 책자 보조 교재를 발간하였다. 교수, 전문 요원 양성을 위해 대구대학교, 창원대학교, 강남대학교 등에서 네팔인 특수 교육학 석·박사를 공부시켜 현장에서 일하고 있다. 계속하여 네팔 극서부와 중부 남부의 대학에 특수교육과 설치를 추진 중이다. 이 사업을 위해 김○광과 김○근이 코디로 사역하였다.

네팔 기독교인들과 목회자들을 위한 학업을 직접 도운 선교사들이 많다. 김○식은 기독 청소년들에게 장학 지원 사업으로 10학년이 되면 기숙 생활을 하게 하여 공부에 집중하도록 하고 신앙 지도를 하였다. 의대에 입학도 하고 4명의 목회자가 남아세아기독교학연구원(SAIACS)에서 석·박사 과정을 했다. 교사, 간호사, 엔지니어도 나왔다. 박○○는 목회자 자녀들의 장학 지원금 30명을 지원하고 있으며, 소규모의 호스텔을 운영하는 선교사들도 여럿 있다. 최근 방과 후 공부방을 하는 선교사들도 있다.

비즈니스 선교

네팔에서 타 문화권 비즈니스 선교사들은 한국어 학원, 숙박업, 출판업, 제빵 공장, 식당과 까페, 특용 작물 농장 등 여러 사업들을 하고 있다. 이들 대부분은 수익 창출보다 현지인의 생활 개선을 통한 전도와 비자를 얻는 데 목적이 있는 상황이다. 2000년대 초기 정부 등록 비즈니스 투자 금액이 2만 불 정도였으나, 최근 50만 불로 상향시켰을 정도로 비즈니스 비자 발급을 통제하고 있다.

최근민은 2001년 카트만두 외곽에서 리조트 사업을 시작하여 2016년에 매매를 하고 귀국하였다. 박○○은 게스트하우스를 운영하는데 선교사와 단기 팀들도 이용한다. 장○○은 문서 사역을 위해 출판사를 열고, 전도지, 성경 공부 교재, 성경 이야기, 문맹자 퇴치 자료를 출판 및 보급하고 있다. 2008년부터 수천 명의 네팔 인들이 한국에서 취업할 수 있는 길이 열린 뒤로 한국어를 배우려는 사람이 급증함에 따라 정○○, 이○○, 장○○ 등은 한국어 학원을 운영하고 있다. 제빵 공장, 식당, 까페, 제과점을 운영하는 이들도 있다. 이들 가운데에는 적잖은 수익을 거두는 이들도 있다. 조○○는 2010년 12월 외국인에게 방송국 허가를 내 주지 않자 네팔 기독교인들과 협력하여 개국하였다. 카트만두와 지방에 스튜디오를 두고, 네팔어와 타루어로 생활 정보, 여러 종족어 음악과 함께 기독교 가르침도 방송하고 있다. 김○란은 2008년부터 GSP(Gospel Sending People) 스튜디오 설치를 하고 설교와 간증, 에세이, 복음 송 등 자체제작 복음 방송을 네팔 전역 6군데에 송출하고 방송인 양성도 하고 있다. 네팔에서 라디오 방송은 수익이 나는 사업으로 알려져 있다.

네팔에서 고려할 만한 소규모 비즈니스들은 다음과 같다. 통번역 사업, 국제적 소매업, 여행업, 학원, 숙박업, 출판업, 한국어 학원, 제빵 공장, 식당과 까페 특용 작물 농장 등 다양하다. 다만 이 비즈니스들을 시작할 때 전문적 지식과 전문가와 경험자의 조언과 심도 있는 타당성 조사가 필요하다. 이익이 남았을 때 사용 계획과 적자가 났을 때 대처 방법도 고려해야 한다. 외국 환경에서 비즈니스만 집중해도 이익 얻기가 쉽지 않은데, 다른 사역과 함께 하느라 노력을 집중하지 않으면 실패할 수 있다. 최근 네팔은 정치가 안정되어 가고 경제 사회가 놀라운 변화와 발전기에 있다. 네팔 라면으로 성공하여 억만장자가 되어 세계적 부호로 이름을 올린 비노드 초드리 같은 사람도 있다.

나가는 말

네팔에 서양 개신교 선교사가 들어온 지 70년이 되었고, 한국인 선교사가 들어온 지 40년이 되었다. 네팔 사회와 교회는 지난 수십 년 동안 엄청난 변화를 경험하고 있다. 네팔 사회는 2015년 신헌법이 제정되어 힌두교 세계관을 바탕으로 통치하던 절대 왕정 국가에서 세속주의를 표방하는 연방 민주주의 공화국을 채용하였다.

1951년 한 손으로 셀 수 있었던 네팔 내의 기독교인 수는 최소한 100만 명 이상으로 성장하며 세계에서 가장 빠른 성장을 보여 주고 있다. 네팔 교회의 수적 성장은 세계 교회와 한국 교회에 새로운 선교 과제 설정을 요구하고 있다. 한국 선교사들이 직면하고 있는 장애물들이 여럿 있다. 한국인 사역자들은 신학 교육, 의료 선교, 교회 개척, 제자 훈련, 교육 관련 사역, 사회 복지와 같은 고급 언어 능력을 활용하여 힌두교 세계관의 네팔 사회를 성경적 세계관의 기독교 새로운 삶으로 천착케 하는 것이 매우 큰 선교 과제이다.

네팔에서 한국인 타 문화권 선교사들은 한국 교회 성장 역사의 경험에 따라 네팔 선교 현장에서 통전적 총체적인 모습으로 선교하고 있다. 한국 선교사들은 네팔 교회의 변화에 성경적, 성령 충만, 문화적으로 대처하는 적절한 노력들이 필요하다.

앞으로 한국인 타 문화권 사역자들이 어떻게 네팔을 섬길 것인가? 한국 교회와 선교사들에게 다음 내용들을 제안한다. 첫째, 한국 타 문화 선교사의 네팔 교회들과 협력하는 위치는 여러 가지나 현지인들이 앞장서고 돕는 위치가 되어야 할 것이다. 둘째, 네팔 교회의 신실한 이들을 중심으로 선교 재생산의 힘을 길러야 한다. 셋째, 네팔 힌두 사회를 변경하는 기독교 생활 양식의 대체 사역을 하되 한국 기독교 문화를 그대로 심는 것이 아니라 말씀에 의해 네팔 기독교 문화를 토착화해 간다. 넷째, 한국인 타 문화 선교사들이 네팔을 떠날 시점은 언제이며, 이후에도 어떻게 도울 것인가 기도해 보아야 한다.

김정근

대구대학교 특수교육과, 동대학원 석사, 나사렛대학교 일반 대학원 재활학 박사
문교부 위촉 특수 학교 교육 과정 심의 위원, 교과서 편찬 위원, 특수 학교 교사 23년 중·고등 교사 3년, 전국 기독학생회장(KSCM), 동대구교회 개척, 장로
네팔 선교사

제9장

한국 교회의 힌두권 선교 회고

2021년 7월 22일, 11명의 공저자들 중에 9명이 인터넷 ZOOM에서 1시간이 조금 넘는 시간 동안 귀한 교제의 시간을 가졌다. 김한성 교수가 사회를 보았고, 조동욱 선교사의 기도로 시작해서 참가자들이 몇 가지 준비된 질문들에 대한 생각을 나눈 뒤에 조범연 선교사의 기도로 마무리 지었다.

조동욱 세계 곳곳에 흩어져 있는 하나님의 가르침을 따르고자 원하는 자원하는 마음을 가진 이들이 줌을 통해 함께 모이게 하여 주시니 감사합니다. 오늘 우리들의 모임과 교제와 대화 속에서 하나님의 뜻이 드러나기를 원하고, 하나님의 뜻을 깨닫기 원합니다. 하나님께서 원하시는 뜻이 이루어지는 복된 계기가 되도록 오늘의 모임을 축복해 주옵소서. 성령의 임재하시는 가운데 하나님의 인도를 받길 소원합니다. 계시의 영으로 지식의 영으로 우리를 이끌어 주셔서, 주의 영광으로 결론되어지도록 하옵소서. 함께하는 하나님의 거룩한 백성들, 주의 복된 일꾼들을 꼭 기억하시고 붙으시고 마음껏 축복해 주옵소서. 영광을 주께 돌립니다. 감사하며 예수님의 이름으로 기도합니다. 아멘.

김한성 첫 번째 질문을 드리겠습니다. 인도와 네팔 선교와 관련해서 기억나는 에피소드 하나를 나누어 주시겠습니까?

공갈렙 가장 젊은 제가 조금은 가벼운 에피소드를 가지고 먼저 말씀드리고 나서 다른 분들이 은혜를 더 하시면 될 것 같습니다. 저는 20대 총각 때부터 쭉 거기서 지내며 힌디어를 배웠고 영어도 완전히 인도 식으로 바뀌었습니다. 결혼한 뒤에 인도에서 아내를 태우고 차를 운전하면, 저는 운전사 취급을 많이 받았죠. 뒤에 앉는 집사람은 제가 모시고 있는 여주인이 되는 거고요. 주유소에서 주유를 할 때도 아주 업신여김을 당했어요. 3개월마다 자동차 매연 체크할 때도 담당 직원이 그 일을 해야 하는데 저보고 매연 체크 도구를 잡으라고 하더라고요. "난 못 한다. 내가 이걸 왜 하냐? 내가 이 차 주인인데, 왜 내가 그것을 하냐?!"라고 하면, 저한테 뭐라 뭐라 그러면서 자기가 하더라고요.

처음에는 기분이 나빴어요. 그런데 나중에 보니까 이게 우리 한국인 선교사들의 장점이 될 수 있겠다는 생각이 들더라고요. 저는 인도에 살면서 네팔리 취급을 많이 받았어요. 인도인 대학생이 제가 살던 아파트 단지에 와서 저를 찾은 적이 있습니다. 당시에 우리 단지에는 저희 가족이 유일한 외국인 가족이었는데, 입구의 경비원에게 인도인 대학생이

"여기 사는 코리안 사는 집에 간다"고 했더니, 그 경비원은 "여기에는 코리언이 안 산다, 그 집에는 네팔리가 산다"고 대답했다고 합니다.

조동욱 남인도에서 3년 동안 인도 선교지 정착 과정을 보낸 후에, 북인도 히말라야의 산자락 아래에 있는 실리구리까지 장장 6일 동안 직접 운전해서 이사했던 일이 가장 기억에 남습니다. 저는 장기적으로 헌신할 수 있는 하나님께서 계획하신 선교지를 보여 달라고 기도한 후에 응답을 받았는데요. 이에 따라, 저는 인도 남단에서 북단으로 이동하기로 결정했습니다.

기도 응답의 사역지인 실리구리는 여러 가지 선교적인 의미가 있었습니다. 그중에 하나가 한인 선교사들이 아무도 없는 개척 선교였다는 것이 첫 의미입니다. 저희 부부는 그곳에 다른 한인 선교사가 오기까지 6년 동안을 홀로 지냈습니다.

실리구리에 도착한 뒤에 하나님께서 왜 이곳으로 보내셨는지를 다시 기도 중에 물었는데요. 이것에 대한 답이 또 하나의 선교적 의미라고 할 수 있습니다. 다름 아닌 히말라야 사역입니다. 하나님께서 주신 명령은 히말라야 산맥을 넘어서 인도의 최북단인 실리구리와 히말라야 티벳의 수도인 라사 사이를 복음으로 연결하라는 것이었습니다. 이것을 비전을 삼아서 모든 사역을 진행했죠.

한 가지 인상적인 사건을 나누겠습니다. 시킴 북쪽의 라춘이라는 아주 깊은 산골이 있습니다. 이곳은 산을 하나 넘으면 티벳과 연결됩니다. 그곳에 불교도들임에도 불구하고 이름을 '베드로' 또는 '요한'이라고 이름을 쓰는 사람들이 있다는 얘기를 들었습니다. 궁금해서 그들을 찾아가 만나서 알아보았습니다. 알고 보니, 라첸이라는 지역에 1898년부터 핀란드 개신교 선교사들이 선교를 하면서, 교회를 개척하고 병원을 세우고 여러 가지 농장을 세웠습니다. 1950년 9월에 엄청난 홍수가 나가지고 모든 선교지가 없어져 버리고, 그때 선교사님도 떠내려가서 시체도 발견하지 못했다고 하더라고요. 그 사건 이후에 선교지가 폐쇄되었고, 당시 세례받았던 분은 불교도가 되었지만 세례 이름은 가지고 있는 겁니다.

이제는 노인이 된 부부를 만나서 기독교 신앙을 가지고 있는지를 확인하려고 혹시 '할렐루야'가 무슨 뜻인지 아느냐고 물었습니다. 그들은 그 의미를 모르고 그저 '굿모닝' 같은 아침 인사로 기억했습니다. 그분이 눈물을 흘리면서 하는 얘기가 우리가 이때까지 건강하게 지낸 건 그 당시에 머리에 하얀 핀란드 여자 선교사님이 기도해 주셨기 때문이라며 눈물을 흘리더라고요. 그래서 그분에게 얘기했죠. "이제까지는 그분의 기도 속에 당신이 지내 왔는데 앞으로는 선교사인 우리가 당신들을 위해서 기도해 드리겠습니다."라고 대답해 주었습니다. 서구 선교사와 이제 제3세계 선교사의 역할을 깨닫는 아주 감동적인 시간이었습니다.

이윤식 저는 1991년 28살에 대사관 직원의 신분으로 처음 평신도 선교사로서 인도에 와서 대학생들 제자 사역을 했었습니다. 그때 똑똑한 여학생이 한 명 있었는데요. 몇 달 동안 요한복음을 공부하고 예수님을 영접했습니다. 저는 매우 감사하고 기뻤습니다. 다음 주에 만나서 얘기를 나누는 중에, 그 자매가 하는 말이 제가 예수님을 영접하고 너무 기분이 좋아서 자기 집에서 키우는 개한테 복음을 전했다는 겁니다.

그래서 사람도 많이 있는데, 왜 개한테 복음을 전했느냐고 물었습니다. 그녀는 자기가 그 개를 너무나 사랑하고 그 개한테 복음을 전하면 그 개가 은혜를 받고 착한 개가 돼서 다음 생애에는 사람으로 태어날 수 있을 것이라고 생각해서 복음을 전했다는 겁니다. 그 당시에는 제가 아직 신학적인 기반이 충분치 않아, 그 말을 들으며 굉장히 충격을 받아서 한동안 자괴감에 빠진 적이 있었는데요. 이것이 계기가 되어서, 저는 대사관에서 일을 하는 것보다는 내가 학교로 가서 좀 공부를 해야겠다고 생각했습니다. 이것이 인도의 사회학과 문화인류학을 공부하게 된 계기가 됐습니다.

곽이범 저는 델리에 있다가 바르나시로 이동을 하면서 주님을 위해서 열심히 일해야겠다고 생각을 했습니다. 그런데, 가자마자 병에 걸렸어요. 한 3일 정도 손가락도 안 움직여지고 눈도 안 떠지고 거의 침대에서 살면서 내가 뭘 할 수 있을까 이런 상황 속에 있었습니다. 그때 꿈인지 환상인지 잘 모르겠는데, 하나님께서 바라나시의 힘을 상징하는 힌두교 샤티 사원에 십자가에 못 박히신 예수님을 저에게 보여 주셨습니다.

그때 제 마음속에 와 닿은 것이 있었습니다. 여기서 내가 할 수 있는 것은 아무것도 없는데 예수님께서는 이들을 위해서 십자가를 지셨구나. 그 뒤에 '예수님이 소망이시다' 하고 병원에 가서 조사를 했더니 아무 이상이 없는 거예요. 그때 "이거구나! 절망은 아무것도 할 수 없게 하고, 손도 못 움직이게 하고 눈도 못 뜨게 하는구나." 오직 예수님만 소망이시라는 경험을 하였습니다.

김정근 2015년도에 진도 7.9의 대지진이 네팔에 왔었잖아요. 그때 예장 통합 총회에서 장로회 통합 측에서 15억의 지진 헌금을 네팔에 보냈습니다. 그 당시에 제가 소속 교단의 현지 선교회 회장이었고, 교단 차원의 후원이 저를 통해서 이루어졌고 총회장님도 그때 오셨어요. 그때 도시보다도 주로 산골처럼 사람 손이 못 비치는 지역을 도왔습니다. 우리들이 8톤 트럭 두세 대에 쌀을 싣고 산을 두세 개 넘어서 갔었는데요. 다시 돌아올 때는 차를 못 탔어요. 걸어서 돌아오는 중에 총회장님이 더 이상 갈 수 없다고 하면서 퍼져 버렸어요. 번아웃이 된 거죠. 그래서 현지인 장정 3명을 고용해서 이들이 교대로 총회장님을 업고 제가 뒤에서 봐주고 그렇게 그 산을 넘어온 적이 있습니다.

이 일이 우리 교단 신문인 기독 공보에 기사로 실렸는데요. 현지 파트너인 네팔인 목사님이 저를 네팔 법에 고소했습니다. 고소한 내용은 여섯 가지였습니다. 이렇게 고소해서 저를 한국으로 보내 버리면 현지 재산이 모두 자기 것이 될 것으로 생각했던 겁니다. 네팔에는 고발을 당하면 일단 대개 구속됩니다. 저도 가서 하루 잤습니다. 하룻밤 자는데 무조건 그냥 몽둥이로 발바닥을 때리는 겁니다. 발바닥을 한 10대씩 맞으면 걷지도 못하는데요. 저도 그렇게 해서 25대를 맞았습니다.

특수 교육 관련해서 트리부반대학교 총장님과 제가 친구같이 지냈고, 카트만두의 탕콧 지역 국회 의원이 저희 학교의 현지 이사였습니다. 또 저희 장애인 학교의 학부모 중 한 사람이 칸 반두 경찰 총장이었어요. 그분들이 제 얘기를 알고 나를 고소한 사람을 역으로 고소하겠다고 한 겁니다. 세 분이 이 사람에게 고소를 해서 감옥에 집어넣을 것이라고 말하며, 김 선교사에 대한 고소를 취하할 것을 말했고, 결국 그 목사의 고소는 모두 취하되었습니다. 그뿐 아니라, 이 사건을 계기로 이 사람 이름으로 되어 있던 부동산 명의가 모두 저에게 다 넘어온 겁니다.

김바울 저는 인도에 들어간 지 한 9개월 만에 교통사고를 당해서 굉장히 어려웠던 적이 있었습니다. 버스에서 떨어지면서 굉장히 크게 다쳐서 델리 중심에 있는 어느 병원에 입원했습니다. 다음 날에 수술을 받고 병원에 누워 있는데, 그날부터 밤이 되면 혼수상태에 빠졌어요. 한 이틀을 그랬습니다. 이게 정말 이상하다싶어서 제가 저희 아내에게 "내가 아마 버스에서 떨어지면서 머리를 다친 것 같다. 그래서 머리를 좀 찍어봐야 되겠다."고 이야기까지 했습니다.

수술한 뒤에 계속 약을 먹지 않습니까? 제가 굉장히 많은 약을 먹었는데, 첫날 지나고 둘째 날 보니까 좀 특이한 약이 있더라고요. 조금 이상해서 다음 날은 그 약을 빼고 먹었어요. 그 약을 안 먹은 날 밤에는 제가 괜찮았습니다. 나중에 의사에게 물어보니, 그 약이 굉장히 강한 항생제라는 답을 들었습니다.

우리 현지 사역 과정 속에서 보면, 무슬림 마을에 약물 부작용으로 많이 아픈 사람들이 굉장히 많았습니다. 백전병이든지 이런 것들도 대부분 약물 장애로 나오는 거고, 또 신장이 다 망가져 가지고 했던 것들도 있습니다. 저희 사역지에 그런 아이들도 많고 어른들도 많이 있는 것을 봅니다. 저희 현장에 있는 우리 사역지의 사람들을 보면 약물 부작용으로 굉장히 어려움들을 당하는 걸 자주 봅니다.

제가 의사와 약과 관련해서 현지인에게 들은 재밌는 이야기가 있습니다. "만약에 네 몸이 아프면 너는 의사에게 가라. 왜냐하면 의사도 먹고 살아야 되기 때문이다. 만약에 의사가 너에게 약 처방전을 지어주면 너는 그것을 가지고 약사에게 가라. 왜냐하면 약사도 먹고 살아야 되기 때문이다. 만약에 약사가 너에게 약을 지어 주면 너는 그것을 먹지 마라. 왜냐하면 너도 살아야 되기 때문이다."

김한성 두 번째 질문을 드리겠습니다. 선교사님들은 인도와 네팔 교회를 어떻게 보시나요?

임한중 인도 교회를 중심으로 말씀드려 보겠습니다. 먼저 우리가 개인적인 경험을 기초로 하여 인도 교회를 보기보다는 좀 객관적으로 바라볼 필요가 있다는 생각이 듭니다. 특별히 오늘날 우리가 인도 교회를 보게 될 때 크게 두 부류로 볼 수가 있을 거예요. 주류 교회 또 비주류 교회 또는 신흥 교회 이렇게 두 부류 정도로 나눠서 볼 수 있을 것 같은데요.

주류 교회로서는 세계에서 유례를 찾아보기 어려울 정도로 힘든 그런 교회 연합 운동의 역사를 통해서 출범한 남인도교회와 북인도교회 이렇게 꼽을 수 있습니다. 두 교회 모두 직제라든지 또는 예배에 있어서는 성공회 전통을 가지고 있고, 또 교리와 신학적인 측면에서는 개혁교회 전통을 가지고 있죠. 어떤 면에서는 교단의 통일성이나 질서를 유지하고 또 교회 연합 운동이라든지 이런 대외 관계에 있어서 큰 영향력을 발휘할 수 있다는 그런 장점을 가지고 있습니다. 다른 한편으로 선교적인 측면에서 볼 때는 참 다양성과 역동성이 매우 부족한 그런 구조라고 할 수 있겠죠.

특히 이 교회들은 식민지 시대에 서구 선교사들이 남기고 간 그 유산을 그대로 이어받아서 그것을 유지하고 관리하는 데 많은 노력을 하고 있습니다. 그러다 보니까 인도 내의 수많은 미개척 지역이라든지 또 전혀 복음이 들어가지 못한 그런 종족이라든가 계층의 복음을 선포하고 또 교회를 확장하려고 하는 그런 노력을 기울이지 못했던 것이 사실입니다. 양 교단 모두 선교 신학에 있어서 우리가 이제 중요한 논점으로 삼고 있는 하나님의 선교에 대한 이해가 복음주의 계열과는 상당히 차이가 있는 에큐메니칼적인 관점에서 이해하다 보니까 그렇게 벌어진 상황이 아닌가 싶고요. 따라서 거의 대부분 복음주의적 선교 신학을 가지고 사역하는 우리 한인 선교사님들 또 우리 한국 교회 입장에서는 인도의 주류 교단들과 어떤 선교에 있어서 공통 분모를 찾아가지고 협력하는 것이 결코 쉽지 않았다라는 점을 말씀을 드릴 수 있겠습니다.

또 주류 교단의 범주에 넣을 수 있는 전통은 사도 도마의 전통을 고수하고 있는 이 마 토마 교회입니다. 깨랄라 지역에 주로 많이 있죠. 여기는 복음주의 개혁교회 신조를 따르면서 동방교회 전통을 그대로 고수하고 있죠. 여기 같은 경우는 사실 제가 공부하기 전까지는 몰랐는데 교회사를 연구하다 보니까. 매 2년마다 아주 대규모 전도 집회를 합니다. 마라몬대회라고 하는 전도 집회를 하는데 여기는 보통 3만 명에서 10만 명까지 대규모 군중이 모여서 전도 집회를 하는데 엄청난 선교적인 열매가 있다고 들었습니다.

도마 전통을 가진 교회들의 본거지가 깨랄라인데, 마토마교회 같은 경우는 인도 전역 주요 도시마다 선교 기지를 건설하고 거기에서 교회를 개척하고 하는 그런 사역들을 하고 있는 것을 보았습니다. 해외 선교도 열심히 하더라고요. 주류 교단들 가운데 마토마교회같이 상당히 선교적으로 각성된 교회도 있습니다.

사실 오늘날 인도 선교에 있어서 가장 중요한 역할은 비주류에 속하는 교회들이 감당하고 있습니다. 특별히 EFI 회원 교단들 가운데 복음주의 계열 교단들 또 선교단체 그리고 수많은 가정적인 독립 교회 가정 교회, 이런 교회들이 인도 복음화의 어떤 핵심적인 역할을 담당하고 있습니다.

주류든 비주류든 인도 교회를 구성하고 있는 기독교인들의 한 80%가 지정 카스트 또 지정 부족으로부터 개종한 사람들입니다. 이 점은 인도 교회가 지니고 있는 한계를 우리에게 보여 준다는 생각을 하게 됩니다. 이들 가운데 상당수는 선교사들로부터 또는 제도권 교회로부터 주어지고 있는 여러 가지 혜택 또는 보상 때문에 기독교인이 되고 또 그 후손들 중에 상당수가 명목상의 기독교인들 또 거듭나의 경험이나 또 그리스도와의 인격적인 그런 만남이 전혀 없는 상태인 형식적인 신앙에 머물러 있는 것이 또한 현실입니다.

나아가서 아웃 카스트 혹은 하층 카스트에 속하는 이들이 상층 카스트나 주로 주류 힌두 교도들 이런 사람들에게 복음을 전하고 영향을 미치는 것은 현실적으로 거의 불가능한 상황으로 여겨지고 있죠. 이것은 우리가 인도 교회가 복음을 지리적으로 확장하는 일은 충분히 감당을 할 수 있지만 계층을 뛰어넘어서 확장시키는 데는 일정한 분명한 한계를 가지고 있다 하는 것을 의미한다고 볼 수 있겠습니다.

계층을 뛰어넘는 복음 전도가 현재의 인도의 교회의 틀 안에서는 상당히 어렵다라는 점을 우리가 생각하지 않을 수가 없습니다. 또 주류 교단에 속하지 않은 자생적인 독립 교회라든지 또 소규모 교단들 같은 경우는 신학적인 기초 또 성경적인 기초가 너무 빈약하고 또 교회론이 제대로 정립되어 있지 않기 때문에 혼합주의 위험, 또 신비주의적인 신앙, 또는 이단적인 그런 교리와 사상에 아주 쉽게 유혹을 받고 무너지는 그런 사례들을 볼 수가 있습니다.

이런 인도 교회의 상황과 현실에 대한 이해 속에서 우리 한인 선교사들이 인도 교회를 위해서 앞으로 어떤 역할을 감당해야 할 것인가를 우리가 깊이 고민해 보지 않을 수 없을 것 같습니다.

김정근 네팔에서 기독교는 정부의 정책과 정치의 영향을 많이 받습니다. 1951년 이전까지는 힌두 왕국으로서 있었기 때문에 마음대로 법을 전한다든지 이런 어려움이 있었습니다. 1951년에 네팔의 문이 열리고 인도-네팔 국경에 있던 외국 선교 단체들이 네팔에 입국했습니다. 그때부터 이제 네팔의 본격적인 기독교가 전파되었다고 볼 수 있습니다. 약 40년 정도 여러 가지 박해와 어려움을 당해 왔는데, 1990년부터는 네팔에서 정부의 압박이나 핍박이 상당히 뜸해지면서 네팔의 교회가 굉장히 팽창을 하고 발전하게 됐습니다.

지금은 세계에서 기독교인 성장률이 가장 빠른 나라로 이렇게 알려져 있어요. 제가 21년 전에 네팔 갔을 때는 네팔의 기독교 비율이 0.04%라고 이야기했습니다. 2011년도에 네팔 센서스의 소설은 1.4%로 이렇게 이야기를 했습니다. 10년이 지난 현재는 공식적인 통계는 아니지만 약 6%까지 봅니다.

양적으로는 크게 발전하고 있습니다. 흔히 교인들이 전도에 굉장히 열심입니다. 다만 전도를 하는 방법이 종족 또는 씨족 중심입니다. 종족 중에 누가 예수를 믿으면, 그 사람을 통해서 사람들이 왕창 예수를 믿습니다. 교회가 이렇게 변하고 있습니다.

아직까지도 네팔에는 30명 이하 교회가 많습니다. 가정 교회 식으로 하는 것이 많습니다. 물론 대형 교회도 많습니다. 소형 교회가 많은 이유는 큰 교회들이 지교회를 30~40개 돌보기 때문입니다. 이런 교회 체제가 상당히 좋은 점도 있고 나쁜 점도 있습니다. 모교회 목사님이라든가 사역들이 지교회의 교회를 방문하고 영적으로 양육하고 책임지는 일들이 장점입니다. 하지만 지교회들의 헌금은 모두 모교회로 전달되고, 모교회가 지교회 목회자들의 사례를 지급하는 구조입니다. 지교회들이 모교회에 예속되어 있습니다.

최근에는 작은 교회들의 교인 수가 크게 늘어나서, 교회당을 지을 때 모교회가 예배당을 지어 주어야 한다고 요구하는 경우가 많아지고 있습니다. 모교회와 지교회의 임원들 사이에 상당한 어려움을 겪고 있습니다. 또 네팔 교회의 목회자들 중에 신학 교육을 받은 사람이 굉장히 적습니다. 신학 공부를 1개월, 3개월, 1년 이하로 한 사람들이 대부분입니다. 이런 사람들은 성경 내용을 잘 알지도 못하면서도 설교를 합니다.

네팔의 교회가 든든히 서기 위해서는 지교회의 많은 목회자들이 제대로 된 신학 교육을 받아야 합니다. 인도 선교사와 한국 선교사들이 신학교가 많은데 전체적으로 60개 정도가 있습니다. 하지만, 신학교들이 교육 체제를 제대로 갖추고 올바로 잘 이루어지는 것이 네팔 교회의 과제라고 생각합니다.

네팔 교회의 장점은 예배가 엄청나게 뜨겁다는 것입니다. 보통 네팔 예배를 참석하면 3시간 4시간 동안 손 들고 기도하며 춤추고 찬송하면서 말씀 듣고 고백하는데, 그렇게 4시간 같이 예배를 드리면 완전히 지칩니다. 그만큼 예배가 살아 있습니다. 예배를 통해서 이들이 마음으로나 영적으로는 살아 있습니다. 하지만 성경 말씀이 부족하기 때문에 이것을 오래 유지하기가 상당히 어렵습니다.

조범연 저는 이제 2006년에 인도에 도착해서 지금까지 UBS신학교에서 교수 사역을 하고 있는 중이고, 지금도 온라인으로 계속 수업을 하고 있는 중입니다. 저는 한국에서 목회를 잘 하고 싶었는데 인도에 가서 사역을 하게 됐습니다. 제가 UBS에서 우리 신학생들하고 같이 논문을 쓰면서 봤던 것을 크게 세 가지 정도로 추려 볼 수 있겠습니다.

첫째로 인도 교회 내에서의 인도 기독교인들이 생각하는 것은 노미널 크리스천과 리얼 크리스천의 구분입니다. 진짜 예수를 믿고 있는 건지 그렇지 않으면 그냥 문화적으로 그냥 교회에 확신 없이 오고 가고 있는지. 그러니까 리얼 크리스천과 노미널 크리스천의 구분이 현재 지금 인도 교회 내에서 이슈가 되고 있는 것 같고요.

두번째 문제는 인도의 신학생들과 인도의 목회자들은 선교적 교회론이라고 하는 것과 제도적 교회론이라고 하는 것에서 약간 갈등을 느끼고 있는 부분입니다. 교회의 존재 목적 자체가 선교를 위한 것이어야 됨에도 불구하고 교회는 그냥 유지만을 위한, 목회자들 월급을 주고 매 주일날 팔로우십을 위한 단체로 전락해 버리게 되는 것에 대한 갈등이 현재 인도 교회 내에는 있습니다.

셋째로 제가 봤던 것은 대체적으로 인도에서 성장하고 있는 교회들은 오순절 계열의 교회들이라는 것입니다. 제도권 교회, 즉 CNI, CSI 또는 마토마처치도 별로 성장을 안 합니다. 주로 성장하는 교회들의 데이터를 뽑아 보면 오순절 계열의 교회들이 성장을 주도하고 있는 것이 사실입니다. 이 세 가지가 인도 신학생들과 인도 목회자들의 고민입니다.

그래서 실은 제가 목회자 훈련에 굉장히 관심이 많습니다. 그래서 뿌네, 나갈랜드, 깨랄라, 차티스가르, 그리고 네팔에도 제가 한두 번 다녀온 경험이 있습니다. 제가 목회자들을 만나고 목회자 세미나를 하면서 첫째로 느낀 것은 이겁니다. 제 말이 너무 교만스럽게 들리지 않았으면 좋겠는데요. 이들의 퀄리티가 너무 떨어집니다. 무슨 말이냐면 제가 인도 목회자 세미나를 할 때 꼭 물어보는 말이 있습니다. 거의 천 명이 넘는 목회자들을 만났는데, 이들 중에서 성경을 창세기로부터 요한계시록까지 10번 이상 읽은 사람은 아주 손에 꼽히는 것 같고요. 대다수의 목회자들은 한 번 내지 두 번 읽었다고 합니다. 이것이 제가 경험한 목회자 훈련의 상황이었습니다. 이것이 진짜 문제이고, 어떻게 하면 인도의 목회자들의 퀄리티를 높일 수 있을 것인가 하는 것이 제 고민 사항입니다.

둘째로는 외국인 선교사가 가능한 한 현지 목회자들하고 결부를 좀 안 했으면 좋겠습니다. 왜냐하면 잘 아시다시피 외국인만 달라붙으면 경제적인 도움을 요청을 하고 있습니다. 물질적인 도움을 어떻게 하면 많이 받아볼 수 있을까 하는 것이 현지인들의 욕심이지 않습니까? 이것을 잘 슬기롭게 잘라 낼 수 있는 것도 우리에게 굉장히 중요한 것 같습니다.

셋째로는 약간 토착화된 인도인이나 네팔인들의 상황에 맞추어진 오순절이나 은사주의 운동이 좀 이루어졌으면 좋겠다는 것이 제 개인적인 바램입니다. 그리고 목회자 재훈련 혹은 목회자 갱신 코스라고 하는 게 있지 않습니까? 이것을 얼마만큼 효과적으로 잘 진행할 수 있느냐에 따라서 인도 교회의 미래가 결정이 되지 않겠나 하는 저의 생각을 말씀을 드립니다.

김한성 세 번째 질문입니다. 인도와 네팔에서 귀감이 되는 한인 선교사님을 간략하게 소개해 주시겠습니까?

공갈렙 간단하게 두 분을 소개하겠습니다. 두 분 다 여성 선교사님입니다. 박민순 선교사님이라고 예수전도단 소속으로 히말라야 히마찰 프라데시 마날리에서 오래 사역하셨습니다. 싱글로 오셨다가 나중에 네팔 분하고 결혼하셔서 자녀는 이미 다 컸습니다. 상당히 오랫동안 사역을 하시면서 이름 없이 빛도 없이 히말라야 산골짜기에서 네팔인과 티벳인과 인도인들을 위해서 사역하셨고 계속해서 영향을 끼치셨습니다.

예수전도단에서는, 특히 부산 지역 예수전도단에서는 존경을 많이 받고 있고, 저도 총각 때 그분 사역지에서 일주일 동안 묵으면서 그분과 함께 교제하고 멘토로서 생각을 한 적이 있었거든요. 현지인과 결혼해 현지에 살면서 잘 정착했는데, 이것의 영향 때문인지 와이엠 출신 중에 싱글로 오셨던 분들이 현지인과 결혼을 많이 하셨어요.

그리고 또 한 분의 여성 선교사님은 최근 25년간의 인도 사역을 마치신 조금옥 선교사님입니다. 이분은 지금도 싱글이신데 델리 외곽에서 에 이즈 환자 여성과 자녀들 그리고 현지 빈민가의 교회들을 위해서 사역을 하셨어요. 많은 분한테 귀감이 되고 북인도와 델리를 중심으로 한 싱글 선교사님들에게도 굉장히 좋은 어떤 그런 멘토 역할들을 계속 하셨던 분이라서 소개하고 싶습니다.

곽이범 저는 바라나시에 있는 조성순 국제 예수전도단 선생님을 추천하고 싶습니다. 이분도 아직까지 싱글이시고, 1992년에 서울의 감신대를 졸업을 했습니다. 국제 예술인으로 훈련을 받고 지역에서 사역하시다가 2000년대 이후에 계속 바르나시 쪽에서 사역하고 계십니다.

제자 훈련 학교를 개설해서 운영하다가 지금은 현지 분들에게 다 이양을 하고 뒤에서 지원을 하고 있습니다. 교회 개척을 할 때에 자기 이름을 드러내지 않아서 모르시는 분들도 참 많습니다. 그렇기 때문에 더 귀감이 되는 것 같습니다.

이윤식 저는 20년 전에 은퇴하신 우리 GMS 선배 선교사님에 대해 나누고 싶습니다. 지금 성함도 잘 생각이 안 납니다. 최 선교사님이신 것 같습니다. 이 분이 GMS 선교사들에게 남기신 한 마디가 있는데, 굉장히 귀감이 되지 않을까 생각이 됩니다.

그분이 하신 말씀이 뭐냐면 "인도 사역자들을 열 번 돕고 싶을 때 딱 한 번만 도와줘라." 이런 말씀을 하셨는데요. 그분은 그 말씀을 오랫동안, 수십 년 동안 인도와 네팔에서 사역하신 사역의 결과로 단순하게 말씀하신 것인데 우리 선교사들이 가져야 할 사역의 귀감이 되지 않는가 생각을 합니다.

인도 사역자들을 세울 때 경제적으로 도울 생각을 하지 말고 현지 사역자들을 잘 훈련해서 현지 리더십을 세우라는 그런 말씀이셨습니다. 현지 리더들을 잘 훈련하고 그들이 스스로 사역할 수 있도록 돕는 모습을 많이 보여 주셨습니다. 이것이 우리 한국 선교사들에게 귀감이 되지 않을까 해서 말씀을 드립니다.

김바울 저는 이주훈 선교사님을 소개드리고 싶어요. 이분은 아주 오래 전부터 교제하고 알고 있습니다. 한 4년 전에 신입 선교사 세미나에 저희가 이분을 강사로 초청했을 때, 깊이 교제한 적이 있는데 이분이 이런 고백을 하셨어요. 자신은 한 가정, 한 형제를 26년 동안 매주 성경공부를 했다구요. 그때 그 말을 들으면서 참한 영혼을 끝까지 그렇게 붙잡고 말씀으로 세우려고 노력하는 부분들이 굉장히 귀했습니다. 특별히 평신도 선교사로서 인도 사회와 인도 한인 사회 내에서도 좋은 귀감이 되셨어요. 아주 정말 좋은 탁월한 모습으로 현지인들을 세워 가고 사역하셨던 분이라는 걸 소개하고 싶습니다.

김한성 네 번째 질문입니다. 한국 선교사가 어떤 점에서 인도 교회, 인도 사회, 네팔 교회, 네팔 사회에 기여했다고 생각하십니까?

임한중 제가 한국 교회 인도 선교 40년 역사를 정리를 하면서, 우리 선교사님들이 그동안 남기신 기록들과 정리해 놓은 문건들을 쭉 읽어 보면서 참 많은 것들을 느끼게 됐습니다. 그 가운데에서도 한국 선교사님들이 인도의 사역자들 또 인도 교회에 어떤 영적인 또 어떤 삶에 있어서 그런 영향력들을 주었는가 하는 것들을 많이 보게 됐는데요.

지난 40년 동안 우리 한인 선교사들이 인도 교회에 준 가장 큰 영향력은 무엇보다도 그리스도와 복음을 향한 그런 헌신, 또 신앙의 열정을 가지고 인도 교회 지도자들과 목회자들의 영적인 각성을 이끌었다고 하는 점을 들 수가 있겠습니다. 제가 만난 인도 목사님들 가운데 거의 대부분 한국 교회의 새벽기도에 대해서 물어보더라고요. 그리고 우리 한국 교회에서 기도할 때 두 손 들고 막 "주여 주여" 하는 '주여 삼창 기도'를 사람들이 기억하고 따라서 하는 그런 모습들을 보았습니다. EFI 연례 총회에 제가 갔었는데, 거기에서 만난 주요 인도 목회자들 또 선교단체 지도자들이 그런 말씀들을 저에게 하시더라고요.

우리 한인 선교사들은 기존의 서구 출신 선교사들과 다릅니다. 아주 척박한 환경과 위험한 상황, 이런 것을 두려워하지 않고 아주 산골짜기 깊은 곳 또 위험한 곳까지 들어가셔서 담대하게 복음을 위해서 도전하였습니다. 또 그런 것들을 인도 교회 목회자들에게 보여 줌으로써 인도 교회 지도자들이 기존에 가지고 있던 선교사들에 대한 고정 관념을 깨뜨리고 선교적 사명감을 되살릴 수 있는 그런 큰 도전을 주었다는 점입니다.

또 한 가지는 20세기 중반에 서구 교회가 인도에서 철수한 다음부터 인도 교회 지도자들은 인도 교회의 자치 역량을 강화시키는 데에만 집중하고 있었습니다. 교회의 선교적 사명이라든가 교회가 사회적 책임 등의 부분에서 굉장히 소홀했었습니다. 남인도는 물론이고 북인도의 여러 현지 교회들이 우리 한인 선교사님들을 통해서 영적인 도전들과 선교적인 각성을 받았습니다. 이런 점에서 한국 교회가 굉장히 큰 영향력을 미쳤다고 말하고 싶고요.

특별히 2000년대에 들어서 인도 선교협의회와 한인 선교사협의회가 여러 가지 선교적인 협력도 하고 또 분과별로 모임도 가지며, 서로 많은 것들을 나누고 또 서로 도전하는 그런 시간들을 가졌는데요. 이것을 통해서 인도 선교 즉 인도 전체의 복음화를 위한 역량의 극대화를 이룰 수 있었다는 점도 굉장히 큰 의미가 있습니다. 이런 측면에서 주류 교회는 물론이고 비주류 인도의 여러 독립 교회들 오순절 교회들 또 선교단체들에 우리 한국 선교사들이 굉장히 큰 영향을 주고 또 지지대 역할을 해 주었다는 점을 말하고 싶습니다.

간단히 한 가지만 더 덧붙이자면 이제 사회적으로 고용 창출도 빼놓을 수가 없죠. 한국 선교사님들이 현지 사역자를 많이 고용하지 않습니까? 고용 창출이라고 하는 사회적인 측면도 우리가 언급할 수 있는 한 가지 효과였지 않았을까 생각합니다.

김한성 다섯 번째 질문으로, 힌두권 선교 환경의 전망과 함께 힌두권에서 필요한 사역에 대해 생각을 나누어주시겠어요?

이윤식 코로나 사태로 인해서 우리가 위기의 시대를 맞이했습니다. 우리 한국 선교사들이 앞으로 나아가야 할 어떤 삶의 방향이라면 우리가 어떻게든지 현지 리더십을 세우고 그들에게 리더십을 이양하며 또 그들이 자립적으로 선교를 이어 나갈 수 있도록 하는 방향으로 가야 되지 않겠나 싶습니다. 현지 선교사들과의 관계에 있어서 형식적으로는 고용 창출이 되지만, 심적으로는 동역자의 관계를 세워 나가며 현지의 리더십을 세우고, 그들이 리더십을 가지고 자립적으로 사역을 이어 나갈 수 있도록 하는 것이 우리가 빨리 정착해야 할 방향이 아닌가 이런 생각을 갖게 됩니다.

두 번째로 저는 제자 훈련의 단위로서 가정의 중요성을 말씀드리고 싶은데요. 오순절 교회가 성장을 많이 하고 있는데 이 중에서 특징을 본다면 가정 교회 형태 같은 이러한 교회가 많이 세워지는 것입니다. 가정을 중심으로 가정 단위로 제자 훈련도 이루어질 수 있도록 하는 방향을 가져야 되지 않을까 하는 생각을 가지게 됩니다. 우리는 개인주의적인 사고가 많이 발달했지만, 인도에서 제자 훈련의 단위로서 가정이 공헌을 하고 있습니다. 그렇기 때문에 가정에서 제자 훈련을 하고, 가정에서 하나의 교회가 만들어지고, 집안의 가장이 어떤 제사장의 역할을 할 수 있도록 하는 것이지요. 그래서 가정이 요즘 같은 위기의 시대에 하나의 교회 역할을 하는 것을 지향해야 하지 않을까 싶습니다.

세 번째로 저는 문화의 중요성에 대해서 말씀드리고 싶은데요. 제가 지금 텍사스의 사우스웨스턴신학교에서 목회학 박사 과정을 하면서 교회 개척에서 문화적 민감성의 중요성에 대해서 논문을 쓰고 있습니다. 인도 사회가 굉장히 다문화적인 사회인데, 다양한 카스트가 있고 낮은 카스트가 다른 카스트에게 복음을 전하기 참 어렵다고 생각합니다. 상층 카스트가 하층 카스트에게 복음을 전하는 것도 쉽지 않은 것을 발견할 수 있습니다. 제가 박사 논문 리서치를 하면서 불가촉천민이 어느 동네에 신전을 세웠는데, 브라만들이 그 신전에 와서 제사를 지내는 것을 발견했습니다. 전통적으로 브라만이 제사장이 되어야 되는데 불가촉천민이 제사에 대한 교육을 받고 노래도 잘 하니까 제사장의 역할을 하는 일들도 벌어졌습니다. 인도 사회에서 다양한 문화 그리고 사회적인 변형 속에서 생각하지 못했던 변화들을 이제 볼 수 있습니다. 그렇기 때문에 우리가 문화적 민감성을 가져야 인도 교회와 인도 사회의 미래 변화를 이해하고, 선교적인 역량으로 이제 승화시킬 수 있지 않을까 이런 생각을 하게 됩니다.

공갈렙 사실 지금까지 말씀하신 것들 중에서 제가 기대하고 또한 전망해 볼 만한 내용들까지도 중첩되어서 나온 부분들이 있는 것 같습니다. 저는 좀 더 정리해서 말씀을 드리고 싶습니다. 동의하시는 부분과 또 그렇지 않은 부분도 있을 수 있지만, 일단 이제 너무 지역적인 거 말고 좀 더 포괄적인 부분에서 강조되어야 할 부분에 대해서 제가 말씀을 좀 드리도록 하겠습니다.

첫 번째, 환경적인 부분에서 보았을 때, 지금도 그렇지만 앞으로 얼마 기간 동안은 선교나 기독교가 성장하는 데 불이익이 될 만한 척박한 환경으로 갈 가능성이 많다는 것인데요. 이것은 거의 동의하시는 부분일 것 같습니다. 이런 환경 속에서 지금 현재 필요한 앞으로 향후 20년 동안 필요한 것이 무엇인가? 첫 번째는 저는 이제 인도인 전문인 선교사들 그리고 인도인 성도들 중에 선교적인 성도들이 나와야 한다고 생각을 합니다. 이런 사람들이 많이 나와야지 건강한 인도 교회가 성장할 수 있고, 그런 건강한 인도 교회가 성장했을 때 선교적 교회로서 선교 주체로서의 인도 교회가 세워질 수 있다.

두 번째, 삶이 선교인 교회를 만들기 위해서 목회자를 교육하고 성도를 교육하는 그런 일들이 있어야 된다는 것입니다. 그냥 신학적인 지식이나 성경적인 지식을 가르쳐 주는 데는 한계가 있고, 이 사람들은 본래 힌두적인 배경에서 삶에서 뭔가 경험되어지고 찌릿찌릿하게 뭔가 자기가 신과 교감하는 그런 어떤 삶에 대해서 익숙하지 않습니까. 그래서 사실 오순절적인 영성과 비슷하게 연결되는 부분이 있다고 보고요. 삶 속에서 자신이 경험하는 하나님의 능력, 예수 그리스도의 사랑을 통해서 제자로서 헌신하게 되는 일들이 계속 일어나야 하고, 목회자들뿐만 아니라 일반 성도도 동일하게 훈련이 되어야 합니다. 그랬을 때 교회가 더 건강해질 수 있겠다. 그걸 위해서 우리가 좀 집중을 해야 될 필요가 있지 않을까 싶습니다. 이것의 전제는 우리가 이런 경험들을 계속 하지 않으면 전수해 줄 게 없습니다. 물론 지식적으로는 우리가 더 많이 알고 있는 부분들이 있지만, 그들에게 보여지는 우리의 모습이 본받을 만한 사람인가 했을 때 사실은 다르게 보일 수도 있거든요. 그런 부분에 있어서 우리에게도 또 동일한 숙제가 주어진 것 같고요.

세 번째, 디아스포라 인도인에 대해서도 우리가 관심을 가질 필요가 분명히 있다는 것입니다. 이미 인도를 떠나 있는 해외 거주 인도인들이 3천만 명이 넘는데, 이들이 서구 국가에도 많이 있고 주변 국가 걸프 전 세계적으로 많이 흩어져 있지 않습니까? 화교 다음으로 인도인 디아스포라가 많이 있는데 이들 중에서도 복음으로 변화된 사람들 중에 정말 본국으로 돌아와서 사역을 하거나 아니면 그 나라에서 또 복음의 사역자로서 영향을 미친 많은 사람도 있지 않습니까? 우리가 알고 있는 대표적인 분 중에 작년에 소천하신 라비 스가랴가 있고, 박싱 같은 분은 박싱

처치로 많이 알려지지 않았습니까? 그 교회를 세우신 그분은 캐나다 토론토와 위니펙에 유학 왔다가 예수님 믿고 다시 돌아와서 헌신한 그런 케이스지 않습니까?

그 외에도 인도인 지도자들 중에 우리가 존경할 만한 분이 많이 있는데, 이런 사람들을 우리가 어떻게 엮어 내고 그들을 도울 수 있는가? 미주에 있는 한인 교회뿐만 아니라 우리가 같이 동력할 수 있는 부분은 무엇이 있을까, 이것도 같이 고민할 필요가 있고요.

네 번째, 저는 인도인 중산층과 지식인들에게 관심을 더 가질 필요가 있다는 걸 말씀드립니다. 우리는 빈민들에게 다가가서 하는 일들이 많이 있는데 앞으로도 그 필요성은 계속 될 것이지만 교육받은 중산층에 대한 어떤 필요는 더 강화될 것이라는 생각이 듭니다. 선교사들이 그들에게 적합하게 준비되어서 다가갈 때, 그들은 잊혀진 영역의 사람들이 아니라 우리가 다가가서 영향력을 끼칠 수 있는 사람들입니다. 이를 위해서는 인티그리티(integrity)가 되게 중요합니다. 우리 인도인들 보면 스크리닝(screening) 참 잘하는 사람들입니다. 우리를 딱 보고 스크린(screen)을 해서 아니다 싶으면 관계를 안 하지요. 그런 사람들에게 우리가 인티그리티를 보여 줬을 때 아주 깊이 있는 관계까지 갈 수 있는 그런 부분도 있습니다.

마지막으로 향후 가능성 측면으로서, 인도가 종교 갈등이 많고 핍박과 박해가 많은 나라이기 때문에, 인도 교회가 갈등을 화해시키는 사역을 할 수 있으면 좋겠다. 그것이 단초가 되어서 내가 믿고 있는 예수는 너희들의 신들과 다르다고 얘기할 수 있으면 좋겠습니다. 예를 들면 화해의 아이 등 구속적 유비를 만들 수 있지 않을까 생각합니다.

조범연 미래의 전망과 관련해서 제가 굉장히 좋아하는 데이비드 보쉬(David Jacobus Bosch, 1929~1992)의 말을 인용하고 싶습니다. 'Universal Brotherhood!' "미래 선교는 Universal Brotherhood가 되어야 될 것이다." 라는 그 말을 제가 개인적으로 굉장히 좋아합니다. 앞으로 인도의 미래 선교도 결국은 Universal Brotherhood를 세워 나가는 그 과정이 되어 가야 될 것으로 정리하고 싶습니다.

두 번째로 그와 같은 맥락에서 '모델링 선교'를 말하고 싶습니다. 아까 다 말씀을 잘해 주셨지만 모델링 선교와 Universal Brotherhood라고 하는 두 가지가 미래 선교가 되어야 하지 않을까 싶습니다. 저는 따로 이제 구분해서 나왔는데 전망에 대해서만 잠깐 얘기를 나눴습니다.

전망 부분은 일반적인 것이니까 아마 많은 분들이 공통적으로 이해를 하실 것이라고 믿어지는데 죄송합니다.

조동욱 크게 두 가지 측면에서 미래를 전망해 볼 수 있습니다. 먼저는 선교지의 일반 생활 환경 곧 경제적 발전이나 사회적인 인프라 환경이 많이 좋아질 것이다. 쉽게 말하면 외형적인 선교지 환경의 변화를 예측해 볼 수 있고요. 외형적인 경제 사회 거주 환경의 발전은 결국 선교에 관여하는 사람들이 누구냐에 따라서 다른 영향을 볼 수 있습니다. 특별히 선교사들의 경우는 예전에 우리가 경험해 보지 못한 것으로 인프라가 좋아지는 것입니다. 예를 들어, 네팔로 오니까 도로 교통 수도 전기 등 아주 기본적인 것들이 앞으로 더 좋아질 것 같아요. 좋아진다는 얘기는 선교사들의 정착 환경이 더 좋아진다는 얘기가 될 수 있습니다. 동시에 멀리 떨어져 있는 오지에 들어가지 못하는 영역들이 더 넓어지기 때문에 이제는 깊이도 들어갈 수 있는 환경이 올 수 있다고 봅니다. 그런 점에서 외적인 환경은 좋은 걸로 이제 긍정적으로 볼 수 있겠죠.

그러나 우리의 환경이 선교사들의 선교 활동 배경이 더 좋아질수록 우리를 관리하고 있는 해당 정부 인도나 네팔 정부는 더 긴장할 것 같다는 이런 생각을 가지게 됩니다. 우리가 잘 아는 것처럼 인도나 네팔의 경우는 경제적인 대외 의존도가 높고, 그러다 보니까 경제적인 외부에 많을수록 그와 함께 따라 들어오는 것들이 구호 관계에서 앞장서고 있는 기독교적인 어떤 사상과 영향들이 많이 들어올 수 있다고 봅니다. 그러다 보니까 인도나 네팔의 경우는 자국 국가 정체성의 훼손을 당한다고 이렇게 볼 수 있겠지요. 아마 여기에 대한 반기독교적인 정책이나 이제 선교사들에 대한 비자 통제나 이런 부분이 부정적으로 올 수도 있지 않겠나 라는 생각을 보게 됩니다.

김한성 신임 선교사들에게 당부나 제안하고 싶은 말씀이 있으세요?

조범연 공부 열심히 해라, 그 말씀을 꼭 드리고 싶습니다.

임한중 사실은 많은 분들이 하실 말씀들이 있으실 것 같은데요. 저는 특별히 두 가지만 좀 조언을 드리고 싶습니다. 다른 지역도 마찬가지겠지만 특히 힌두권의 경우에는 힌두 종교 또 힌두 문화 그리고 사회 체계와 구조 이런 것에 대해서 훨씬 더 깊은 이해가 필요하다는 생각이 듭니다.

그래서 단순히 외부에서 바라보는 어떤 비교종교학적인 그런 차원의 이해를 넘어서서 그들 스스로는 자신들의 종교와 문화에 대해서 어떻게 생각하는가? 자신들의 사회에 대해서 어떻게 이해하고 있는가? 내부자적인 그런 시선으로 좀 다가가고 또 복음의 접촉점을 그 가운데서 찾아내려고 하는 그런 노력들이 우리 선교사들에게 필요하다고 생각되고요.

이 부분에 대한 노력은 선교를 준비하는 단계에서부터 시작이 되어야 하고, 현지에 정착해서 실제 사역을 시작하기 전까지 자기 사역의 방향성과 원칙을 정하는 데 있어서 아주 깊이 고려해야 할 그런 문제라고 생각이 듭니다. 감사하게 최근 들어서 인도 사회와 종교 또 우리가 함께 사역하게 될 인도 교회를 이해하는 데 필요한 여러 가지 책들과 자료들이 많이 출판되어 있습니다. 그런 것들을 좀 잘 활용하시면 좋겠다 하는 생각이 들고요.

두 번째로는 가급적 혼자 사역하려고 하지 말고 현지 교단과 선교단체들과 연합한 선교사님들과 서로 연합하는 선교를 좀 했으면 좋겠다는 생각이 듭니다. 선교사가 혼자 새로운 필드를 개척하는 선교도 할 수 있습니다. 하지만 오늘날 인도 선교에서 신임 선교사가 그런 새로운 필드에 갑자기 뛰어들어 가지고 할 수 있는 일은 사실 별로 없다고 봅니다. 그리고 효율성도 떨어지고요.

따라서 현지 교회나 선교단체와 연합하고 협력하는 태도가 중요한데요. 현지 교회나 지도자들 현직 교회 지도자들과의 그런 관계에 있어서 우리 선교사들이 조금 더 겸손해졌으면 좋겠다 하는 생각을 해봅니다. 그분들을 존중하고 또 그분들 리더십을 인정해 주고 또 그분들과 사역에 있어서 그분들이 사역을 이끌어 갈 수 있도록 주도권을 좀 내어 주고 협력하는 관계에 서는 것이 참 필요하다라는 생각이 들고요. 우리의 목표라고 하는 것은 더 이상 선교사가 필요 없는 인도 교회를 세우는 것이죠.

그런 측면에서 현지 교회 리더십들과 연합하기 위해서 우리 선교사들이 먼저 스스로의 성품 또 신앙 인격 또 전문가적인 자질 같은 것들을 잘 갖추고 준비할 필요가 있다. 선교지에 가기 전부터 이런 부분에 대한 세밀한 자기 점검 또 준비가 필요하다는 생각이 듭니다.

김바울 신임 선교사님들에게 하고 싶은 말은, 일단 와서 무엇보다도 현장 적응 잘하고 언어에 충실하라고 간절히 부탁드리고 싶고요. 또 하나는 이제 현장의 사람들과 깊이 있게 관계하지 않으면 사역이 참 어렵다고 생각합니다. 나중에 15년, 20년 이후에는 방금 여러분들이 말씀하셨던 것들을 해야 되겠지만, 처음에 와서 할 수 있는 입장이 안 되니까 현장에 잘 적응하고 사역에 집중하라고 말하고 싶어요.

또 하나, 신임 선교사들에게 말씀드리고 싶은 것도 있고 또 지금 현재 현장에서 있는 계신 분들에게도 좀 말씀드리고 싶은 것이 있는데요. 많은 분들에게 어렵고 힘들다는 얘기만 너무 많이 들었던 것 같아요. 정말 너무 많이 들었어요. 비자 어렵다! 비자, 전혀 어렵지 않는데 어렵다 하며 다니고 있어요. 제가 그런 부분들을 보면서 참 마음이 많이 아픕니다.

인도 선교사들이 한국이나 미국에서 인도 선교가 어렵다고 말하니까, 동원이 더 안 되는 것이 아닌가 싶어요. 하나님 앞에서 기도하면서 방법들을 찾아가면 얼마든지 방법들이 있으니까, 그래서 신임 선교사들이 더 많이 들어올 수 있도록 그렇게 좀 이끌어 주시고 인도하면 좋겠다는 생각을 합니다.

조동욱 간단히 말씀 나누죠. 복잡한 시대를 만났기 때문에 선교사들은 다양한 재능이 선교의 기본 활동을 위한 기본 조건으로 필요합니다. 또한 선교의 효율성을 위해서는 반드시 선교사 개인의 선교 영역 선교 담당 영역에 대한 전문성을 높일 필요가 있고요. 예를 들어 힌두교면 힌두교에 대한 전문성, 네팔이나 인도의 지역적인 전문성을 높일 필요가 있다는 것이죠.

선교적인 재능과 선교적인 전문성도 결국에는 힘이 있어야 하는데, 영적인 능력 즉 선교사 개인의 예수 그리스도의 피의 능력과 성령의 능력, 부활의 권능을 자기 내면화하는 경험이 없으면, 이론적인 선교는 가능하나 힘 있는 순교는 기대하기 어렵다고 봅니다.

조범연 하나님 감사드립니다. 오늘 우리가 인도와 네팔 선교의 여러 가지들을 함께 토론했고 또 머리를 같이 맞대었습니다. 주님 저희들의 모든 일들이 하나님께는 영광이 될 수 있도록 하시고 또 우리의 후배들에게는 큰 도움이 될 수 있는 좋은 만남 그리고 좋은 책이 출간될 수 있도록 하여 주시옵소서. 사역하시는 모든 분들에게 하나님께서 놀라운 은혜와 위로를 더해 주시기를 간절히 바라옵고 예수님의 이름으로 기도드립니다. 아멘.

제10장
힌두권 선교, 다음 시대의 과제

21세기 국제화 시대를 맞아 국제적 협력 관계를 누리고 있었던 사회에 갑작스럽게 닥쳐온 COVID-19의 충격은 13억 이상의 인구를 지닌 힌두권에도 큰 충격으로 와 닿았다. 통제 불능의 사망자, 경제적 급락, 무엇이 옳은 것인지 알 수 없는 가치 혼돈 등 갑작스러운 사회 변화는 미래를 예측할 수 없는 불투명한 상황으로 몰아 넣고 있다. 이처럼 혼돈스러운 상황 가운데 한국 교회는 힌두권 선교 40주년을 맞이했다.[125]

힌두권 선교 40주년은 한국 교회가 힌두권 선교의 개척 시대를 돌아 힌두권 선교의 확장 시대로 돌입하였음을 의미한다. 이는 힌두권 선교 1세대에서 2세대로의 전환점이라고 볼 수 있다. 힌두권 선교에 대한 바른 전망과 적절한 전략 대비는 한국 교회가 이 위기를 지혜롭게 극복하여 계속 전진할 것인지 위축당하여 주저 앉을 것인지를 가름하는 중요한 필요 과업 중의 하나가 될 것이다. 한국 교회의 힌두권 선교에 대한 바른 전망은 이전에 실행한 한국 교회 힌두권 선교에 대한 정확한 평가 그리고 선교 현장의 미래 상황에 대한 바른 예측이라는 두 요소를 잘 연결할 때에 건강한 선교 전망이 가능하다고 본다. 나는 한국 기독교 선교의 미래를 위한 대비에 관하여 아래의 세 가지 방향으로 서술하고자 한다. 먼저 한국 기독교회가 선교 대상으로 삼은 힌두권과 힌두들을 어떻게 이해해 왔는지를 살펴볼 것이다. 즉 우리의 선교 대상이 누구이며 그들을 얼마나 잘 이해하고 선교했는지를 질문한다. 둘째로 한국 교회의 힌두권 선교 결과에 대한 평가이다. 셋째로 미래의 힌두교 선교 상황 전망에 따른 선교 원리를 제시하고자 한다.

한국 기독교는 힌두권을 어떻게 이해해 왔는가?

힌두권 선교의 미래적 전망에 객관성을 확보하려면 한국 교회가 힌두권 자체를 어떤 관점으로 보아 왔는지를 살펴야 한다. 먼저 힌두권이라는 용어와 개념에 관한 것이다. 한인 선교사들은 힌두권 선교와 인도 선교를 구분하고 있는가? 한국 선교는 대부분 인도 선교 또는 네팔 선교 등 국가 또는 지리적 경계로 선교를 규정하는 경향이 있다. 나는 힌두권 선교는 지역적 개념보다는 힌두교라는 종교와 그 문화 영향력 아래 있는 국가 종족 그리고 문화권에 속한 이들 모두를 선교 대상으로 보는 것에 동의한다. 선교지의 종교나 문화 특성에 대한 고려 없이 지리 중심적으로 선교할 경우 선교 신학적인 면에서 선교의 내용 또는 선교의 목적성이 결여될 수 있기 때문이다.

이런 관점에 볼 때 힌두권 선교의 대상은 힌두 종교와 힌두 문화의 영향력 아래 있는 인도 또는 네팔 외에 방글라데시, 파키스탄, 스리랑카, 그리고 힌두 디아스포라(Hindu Diaspora) 즉 말레이지아, 싱가폴, 인도네시아, 미국과 영국, 그리고 미얀마와 태국 등이 포함되어야 할 것이다. 힌두권 선교 범위를 넓게 보아야 할 이유는 다가올 시대의 선교는 지역주의를 탈피하여 광역 선교가 요구될 것으로 보기 때문이다.

힌두권 선교 이해를 위해 고려할 또 다른 주제는 힌두교인들이 힌두교를 어떻게 이해하고 있는지를 살피는 것이다. 힌두들은 힌두교 학파 또는 지역에 따라서 힌두교를 달리 이해하여 가르치고 종교 관습도 다르다.

먼저 힌두교의 가르침을 각자의 일상생활과 동일시 여기는 힌두들이다. 이들은 힌두교가 가르치는 내용과 일상을 결합한 상태 즉 종교와 일상을 동일체로 여긴다. 힌두교의 Vedas, Upanishads 및 Puranas와 같은 가르침 가운데 세계를 구성하는 세 가지 요소인 불(Agni)과 바람(Vayu) 및 물(Varuna)을 삶의 중요한 세 단계인 출생과 삶, 그리고 죽음이라는 일상의 과정과 연결하며 살아간다.[126]

이들을 향해 기독교 선교는 이들의 전통이나 습관을 악한 문화로 여기고 선교사가 도입한 외부 문화의 우월성을 강조하면서 현지 문화를 무시하거나 파괴하는 경우도 있었다.[127] 이러한 선교 방법은 외부 문화 우월성과 현지 문화의 저급성 사이의 대결이 나타나며, 이러한 접근은 복음이라는 선교의 핵심 요소가 문화라는 수단에 밀려날 위험성이 있다.

또 다른 부류는 힌두교를 순수 지식 또는 철학적 종교로 여기며 힌두교 경전의 이론 또는 철학을 신봉하는 이들이다. 이러한 부류는 기원 후 500~1200년 사이에 형성된 초기 및 중기-Vedanta 신학이 설립된 이후 근대 1757년부터 1947년 영국 식민지 시대를 맞이하기까지 실행되었던 힌두교 부류이다. 이들 가운데는 힌두교의 자체 개혁 운동과 신힌두교의 탄생을 주도한 이들도 있다(Maya Warrior. 2018.52). 이러한 순수 지식 또는 철학적 신앙에 대해 기독 선교는 기독교의 교리를 통해 힌두교의 비진리를 극복하고자 하는 진리 대 반진리라는 대결 구조의 선교 접근이 있었다고 본다.

힌두교인들의 또 다른 부류는 힌두 절대자를 내면화시키면서 현실 초월적 생활을 추구하는 이들이다. 이들은 모든 사물의 근본이자 절대자인 브라민(Brahmin)을 종교 행위 또는 지식을 통해 자신의 몸으로 체험하고자 하는 박티(Bhakti)들이다. 절대자와 합일 경험을 통해 개인은 완전한 자유를 누릴 수 있다고 보는 이들이다. 절대 존재의 내재화 또는 내면화 경험은 일상을 초월하는 것으로 본다. 종교 체험을 강조하는 이들은 실제 삶과 허구 또는 환상 사이의 구분이 모호해진다. 이들에 대한 기독교 접근은 무엇일까?

위에서 나타난 힌두교의 가르침과 기독교의 가르침 사이에는 공통적인 면과 이질적인 요소를 동시에 발견할 수 있다. 두 종교 모두 생산적인 뭔가를 추구한다는 점은 비슷하다. 그러나 기독교가 외적인 생산성 즉 이성적이며 결과적이며 계량적 결과를 추구할 때 힌두교는 내면적 생산 즉 내면적 자아 획득, 절대자와 합일이라는 무형의 생산을 기대한다(Richard Lannoy. 1971. 224-6). 기독교가 역사와 윤리 규범을 근거할 때 힌두교는 자기 중심과 초월을 강조한다. 선교 계획에는 이러한 동질성과 이질성에 대한 고려가 있어야 할 것이다.

한국 기독교 선교의 힌두권에 대한 바른 이해를 위해, 힌두교인들은 이전의 기독교에 어떻게 반응했는지를 살피는 것이 필요하다. 인도를 향한 개신교 선교 역사에 대해 인도인들은 소극적 수용, 자율적 수용. 그리고 보편적 수용 등 세 가지 태도를 나타내 보였다. 기독교의 인도 선교 첫 시기는 독일과 영국 등 유럽 선교사들에 의한 선교에서부터 인도의 식민지가 끝나는 기간으로 볼 수 있다. 1706년 지겐발크(Bartholomaeu Zeigenbalg)와 플라췌(Heinrich Pluetschau), 1793년 윌리엄 케리(William Carey)의 세람포르 사역(Serampora Mission), 그리고 1833년 동인도회사의 선교사들의 인도 입국 무제한 허용 과정을 거쳐 1947년 식민지 해방에 이르기까지 수많은 선교 활동이 있었다. 이 시기의 기독교는 선교사에 의해 주도 되었으며 힌두들은 기독교에 대하여 수동적 태도를 보였다.

힌두를 향한 기독교의 두 번째 시기는 인도 식민지 독립 이후 1990년 세계 경제 개방의 시기로 본다. 이 기간 힌두들은 인도가 정치적 독립을 획득한 것처럼 교회 지도력의 독립, 자국인에 의한 복음 전파와 선교 활동을 요구하며 능동적 반응을 보인 시기였다. 대표적으로 인도 내의 독립 교단 설립, 그리고 인도 내 타 문화권에 선교사를 보내는 자국인 선교(Native Mission) 운동을 들 수 있다.

세 번째 기독교 활동은 1991년 이후부터 현재에 이르는 시기로서 사회적 격동기로 볼 수 있다. 1991년 인도 정부가 사회주의 경제 구조에서 자본주의 경제 구조로 전환하면서 대외 개방 정책을 펼쳤으나 실패로 끝나자 힌두교 강성 정부 BJP 가 등장하였으며 네팔에서는 모택동주의자 중심의 시민 운동과 이로 인한 네팔 왕조의 몰락과 민주 정부의 출현이 있었다. 이 시기는 유럽 선교사가 떠난 선교 공백을 제3 세계권 선교사 – 한국 교회 포함 – 들이 이어 가면서 소수 종족들의 자기 정체성 운동과[128] 소수 종족 집단 개종과 교회 개척 등의 활발한 활동을 하였다. 이러한 기독교 활동에 대해 힌두들은 대중적 반응을 보였으며 기독교가 대중적으로 인식된 시기였다.

힌두교는 각 시대를 따라 기독교에 대하여 소극적 반응. 자율적 반응, 그리고 대중적 반응을 보여 주었다. 앞으로 힌두권에 대한 기독교는 그들의 마음 속 깊이에 복음이 뿌리내릴 수 있도록 만드는 방향 즉 심층적 반응을 일으키는 선교 계획과 실행이 있어야 할 것이다. 앞서 살펴본 힌두권 선교의 대상과 범위. 힌두교에 대한 힌두들의 자체적 이해와 반응 그리고 기독교에 대한 힌두들의 반응 등은 앞으로 한국 교회가 선교지 사람들의 눈 높이에 맞는 선교 또는 효율적 선교를 설계할 때 고려되어야 할 필요 요소가 될 것이다.

한국 교회의 힌두권 선교 40년 돌아보기

한국 교회가 힌두권 선교를 어떻게 접근했었는지 살펴보고 이를 비평적인 각도에서 평가하고자 한다. 비평적 자기 평가는 한국 교회가 이루어 놓은 이전의 사역에 대하여 명예로워하며 동시에 선교 현장을 존중하는 선교적 겸손함을 갖출 뿐만 아니라 선교 미래를 준비함에 있어 객관적인 선교 통찰력을 얻는 데 도움이 될 것이다. 지난 40년 동안 한국 교회의 힌두권 선교는 눈에 드러나는 많은 선교 결과를 낳았다.

그러나 눈에 보이는 선교 결과(the visible output of missions)는 보이지 않는 선교 영향력(the invisible impetus of missions)이라는 관점에서 평가되어야 할 것이다. 그 동안의 힌두권 선교 결과를 수치나 통계로 표하는 것은 본 주제에 적합치 않다고 본다. 그러나 끝을 알 수 없는 모호한 힌두교 사상과 혼돈스런 종교 관습 그리고 열악한 환경을 뚫고 일구어 낸 수 많은 개종자들, 마을과 도시마다 세워진 교회들, 지도자들 배출을 위한 일반 학교와 성경 학교와 신학 대학들, 그리고 이름없이 뿌려진 섬김과 헌신을 올린 한국 교회의 힌두권 선교 결과는 어두운 땅을 밝히는 등대처럼 역사 가운데 우뚝 서 있음은 부인할 수 없는 사실이다.

한인 선교의 힌두권 선교 결과의 몇 가지 선교적 특성을 긍정적인 면과 부정적 면에서 평가하고자 한다.

먼저, 한국 교회의 힌두권 선교에서 가장 크게 작용한 것은 한인 선교사들의 선교적 열정이라고 본다. 한인 선교사들의 선교 열정은 한국인들의 정감, 즉 가난하거나 어려워 보이는 사람이면 먼저 품어 주고 안아 주고 싶어하는 한국인 본성 위에 성령의 감동이 부딪혀서 민감하고 솔직하게 그리고 대담하게 응답하는 영적 민감성이 결합된 열정이다. 이러한 인적 정감과 영적 민감성의 결합은 합리성과 객관성을 강조하는 서양 선교사들이 흉내 낼 수 없는 한인 선교사들에게 허락된 '혈통적 선교 은사(The Ethnic gift of Korean to Mission)'라 할 수 있다. 이러한 인적 정감, 영적 민감성을 결합한 선교는 주로 가난한 사회 환경을 지닌 아시아 힌두권 선교에 크게 긍정적으로 작동하였다. 이 열정은 돌봄 사역, 고아원 사역, 호스텔 운영, 젊은이 세움, 사회 구호와 NGO 그리고 복음 전도, 교회 개척 등에서 탁월했다.

　두 번째, 한국 교회의 힌두권 선교는 성경 중심 또는 교리 중심적 사역을 통해 큰 영향을 거두었다. 한국 선교사들은 종종 서양 선교사들이 특성화 또는 전문화된 선교에 탁월한 데 비하여 일반적인 선교에 머문다는 지적을 받아 왔다. 그러나 선비 중시 사상에 근거한 한인 선교사들의 학교 사역 또는 지도자 양육 사역 또는 성경 학교나 신학 대학 사역 등 선교지 인력 배양에 많은 투자를 함으로써 기독교 인적 자원의 확보와 그들을 통한 지역 사회 변혁에 기독교 가치를 제공하는 일이 가능했다. 그러나 일반적인 교육 사역은 현지의 환영을 받았으나 힌두권의 다문화 다종교적 사회 환경을 고려하지 않은 채 교리 중심의 일방적 교육은 현지로부터 거부감을 일으키기도 했다. 성경과 교리 사역은 특히 범신론적 경향과 종교 혼합적인 종교 경향을 지닌 힌두권 선교에서 반드시 강조되어야 할 사역이다. 그러나 한국 교리의 선교지 수출, 현지 문화나 세계관을 고려치 않은 특정 교리의 강조, 세련되지 않은 교육 방법은 지양되어야 할 것이다.

　셋째로, 한인 선교사들의 사역 추진의 속도감과 현지인들을 사역에 활용하는 인력 장악 능력 즉 지도력이라 할 수 있다. 이 요소는 한인 선교의 장점이자 단점으로 작용하기도한다. 한국 선교의 급속한 선교 결과 이면에는 선교사들의 사역 성취 속도감 즉 추진력이다. 그리고 성취 경험이 부족한 선교지 현지 인력들의 잠재력을 살려 사역 동기를 부여하고 사역에 동참시키는 것은 탁월한 요소이다. 사역의 속도감과 추진력 뒤에는 부정적 요소가 따랐다. 독단적 선교 또는 지도력으로 인하여 다른 선교사나 선교 기관과의 협력 선교의 약화, 가시적 사역 결과로 인한 사역 내용의 부실, 선교사와 현지 인력 사이에 강압적 주종 관계 또는 상하 관계 그리고 현지 인력의 사유화(私有化)라는 선교 신학적인 맹점으로 남아 있다.

넷째로, 한국 교회의 힌두권 선교의 약점 중 하나는 선교 계획과 진행과 결과가 선교사, 파송 교회, 교단 또는 선교 기관 등 보내는 자들 중심의 선교였다. 힌두권 선교를 위해 현장의 선교 신학적 고려, 선교 현장에 대한 이해, 그리고 선교지의 필요에 대한 바른 이해 없이 현지인을 통한 선교가 아닌 선교사 중심의 선교였다. 쉽게 말하자면 선교사가 좋아서 하는 선교, 선교사를 파송한 교회가 좋아서 시작하고 마무리하는 일방적 선교가 많았다.

몇 가지 질문을 통해 한국 교회 선교의 일방적 태도를 확인할 수 있다. 높은 카스트는 왜 선교 진공 상태로 남아 있는가? 힌두교 가르침과 철학의 한계와 기독교의 유일성과 변혁적 초월 가치를 대비한 교범 제작과 이를 감당할 인력을 키웠는가? 현지 사역 우선 순위는 누가 결정했는가? 한국 교회 선교는 관계 중심적으로 움직이는 힌두권 문화를 무시한 '현지 몰이해'라는 선교 신학적인 맹점을 안고 있다. 앞서 선교했던 서방 선교사들은 일반적으로 선교 원칙, 선교지의 필요를 고려한 사역 목표를 정하고 사역의 진행 단계별 평가에 따라 선교 방법이나 규모의 수정, 현지인들을 배려한 선교를 시도했었다.[129]

다섯 째, 한국 교회의 힌두권 선교의 약점 중 하나는 선교 결과와 선교의 생산성이 지속적으로 유지되는 선교 영향력의 차이를 구분하지 못했다는 점, 즉 선교 평가를 무시한 점이라 할 수 있다. 한국 교회 선교는 물량적 수치적 그리고 감성에 의존하는 비계획적 선교가 선교 특징 중의 하나로 남아 있다. 앞으로의 한국 선교는 계획 선교, 목표가 분명한 선교, 그리고 지속적 영향력을 고려한 선교라야 할 것이다.

힌두권 선교를 위한 한국 교회 선교 2세대로의 전환 시점에서 한국 교회의 지난 선교 결과를 객관적으로 평가할 수는 없다. 그러나 한인 선교 결과는 최소한 복음적 영향력의 지속성, 현지인들의 삶과 세계관을 하나님 나라 세계관으로 변혁, 그리고 선교의 적절성과 효율성이란 관점에서 평가되어야 할 것이다. 앞으로 성숙한 한국 선교를 위해서 선교 계획이나 선교 결과를 객관적으로 평가할 수 있는 선교 평가 기준을 준비하는 것이 한국 교회가 해결해야 할 과제 중의 하나라고 본다.

힌두권 선교에 대한 미래적 전망과 대비

힌두권 선교의 미래는 수량적 선교 결과보다는 복음의 영향력을 지속 또는 확대시킬 수 있는 선교의 틀을 바르게 놓느냐에 달려 있다고 본다. 선교의 미래 전망을 바로 하려면 선교 현장에 대한 정확한 예측이 선행되어야 할 것이다. 코로나 사태 이후 앞으로의 힌두권 선교 현장은 아래와 같은 현상이 지속될 것으로 예측된다.

첫째로, 선교 주체인 교회나 선교사 그리고 선교 현장을 정확하게 알 수 없는 '선교 예측의 불투명성' 현상이다. 선교 상황이 복잡하고 미묘해진다는 의미이다.

두 번째, 코로나 이후 피선교국 즉 선교사들이 일할 국가들이 반기독교적인 '문화적 민족주의' 경향을 보일 것이다. 선교를 필요로 하는 나라는 대부분 경제적 문화적 빈곤 그리고 정치적으로 불안정하다는 공통점이 있다. 이들 국가나 집권자들은 외국의 경제적 도움에는 수용적이지만 혁신적 가치를 가르치는 기독교 활동은 반대한다. 자기 보호 수단으로 자국의 문화 또는 토속 문화를 강조하는 '문화적 민족주의(Cultural Nationalism)' 정책을 강화할 것이다. 쉽게 말해 힌두교는 더욱 힌두교화될 것이다.

셋째로, 선교 현장은 물질적 관심 즉 재물을 우선하는 경향이 강해질 것이다. 힌두권 선교 대상국의 대부분이 경제적으로 빈곤하다. 코로나 충격은 경제적 충격으로 이어져 국가 또는 사회에 빈부 차를 심화하여 재물 중시 또는 집착 현상이 나타나게 될 것이다. 이로써 사회는 개인 중심, 반공동체적, 비인격화 현상으로 변해 갈 것이다.

앞으로의 힌두권 선교는 힌두교라는 종교적 시대 발전적 전망을 포함하여 위에서 밝힌 세 가지 예측 상황에 따른 선교적 요소를 밝혀 그 요소들을 극복할 수 있는 선교 원리를 계발하여 이를 각 선교 상황에 어떻게 적용하는가에 따라 다른 선교 결과가 나타날 것으로 본다. 먼저 앞으로의 힌두교 선교는 그 대상에 있어 힌두교의 중추적인 국가 인도인들뿐만 아니라 그들의 디아스포라를 통한 전세계 확장을 선교 대비책에 고려해야 한다. 선교 현장의 불투명 현상에 대한 선교적 고려 요소는 선교 현장의 유동성 또는 급작스런 변동, 전통적 선교와 창의적 선교의 갈등, 각 상황에 따른 하나님의 뜻을 분별하는 '선교 현장적 통찰력' 즉 영적 민감성과 창의적 선교를 계발하는 사역적 민감성이 요구된다.

문화적 민족주의 경향은 선교지 국가가 사회적 경제적 안정을 얻을 때까지 지속될 것이다. 이 현상에 따라 선교적으로 고려할 것은, 힌두권이 더욱 힌두화될 것을 대비해야 함과 이에 따른 선교사들의 반사회적 활동 축소, 복음 사역과 문화적 사역 병행, 사역의 특수화 또는 전문화, 사역 규모를 대형에서 소형으로 전환, 선교사 중심에서 현지인과의 관계적 협력 선교로 전환하는 것 등이다. 개인과 사회의 경제적 집착 상황에 선교적으로 고려할 것은, 복음 안에서 자기 실현의 즐거움을 경험하는 일, 영적 필요와 현실적 필요를 동시적으로 제공하는 '복음과 빵(Gospel and Bread)', 선교와 국가의 협력 등을 들 수 있다.

앞서 제시한 선교 현장 예측을 근거로 나는 앞으로의 힌두권 선교 실행에서 적용 가능한 선교 실행 원칙으로 '4M 선교 원리'를 제안한다. 4M 선교 원리란 Micro Mission, Mobile Mission, Mutual mission, Merging Mission의 약자로 곧 소규모 선교, 이동형 선교, 상호 보완 및 상호 이득적 선교, 그리고 융합적 선교를 말한다.

'소규모 선교'란 이전까지의 대규모 시설, 건물, 교회당 등의 하드웨어 사역에서 소수 정예화, 사람 세우기, 네트워크 사역, 지역 연구, 영적 도해 등 소프트웨어 사역 등이 포함된다. 소규모 선교는 선교적 상황에 따라 수시로 선교지 이동 또는 사역 형태를 전환하는 '이동형 선교'(Mobile Mission)와 연결된다.

선교의 이동성 원리에 따르면 이동형 선교는 정치적 불안정, 선교사 신분의 불안정, 경제적 후원 부족 등의 상황에서 국가간 이동, 도시와 시골의 교차 사역, 다수의 사역 대상을 두고 이동성을 높임으로써 선교를 실행하는 것을 말한다. 이동성 선교의 약점이 나타날 수는 있으나 그 약점은 연결(Connectivity)과 협력(Corporation)으로 극복될 수 있을 것이다. 소규모 또는 이동성 원리와 함께 수반되는 원리가 '상호적 선교'(Mutual Mission)이다.

상호적 선교란 선교 설계, 진행 과정 그리고 선교 결과를 선교사 일방적으로 주도하지 않고 현지 동역자, 현지인 또는 동료 선교사가 서로 사역에 협력하고 결과를 공유하는 것을 말한다.

앞서 밝힌 선교의 소규모, 이동성, 상호성 원리를 더욱 촉진시키는 원리가 곧 '융합적 선교'(Merging mission)이다. 개인 선교사나 선교단체가 단일 과업이나 특정 사역에 묶이지 않고 선교 기관 구성원 각자의 특성화된 전문 영역을 계발하여 공동 목표를 위해 서로의 장점을 활용하는 것을 말한다.

예컨대 힌두권 선교를 목표하는 기관 안에 힌두교 지역 연구, 힌두 종교 및 문화 전문가, 힌두교 영적 세력 파악 및 돌파 담당, 교회 개척 및 지역 공동체 개발, 동원과 후원 분야 등을 두고 융합적으로 운영하는 경우이다.

4M 선교 실행 원리는 다음과 같은 특징을 지닌다. 첫째 선교지의 상황 변화에 따라 수시로 적절한 선교 형태로 변화와 적용이 가능하다. 선교의 이동성, 협력, 사역 기술의 융합적 활용 등은 선교 운영에 유연성을 높인다. 둘째 선교 재정 운영의 부담은 줄이면서 선교 효율은 높인다. 선교 재산 또는 선교 자원의 공동 투자 및 공유, 공동 활용 등을 통해 선교

투자비를 낮추고 활용도는 높인다. 셋째 선교 운영 자체는 물론 선교 재산의 보전 등 선교 안전성을 높여 준다. 선교지에서 선교사의 부재로 선교 사역 전체가 무너지는 것을 방지한다. 넷째 일방적 선교가 아닌 협력적 상호 보완적 사역으로 창의적 선교 지역인 힌두권에 효과적이다. 상호 협력 선교를 가능하게 한다. 다섯째 지리적 경계에 매이는 선교의 지역화를 벗어나 국가 또는 넓은 지역 등 광역적 선교를 가능케 한다. 마지막으로 선교 재생산을 촉진시키는 선교 원리이다. 선교사 없이 현지 인력으로 자생적 선교를 가능케 하는 요소가 담겨 있다.

4M 선교 실행 원리를 적용하는 가상의 사례와 그 결과를 살펴보자. 힌두권 선교라는 동일한 목표 아래 인도, 네팔 그리고 파키스탄과 방글라데시에 4M 실행 원리를 적용하는 하나의 선교 공동체를 운영하는 경우이다. 한 국가에서 선교사 유고가 있을 경우 인접국으로 선교사 이동, 사역 공백은 융합적 자원으로 보충, 선교 사무실을 공동 분할 매입 공동 사용, 전도 또는 교회 개척 또는 통합 훈련 등 필요시 인력 물자를 집중 투자하는 것 등으로 선교 효율을 높일 수 있다.

유사한 사례로 히말라야 권역에 대한 선교를 위해 트랜스 히말라야네트워크라는 선교 협력체가 운영되고 있다. 이들은 각각 다른 국가 다른 영역에서 히말라야 소수 종족 선교라는 공동의 목표를 가지고 있다. 네팔과 티벳과 인도에 공동체를 유지하면서 티벳에서 유고가 생길 경우 네팔로 이동. 네팔에서 유고가 발생할 경우 인도로 교차 사역이 가능하며 공동 투자 및 필요시 협력하여 사역하고 각각의 선교 공동체에 재정적 분할 투자한다. 개인의 사역 전문성 기능을 필요시 상호 기여 및 협력이 가능하다.

나가는 말

 선교란, 예수 그리스도의 영적 유전자 즉 생명 유전자가 필요한 이들에게 이를 안겨 주는 생명 사건이다. 힌두권 선교를 개종자 숫적 증가로 접근할 경우 한국 교회는 쉽게 지치고 말 것이다. 복음 유전자를 보유한 이들을 생산해 그들로 하여금 재생산하게 하는 것이 더 효율적이다. 선교 설계는 "땅이 사람을 다듬고, 땅이 그들의 문화와 종교를 만든다."는 사실을 인정할 때 그 적절성을 확보할 수 있다. 인도와 히말라야 곧 힌두교가 생성되고 발전한 그 땅은 절박한 땅이다. 그 땅은 가난, 고통 그리고 스스로 헤어날 수 없는 얽매임을 만들었다. 따라서 그 땅에 사는 사람들의 삶은 관계로 유지된다. 힌두권에서는 어떤 말이 진실이냐 아니냐는 문제는 그 말을 한 사람이 나와 어떤 관계에 있느냐에 따라 의미가 달라진다. 앞으로 힌두교 영향력은 세계 여러 나라로 빠르게 확산될 것이다. 그들은 어디서든 '절박한 의식'(Consciousness of Urgency)을 따라 관계 중심적으로 살아갈 것이다. 힌두교 선교는 복음이 힌두교인들의 뼈 속 깊이에 젖어 들도록 관계 중심, 현지 중심, 그들의 필요를 중심으로 하는 선교가 되어야 한다.

 나는 힌두교에 대한 기본적 이해와 선교 현장의 선교 상황 예측을 바탕으로 힌두교 선교 실천을 위한 '4M 선교 실행 원리'를 제시했다. 그러나 성령의 이끌림을 받지 않고서는 이 선교 원리가 사람을 살리는 완전한 도구 즉 최선의 선교적 도구가 될 수 없다. 4M 선교 원리는 선교 담당자들이 성령의 능력에 사로 잡혀 복음의 확신, 생명을 위한 희생, 섬기는 손과 발, 그리고 다변화하는 선교 상황에 적절히 대응할 수 있는 창조적 선교 적응력과 융합될 때 비로소 힌두권 선교 결과를 증대하고 힌두권 선교의 도구가 되며 힌두권 선교에 기여할 수 있을 것이다.

조동욱

1997년 감리교 소속 인도 선교사로 파송 받은 이후 주로 히말라야를 중심으로 선교해 왔다. 인도 서벵갈 주 실리구리에 All Nations Theological Seminary를 설립하고 총장으로 섬겼고, 트랜스 히말라야 네트워크의 설립을 주도했다. 미국 풀러신학교 세계선교대학원에서 선교목회학 박사(D.Min.)을 취득했으며, 미국 윌리엄캐리국제대학교에서 개발학 전공으로 Ph.D.를 이수 중이다.

제11장

힌두 선교 전략 재고
(복음과 문화의 관계 원리 이해와 실천을 중심으로)

힌두가 다수인 인도와 네팔에도 우리 한국 기독교인들처럼 같은 하나님, 같은 예수님, 같은 성령님을 예배하고 있는 신자들이 있다. 수천 년간 선교사들과 현지 신자들의 수고로 얻은 열매다. 그들은 그 신앙 때문에 핍박받기도 한다. 그들 모두가 성숙한 것은 아니지만 선교사들과 단기선교여행 참가자들은 보통 그들의 모습을 보고 감동과 연민을 느낀다.

그런데 통계를 보면 그런 감정에만 휩싸여서는 안 된다는 것을 알 수 있다. 인도 선교 역사 2,000년여 동안 기독교인은 2.0%, 네팔 선교 역사 350여 년(사도 도마 시절 때 이미 복음이 전파됐다는 전설을 고려하면 약 2,000년) 동안 기독교인은 1.3%에 불과하다.[130] 왜 98% 이상의 힌두들은 예수님께 나아오지 않고 있을까? 특단의 조치를 취하지 않으면 이 비율이 지속될 것이다. 왜냐하면 인도의 힌두교와 다른 종교를 합한 인구는 출산을 통해 매년 평균 1,800만 명 정도 자연 증가하고 있는 반면 기독교인의 자연 증가는 37만 명에 그치고 있기 때문이다. 무려 47배의 차이를 보이고 있

다.[131]

　상황이 이런 데도 대다수의 선교사들과 인도와 네팔 기독교인들은 그리 심각하지 않은 것 같다. 오히려 다양한 집회와 선교 훈련에서 여전히 실현 가능성이 없는 말을 남발하고 있다. "10년 안에 인도에 기독교가 널리 퍼질 것이다' 등과 같은 감정적인 복음 문구로 시작해서는 안 된다. 오히려 실패한 복음 전파 상황에 대해 '의심'하며 우리 자신에게 몇 가지 어려운 질문을 하면서 시작해야 한다."[132]는 인도인 전도자 바라띠의 말을 생각하며 한인의 힌두 선교 40년간의 전략을 재고해야 하지 않을까 싶다. 바라띠는 기독교인의 예배 형식과 종교 용어와 신학과 삶의 관습 등이 힌두에게 너무 괴상해 기독교 선교가 실패하고 있다고 한다.[133] 20년째 인도 선교사로 일하고 있는 필자는 바라띠의 관찰에 동의한다.

　다만 이 글에서는 그 영역들을 나열하는 대신 실패의 근본 원인에 초점을 맞추고자 한다. 그것을 알아야 바람직한 힌두 선교 전략을 수립할 수 있기 때문이다. 따라서 힌두권의 한인 선교사들의 전략을 살펴보고 난 후, 성경의 전략 특히 사도행전의 보자기 환상과 예루살렘 공의회를 통해 복음과 문화의 관계 이해를 해석해 보고 퀴즈를 통해 한인 선교사들이 과연 힌두 문화에 적절하게 살고 있는지 확인해 보자. 그리고 성경의 전략의 장점과 열매 사례를 찾아보며 하나님께서 한인 선교사에게 기본적으로 요구하는 것을 탐색해 보기로 하자.

우리의 방법과 성경의 방법

우리의 방법

인도와 네팔에서 한인 선교사들은 교회 개척을 포함해 다양한 사역을 하고 있다. 선교사들의 헌신 그 자체는 모두 귀하다. 예수님의 제자를 삼는 것이 아닌가. 그런데 일부를 제외하고 상당수의 선교사들이 취하고 있는 전략을 보면 머리가 아프다.[134] 바람직한 선교 방향과 선교 사역 평가의 기준으로 인식되고 있는 자립(외부로부터 재정 도움 안 받기), 자치(스스로 예수 공동체 이끌기), 자전(스스로 전도하기), 자신학(자신의 문화 상황에 맞게 성경을 해석하기)[135], 즉 사자 원칙 가운데 뭐하나 제대로 된 사역지를 보기 힘들다. 재정 자립을 보면, 특히 네팔의 경우 일부 한인 선교사들이 무분별하게 돈으로 네팔 교회를 지원한 결과 현지 신자들의 자립심을 무너뜨려 버렸다.[136] 인도의 상황도 별반 다르지 않다.

사자 원칙이 제대로 실현되지 않고 있다는 것은 많은 선교사들이 타문화에 관한 성경의 전략과 힌두 관습을 정확히 모르고 있고, 힌두권에 살면서도 자주 힌두 문화에 이질적인 행동(대부분 서양이나 한국 관습)을 하고 있다는 말로 풀이할 수 있을 것이다.[137] 이런 상황이니 당연히 전도도, 제자 삼기도, 깊은 우정 쌓기도 어렵다. 앞서 본 낮은 복음화 비율이 그 증거라고 할 수 있다.

성경의 방법: 보자기 환상과 예루살렘 공의회 해석, 적용, 암시

힌두권의 복음화 비율이 낮은 이유는 사도행전에 나오는 보자기 환상과 예루살렘 공의회의 의미를 곰곰이 묵상해 보면 알 수 있다. 두 사건은 타 문화를 보는 선교사의 시각, 즉 제자 삼기 또는 복음과 문화 사이의 관계 원리와 관련이 있으며[138] 앞서 말한 사자 원칙을 추구할 때 분리할 수 없는 문제다. 2,000년 전 이미 사도들과 장로들과 신자들이 현재의 우리와 같은 고민을 했다는 사실이 놀랍기만 하다.

보자기 환상과 예루살렘 공의회를 해석, 적용, 암시로 나눠서 생각해 보자.

	보자기 환상과 고넬료 가정 공동체 방문 (행 10:9-48)	예루살렘 공의회 (행 15:1-31)
해석	베드로는 설교와 기적으로 수천 명의 유대인들을 전도할 정도로 유능했지만 유대 문화에 자부심을 지나치게 가져 타 문화를 무시하고 있었다. 고넬료 가정을 만나고 나서야 보자기 환상의 의미를 깨달았다. 변화된 시각으로 복음을 전하자 이방인들에게 성령이 임했다.	선교지에서 복음과 문화의 관계 원리를 적용할 때 우상 숭배와 간음만 제외하고 미전도종족의 문화(서양이나 한국 문화가 아니라)에 적절하게 복음을 전할 수 있다. 보자기 환상은 개인적인 것이 아니라 타 문화 선교를 하는 모든 이들에게 적용되는 공통적이라는 것을 사도들과 장로들이 만장일치로 인정했다.
적용	타 문화 선교를 하려면 가기 전에 복음과 문화의 관계 원리를 고민하라. 타 문화를 무시하지 말라.	교회와 선교 단체 내부에서 이 원리를 모든 구성원이 이해할 때까지 성경을 근거로 충분히 토론하는 것이 필요하다. 선교사는 이 원리를 선교지의 신자들에게도 정확히 알려야 한다. 그래야 혼란이 사라진다.

	보자기 환상과 고넬료 가정 공동체 방문 (행 10:9-48)	예루살렘 공의회 (행 15:1-31)
암시	복음과 문화의 관계 원리를 이해한 사람만 타 문화 선교를 하라. 그렇지 않은 사람은 자민족을 대상으로 하는 국내 사역자로는 괜찮지만 선교사로는 부적당하다. 사도행전 초반에 베드로가 국내 자국민 사역에 큰 영향을 끼친 것을 볼 때, 하나님께서는 국내 사역과 해외 사역 둘 중에 어떤 것이 더 위대한 사역인지를 비교하는 것이 아니라 어떤 사람이 국내 사역에, 어떤 사람이 타 문화 사역에 적절한지를 말씀하신다. 교회와 선교 단체는 선교사가 이 원리를 제대로 이해하고 있는지 정기적으로 확인할 필요가 있다. 이해를 잘 못하는 경우 재교육을 실시해야 한다. 이 원리를 이해하기까지 시간이 걸린다. 베드로는 보자기 환상에서 타 문화를 '세 번'이나 거부한 후 고넬료 가정을 방문한 후에야 이해했다. 그는 실제로 예수님 승천 후부터 보자기 환상 때까지 약 10년을 보냈고, 보자기 환상 후 선교사로 로마로 가기까지 약 22년을 더 보냈다.[139] 그러므로 교회와 선교 단체는 '특별' 훈련을 만들어 선교 후보생들에게 이 원리를 오랫동안 반복해서 구체적으로 가르쳐야 한다. 베드로가 지식(환상)과 실습(고넬료 가정 방문) 둘 다를 통해 이 원리를 깨우친 것처럼, 선교사들도 이 개념 공부와 실습 둘 다를 해야 한다.	이 원리를 이해한 상태에서 선교사를 파송하라. 그렇지 않으면 선교지 신자들 사이에, 선교사들 사이에, 선교사와 교회와 선교 단체 사이에 심각한 갈등이 생길 수 있다. 이 원리를 이해하지 못하는 선교사들은 미전도 종족에게 자신의 문화(베드로는 유대 문화)를 강요하게 된다. 이 원리를 이해하지 못하고 실천하지 않는 선교사에게 긴급히 재교육과 좋은 팀에서의 실습을 제공하라. 끝내 이 원리를 거부하는 선교사의 파송을 취소하라.

표: 보자기 환상(행 10:9-48)과 예루살렘 공의회(행 15:1-31) 해석, 적용, 암시

먼저 보자기 환상을 보면 이방인 선교를 하기 전에 환상 속에서 하나님은 베드로에게 타 문화를 무시하지 말라고 가르치셨다. 그러나 베드로는 "주님, 그럴 수 없습니다. 저는 속되고 깨끗지 않은 것은 한 번도 먹어 본 적이 없습니다."라고 세 번이나 거부했다(행 10:14). 그는 전형적인 선민 의식 즉 자부심을 가진 사람이었다. 하나님이 구약 성경에서 이방인들의 문화에 적절하게 복음을 가르치라고 알려 주셨고(예를 들면, 창 15장), 예수님이 하나님의 나라의 원리만 전하고 이방인들이 스스로 자신의 문화에 적용하게 하는 모범을 보여 주셨건만, 그는 그런 가르침을 까맣게

잊고 자기 문화에 대해 우월 의식을 갖고 있었다. 그는 고넬료 가정 공동체를 만나고 나서야 보자기 환상의 의미를 깨달았고, 그 변화된 시각으로 복음을 전하자 이방인들에게 성령이 임했다. 우리는 이 환상을 통해 타 문화를 경시하지 말라는 하나님의 뜻을 읽을 수 있다.

다시, 자부심 문제를 다뤄 보자. 왜 위대한 사도 가운데 한 명인 베드로가 처음에 하나님과 예수님의 선교 원리를 깨닫지 못하고 그렇게 이방인의 문화를 싫어했을까? 사탄의 탄생 배경을 살펴보면 상당히 이해가 간다. 사탄 루시퍼는 하나님을 찬양하는 찬양 대장이었다고 한다. 찬양 대장이 됐을 정도면 영성이 대단했을 것이다. 그런데 인간의 본성을 생각해 보면 대단한 영성과 자부심은 한 끗 차이다. 목사든, 성도든, 자부심이 영광(칭찬)을 받고 싶어 하는 심리로 변질될 수 있다. 또는 자부심의 배경에 이미 영광을 추구하는 마음이 있다고도 표현할 수 있다. "하나님의 나라가 아닌 선교사의 나라를 만들고 있더라."라는 말이 종종 들리는 것은 바로 이 본성 때문이리라.

보자기 환상을 보면, 베드로는 자신의 민족이 택함 받은 백성이라는 강한 자부심을 이미 가지고 있었고 다른 민족을 깔보고 있었다. 자부심이 타 문화 무시로 연결된 것이다. 마찬가지로 많은 선교사들도 본국의 부유함, 학력, 높은 기독교인 비율 등으로 자부심이라는 견고한 성을 쌓는다.[140] 베드로의 경우가 우리 선교사들에게도 해당되지 않을까? 선교지에 가기 전부터 미전도 종족을 생각하며 기도하지만 정작 선교지 가서는 힌두 문화에 무지하거나 힌두 문화를 무시하며 힌두들에게 불필요한 서양과 한국의 문화를 강요하는 경향을 보인다.

여기서 질문이 하나 생긴다. 왜 하나님은 야고보와 더불어 대표 사도인 베드로를 콕 집어 이런 시험 문제를 주셨을까? 사도행전의 앞부분을 보면 베드로는 설교와 기적으로 수천 명을 전도했고, 신자의 공동체를 굳건히 했을 정도로 유능한 사도였다. 그가 기도와 말씀 묵상에 충실했다는 것은 어렵지 않게 추측할 수 있다. 그렇지만 하나님이 보시기에 그는 타 문화 선교사로 부적절했던 것 같다. 그는 선민 의식에서 비롯된 자부심으로 이방 문화를 무시하고 있었다. 유대 지역에서 유대인을 대상으로 복음을 전파했을 때는 특별히 문화를 고려할 필요가 없었다. 그러나 타 문화 선교는 다르다. 그래서 하나님이 그를 훈련시키고자 하셨을 것이다. 하나님은 타 문화에 관해 왜곡된 시각을 갖고 있던 베드로가 아니라, 구약에 통달하고 다양한 문화를 체험했으며 예수님의 제자 삼기 원리를 깊이 깨달았던 바울을 먼저 이방인의 선교사로 보냈다.

베드로가 고넬료 가정의 방문을 끝낸 얼마 후 선교 역사에서 가장 중요한 사건 가운데 하나가 벌어진다. 사도행전 15장이다. 사도들과 장로들이 예루살렘에 모여 회의를 했다고 해서 '예루살렘 공의회'라 불린다. 베드로가 자신이 하나님으로부터 배운 복음과 문화의 관계 이해를 바탕으로 이방인들에게 불필요한 짐을 지우지 말고 예수님의 은혜로 구원받게 하라고 주장했다. 그리고 야고보가 그것을 '우상 숭배(제물, 목매어 죽인 것, 피)와 간음'만 제외하고 이방인들도 자신의 문화 속에서 예수님을 믿을 수 있다고 확증했다. 그러자 이방 출신의 기독교인들이 기뻐했다. 이것이 성경의 선교 방법이다.

그러면 선교지 문화의 모든 관습을 따라야 할까? 많은 것을 따라야 한다. 그러나 두 가지는 아니다. 사도들과 장로들이 모여 결정한 대로 우상 숭배와 간음(행 15장)을 말한다. 성경이 이미 우리가 잘못된 길에 빠지지도 모른다는 걱정을 없애 주고 있다. 우리는 예루살렘 공의회의 원리를 지킬 때 우상 숭배와 간음을 피할 수 있게 된다. 예루살렘 공의회의 결정을 어떻게 적용할 수 있을까? 파송 교회와 선교 단체 내부에서 복음과 문화의 원리를 모든 구성원이 이해할 때까지 성경을 근거로 충분히 토론하는 것이 필요하다. 그리고 선교사는 이 원리를 선교지의 신자들에게도 정확히 알려야 한다. 그래야 그들 가운데 혼란이 사라지고 기쁨으로 자신들의 문화 속에서 깊은 신앙을 유지할 수 있다.

그렇다면 보자기 환상이 암시하는 것은 무엇일까? 복음과 문화의 관계 원리를 이해한 사람만 타 문화 선교를 하라는 뜻으로 읽힌다. 그런데 사람들은 자문화 중심주의의 경향을 띠고 있어서 이 원리를 쉽게 이해하지 못한다. 베드로는 보자기 환상에서 타 문화를 '세 번'이나 거부한 후에야 이해했다. 그는 실제로 예수님 승천 후부터 보자기 환상 때까지 약 10년을 보냈고, 보자기 환상 후 선교사로서 로마에 가기까지 약 22년을 더 보냈다. 필자의 경우도 선교지에 가기 전 선교 훈련부터 선교지에 가서 이 원리를 깨달았던 때까지 9년이나 걸렸다. 베스트셀러 저서로 유명한 스탠리 존스(E. Stanley Jones)도 자신이 복음과 문화를 구분하지 못하고 큰 혼란을 겪은 후에 그 원리를 깨달았다고 고백했다.[141]

보자기 환상을 통해 우리는 이 자문화 중심주의, 다른 말로 타 문화 경시주의를 해결할 수 있는 해결책을 생각해 볼 수 있다. 나중에 타 문화 선교사가 된 베드로가 지식(세 번의 환상)과 실습(한 번의 고넬료 가정 방문) 둘

다를 거쳐 이 원리를 이해했음을 알고, 교회와 선교 단체가 '특별' 훈련(개념+실습)을 만들어 가르치는 것이다. 선교 후보생들뿐 아니라 모든 성도들에게 이 타 문화 기초 훈련을 가르치는 것을 추천한다. 구체적으로 반복해서 알려 줘야 한다. 좋은 선교를 하기 위함이다.[142] 비자 해결, 사역 방법, 자녀 학교, 재정 모금, 안식년 계획 등은 나중 문제다. 더 많은 기도와 성경 묵상만 강조해서는 안 된다. 그런 것들은 모든 성도들에게 해당되는 기본이기 때문이다.

2012년 3월 필자가 참석한 태국에서 열린 국제 교회 개척 세미나(GAP)의 대다수의 참석자들(30여 명 중 절반 이상이 선교 지도자)이 꼽은 교회 개척의 가장 큰 장애물이 적절한 선교 훈련 부재 또는 부족이라고 답했다. 선교 훈련이 넘쳐 나는 시대에 훈련을 제대로 받고 오는 사람들이 매우 적다는 뜻이다. 필자가 조사해 보니, 힌두 선교를 하고 있는 한인 선교사 400명 가운데 10명(2.5%)만 복음과 문화의 관계 원리를 잘 이해하고 힌두 관습을 꾸준히 배우고 있었다.[143] 안타까운 현실이다. 이런 상황을 알고 있다면 교회와 선교 단체와 신학교는 선교 후보생, 선교사들에게 이 원리를 가르칠 때 하나님께서 베드로를 다루신 것처럼 '특별히' 모여 놓고 이해시켜야 한다. 현재 국내에 힌두권을 위한 '힌두권 선교 학교', 무슬림권을 위한 '빠울루스학교' 해외에 '다시 생각하기 포럼(Rethinking Forum)', 타 문화 기초 학교(FIS), 최전방 선교 학교(SOFM) 등이 진행되고 있다. 그런 훈련을 추천한다.

한 가지 덧붙이자면, 훈련을 통해 이 원리를 배운 후 처음부터 독립하지 말고, 실제로 문화 존중 선교를 실천하고 있는 팀에 가서 몇 년 간 충분히 힌두 문화를 배우는 실습을 하는 것이 필수다. 힌두의 낯선 관습을 배우는 것에 두려워할 필요가 없다. 좋은 팀에서 배운다면 자기도 모르는 사이에 적응할 수 있다. 하나님은 인간이 환경에 적응하도록 지혜를 주시지 않는가. 필자의 경우도 팀원들의 도움으로 몇 개월 안에 많은 힌두 관습을 이해하고 배웠다. 일단 배워야 응용을 할 수 있다. 배우지 않으면 몇 년, 아니 수십 년간, 아니 평생 헤맬 수 있다. 이미 파송받은 현장 선교사들은 본국을 단기 방문 또는 안식년 방문할 때 선교와 문화에 관한 재교육을 받는 것이 좋다. 교회에서 단기 선교 여행을 갈 때 현장 선교사에게 관련 책이나 영화를 전달해 주는 것도 좋을 것이다.

이제 예루살렘 공의회가 암시하는 것은 곰곰이 생각해 보자. 이 원리를 이해한 상태에서 선교사만 파송하라는 말씀으로 들린다. 그렇지 않고 선교사를 파송하면 선교사는 보자기 환상처럼 우월 의식에 빠져 미전도 종족에게 자신의 문화(베드로는 유대 문화)를 강요하게 되어 선교지에, 선교사와 교회와 선교 단체 사이에 심각한 오해와 갈등이 유발될 수 있다. 사도 바울의 선교팀을 제외하고 본국에 있었던 다른 사도들과 장로들은 이 원리를 한 번도 생각할 기회가 없었다(예수님께로부터 배웠음에도 불구하고). 그러므로 이 원리를 모르는 선교사들에게 신속히 재교육을 실시하든지 그들의 파송을 취소하는 것을 고려해야 할 것이다. 그냥 넘어갈 일이 아니다.

퀴즈로 적용 찾기

선교사가 미전도 종족을 향해 가져야 할 사랑은 구체적이어야 한다. 그래야 감동을 준다. 이제 퀴즈를 가지고 어떻게 구체적으로 실천해야 할지 고민해 보자.

1. 인도 기독교인들은 결혼할 때 어떤 예복을 입어야 할까?
    a) 서양식   b) 한국식   c) 힌두식

2. 선교사들은 자신의 집에서 어떻게 음식을 먹는 것이 좋을까?
    a) 손으로   b) 숟가락과 젓가락으로   c) 숟가락과 포크로

선교사들은 화장실에서 어떻게 뒤처리를 하는 것이 좋을까?
    a) 휴지   b) 물   c) 자유

3. 선교사들과 인도 기독교인들은 예배드릴 때 어떤 형식으로 드리는 것이 좋을까?
    a) 서양식 (신발을 신고 의자에 앉아 서양 음악과 서양 악기 사용)
    b) 힌두식 (신발을 벗고 바닥에 앉아 인도 전통 음악과 악기 사용)
    c) 자유

4. 선교사들과 인도 기독교인들은 소고기를 먹어야 할까?
    a) 먹는다   b) 안 먹는다   c) 아주 가끔 먹는다

5. 힌두 선교를 할 때 예수님이 태어난 날을 뭐라고 부르면 좋을까?
    a) 크리스마스   b) 예슈 자얀띠   c) 성탄절

1번의 정답 c) 힌두식   힌두 결혼 예복에는 우상의 사진이나 디자인이 없다. 서양과 한복과 마찬가지로 꽃무늬와 보석으로 장식돼 있다. 사도행전 15장의 복음과 문화의 관계 이해 원리에 따라 우상 숭배와 관련이 없고 단지 문화적인 문제이므로, 힌두권의 기독교인들은 힌두 예복을 입을 수 있다. 낯선 서양식 예복을 입어 힌두 공동체에 충격을 줄 필요가 없다. 힌두 문화에서 흰 드레스를 입는 여자는 과부다. 가장 아름다워야 할 시간에 신부가 "저는 과부예요."라고 나타난다면 하객으로 온 힌두들이 얼마나 충격을 받을까.

힌두 결혼식에서 선교사는 힌두 결혼 예복을 보고 불편해 한다. 낯설기 때문이다. 예의상 미소를 지으며 "축하합니다."라는 말을 한다. 그러면 어떤 반응을 보여야 할까? 우리가 한국의 결혼식에 가서 신랑 신부를 보고 어떤 감탄사를 내뱉는지 생각해 보자. 예쁘다, 멋있다, 연예인 같다, 딴 사람인줄 알았다 등이다. 미전도 종족을 향한 선교사의 사랑은 구체적이어야 한다. 자꾸자꾸 미전도 종족의 문화를 사랑하는 마음을 가지려고 노력해서 힌두 결혼식에서도 다른 힌두들처럼 가장 아름다운 감탄사로 신랑과 신부 그리고 그들의 가족들을 기쁘게 해 줘야 한다. 미전도 종족을 향한 선교사의 사랑은 구체적이어야 한다. 처음에는 쉽지 않을 것이다. 그러므로 선교지에 가기 전 복음과 문화 이해 원리를 충분히 배울 수 있는 훈련을 받고 선교지에 가서도 좋은 선배 아래서 배워야 한다.

2번의 정답 a) 손으로   손으로 먹는 것은 우상 숭배나 간음과 관련이 없다. 그러므로 선교사들은 자신의 집에서 먹을 때조차 손으로 먹어서 힌두들과 문화적 거리를 좁혀야 한다. 물론 수저와 포크로 먹는 것도 죄가 아니다. 그러나 유대인에게는 유대인처럼, 이방인에게는 이방인이 된 사도 바울처럼 선교사는 힌두의 습관을 따르는 것이 좋다. 식당의 분위기는 다르다. 수저와 포크를 사용하는 사람들도 있고, 손으로 먹는 사람들도 있다. 그런데 힌두 가정집에서는 거의 대부분 손으로 먹는다. 베드로처럼 자부심 강한 한국인에게 손으로 먹는 힌두의 습관이 야만적으로 보일 수 있으나 힌두의 생각은 다르다. 그들은 "왜 남의 입에 넣은 숟가락을 내 입에 넣어야 하나요?"라고 묻는다. 자신의 손을 씻고 손으로 먹는 것이 더 안전하고 맛있다는 것이다.

힌두들을 선교사 가정에 식사 초대했을 때 이 문제를 어떻게 풀어야 할까? 힌두에게 숟가락, 포크, 젓가락을 내놓지 말고 손으로 먹으면 힌두들도 아무 일 없었다는 듯이 손으로 먹는다. 그런데 선교사가 숟가락으로 먹으면 힌두들도 숟가락을 찾는다. 남의 집에 가서 눈치가 보이는 것이다. 힌두 가정집에 식사 초대를 받았을 때는 어떻게 해야 할까? 힌두들처럼 손으로 먹으면 된다. 외국인이 왔다고 숟가락을 내 주는 힌두들도 있다. 그러나 선교사들이 숟가락이 필요 없다고 말하고 손으로 맛있게 먹어 주면 힌두들이 아주 좋아 한다. 물론, 늘 수저를 사용하는 힌두의 집에서는 선교사도 수저를 사용하는 것이 좋다. 중요한 것은 그들의 관습에 맞추는 것이다.

3번의 정답 b) 물 힌두들은 가정집이든 가게이든 화장실 용변기 옆에 호스가 있다. 호스가 없는 곳에는 수도꼭지와 바가지가 있다. 힌두들은 휴지를 쓰지 않고 물로 뒤처리를 한다. 아직도 휴지를 사용하는 선교사들이 많다. 그렇다면 힌두들이 선교사 또는 외국인들의 휴지 사용에 대해 어떻게 생각할까? 더럽다고 여긴다. 휴지를 들고 화장실에 들어가는 모습을 보고 킥킥 거린다. 어떻게 휴지로 뒤처리를 제대로 할 수 있느냐는 생각이다. 즉 이상한 모습이다. 지저분한 선교사와 진정으로 교제하고 싶은 힌두가 얼마나 될까? 선교지 문화 안으로 자연스럽게 들어가 그 지역 사람들이 선교사를 마치 자신의 민족처럼 여길 수 있어야 복음을 전하기 쉽다. 선교사가 하는 행동마다 이상하게 비치면 힌두들이 복음에 관심을 기울이기 어렵다. 오히려 선교사가 가진 돈에 많은 관심을 갖는다. 어떻게든 선교사에게 잘 보여 도움을 받거나 사기를 칠 궁리를 하는 힌두들이 많다.

결론적으로, 인도의 화장실에서 휴지 대신 물로 뒤처리를 하는 것은 우상 숭배와 관련이 없으므로 익숙한 휴지를 버리고 물로 뒤처리를 해보자. 몇 주면 익숙해진다. 처음에는 속옷과 바지가 젖기도 하지만 그런 시간도 금방 지나간다.

4번의 정답 b) 힌두식(신발을 벗고 바닥에 앉아 인도 전통 음악과 악기 사용) 이것은 단지 문화적인 문제가 아니라 종교적인 문제다. 그들의 세계관에는 영적인 깨끗함(정)과 더러움(부정)의 개념이 강하다. 신발의 경우가 그 하나다. 힌두들은 어떤 신을 예배할 때는 신발을 벗고 바닥에 앉아야 한다고 믿는다. 신발이 더럽다고 생각하기 때문이다. 융통성도 있다. 나이가 많거나 허리가 아픈 사람이 있으면 의자에 앉게 한다. 바닥에 앉아도 신발은 벗는다.

그리고 힌두는 신을 찬양할 때 전통 선율과 전통 악기만 사용한다. 이것은 영적인 문제가 아니라 문화적인 문제다. 서양 악기와 음악으로 신을 예배하는 것은 기괴하다고 본다. 인도와 네팔 학교에서는 서양 음악 과목이 없다. 신발을 신고 의자에 앉아 서양 음악과 악기로 예배를 드리면 힌두는 마음이 불편해 예배를 드릴 수 없다. 그 다음부터는 선교사의 초청에 이런저런 핑계를 대며 응하지 않는다. 선교사가 가난한 힌두에게 쌀이나 돈을 주지 않는 한 예배 때 신발을 신거나 벗는, 의자에 앉거나 바닥에 앉는 문제는 우상 숭배와 관련이 없으므로, 선교사는 힌두들이 보다 편안한 마음을 가질 수 있도록 신발을 벗을 수 있는 예배당으로 꾸며야 한다.

5번의 정답 b) 안 먹는다   이것은 종교적인 문제다. 힌두들은 소를 존경하거나 숭배한다. 그래서 힌두교에서 소를 죽이는 것은 살인죄보다 더 큰 죄다. 심지어 암소를 발로 차는 것 또한 대죄로 여긴다.[144] 이런 상황에 인도에서 몸이 허약해졌다고 소고기를 먹고, 손님이 왔을 때 소고기를 대접하고, 특별 기도회나 부흥 집회가 끝나고서 소고기 스테이크나 샤브샤브를 먹는다면 과연 선교가 잘 될까?

6번의 정답 b) 예슈 자얀띠[145]   이것은 문화적인 문제다. '크리스마스'(그리스어+라틴어)의 뜻을 모르는 힌두들은 이 단어를 들으면 파티, 술, 미혼 남녀의 성관계 등을 떠올린다. 세계의 수많은 기업들이 크리스마스를 상업화한 결과다. 낯선 외국어 대신 힌두 문화에서 위대한 인물과 신의 생일에 붙이는 단어인 '자얀띠'(탄생일)를 사용하면 힌두들이 즉시 거룩한 존재의 생일이라고 이해한다.

이밖에도 고려해야 할 힌두 관습이 매우 많으나 지면 관계상 다 소개하지 못했다.

성경의 전략의 장점과 열매 사례

선교지 문화를 존중하는 시각을 가지면 어떤 장점과 열매가 있을까?

첫째, 베드로의 경우를 보면, 하나님으로부터 인정받는 선교사가 된다. 실제 베드로는 하나님의 인도로 말미암아 로마 백부장이었던 이방인 고넬료에게 초청을 받아 그의 온 가족에게 복음을 전했고 그 모든 사람들이 성령님을 체험했다. 그리고 나중에 로마 선교사가 됐다.

둘째, 선교 열매가 풍부하다. 고넬료 가족 공동체처럼 미전도 종족이 마음을 열어 복음을 듣고(행 10: 33), 기뻐하고(행 15: 30), 성령님이 임하신다. 그리고 문화 무시 또는 오해의 시각을 가졌을 때와 비교해 신자들 사이에, 선교사와 미전도 종족 간의 문화 갈등도 상당히 사라진다. 그 결과 선교 열매를 얻기 쉽다. 예루살렘 공의회가 정한 원칙을 통해 사도 바울과 유대 문화를 고수하려는 기독교인들 사이에 있던 갈등이 봉해지고 16장부터 복음(진리)에 '날개'가 달아져 세계 만국으로 퍼지게 됐다. 참으로 극적이다!

2,000년 이후에 문화 존중 선교(문화 존중 정도는 팀마다 다름)를 통해 얻은

열매 사례 몇 가지를 보자. 인도에서 다양한 선교 단체가 힌두 선교를 위한 S 네트워크를 만들어 협력한 결과 2,000명(2012)의 열매를 거뒀다. 인도 시크의 경우, 한 인도 국내 선교단체가 10년 동안 10만 명을 제자 삼았다.[146] 북아프리카의 한 나라에서 한 무슬림 대가족과 그들의 친구들이 모인 현장에서 모두 예수님을 따르기로 서약했다.[147] 도심 무슬림 빈민가에서 7~8년 사이에 1,200여 명이 예수님을 믿었다.[148] 국제 YWAM의 남아시아 5개국을 보면, 5,467명(2006)이 22,837명(2014)로 증가했다. 인도 힌두의 경우, 인도네시아, 요르단, 남아공 무슬림의 경우에도 전에 없던 신자들이 생기고 있다. 10여 년 전부터 다양한 열매 사례들이 기록된 힌두, 무슬림, 불교 선교 도서가 꾸준히 출간되고 있다.[149]

기독교 쪽이 아니라 무슬림 쪽이 문화 존중 선교를 추구해 얻은 사례에서도 배울 것이 있다. 인구 2,000만 명의 서부 아프리카 풀베 종족에게 이슬람이 전파될 때 전파자들은 꾸란의 배경인 아랍 문화가 아니라 꾸란에 적혀 있는 이슬람의 필수적인 것들만 받아들이도록 허용했다. 그런 전략으로 1,500년대 후반에서 1,800년대 중반까지 그 종족의 모든 사람이 무슬림이 됐다.[150]

셋째, '특별한' 선교 훈련을 통해 베드로처럼 선교 시각이 바뀌면 자문화 중심주의, 이상한 성령주의, 문화 중립주의의 태도를 피할 수 있다. 자문화 중심주의는 말 그대로 보자기 환상 전의 베드로처럼 자기 민족이 우월하다고 믿는 사상을 말한다.

이상한 성령주의는 선교할 때 아주 기본적인 것을 제외하고는 문화를 고려할 필요가 없다고 보며 성령님의 힘으로 문화를 초월한 복음을 전하자고 한다. 그리고 문화가 아니라 선교사의 마음이 중요하다고 본다. 얼핏 맞는 말처럼 들리지만 그 사람들은 자신들이 무슨 말을 하는지 모르고 있다. 우리의 작은 행동 하나하나가 문화 관습이라는 것을 부정하는 것이다.

또 다른 부류는 문화 중립주의다. 그들은 서양 문화로 복음을 전하는 것도 좋고, 미전도 종족의 문화를 고려해 전하는 것도 좋다고 한다. 그런데 그들의 행동을 자세히 살펴보면, 선교지에서 서양 문화로 신앙생활을 한다. 예전에 필자가 인도에서 선교 학교를 운영할 때였다. 여러 강사 가운데 인도에서 꽤 유명한 인도 여성을 초청했는데, 그분은 평소 자신이 문화에 관해 중립이라고 말하곤 했다. 그분이 선교 학교에 도착했을 때 훈련생들과 나는 다소 충격을 받았다. 결혼 표시가 없었기 때문이다. 인도에서 기혼자는 결혼 표시를 해야 한다. 그렇지 않으면 힌두들이 미혼 또는 동거로 오해한다. 그 강사는 자신을 중립주의자로 표현했지만 행동은 상당수가 서양식이었다.

중립주의자들도 중립이 무슨 말을 의미하는지도, 순수한 복음이라는 것은 존재하지 않으며 세상의 모든 신자들이 특정 문화로 해석된 복음을 믿고 있다는 사실도, 선교사가 전해 주는 복음도 특정한 문화의 복음이라는 사실도, 결국 복음은 선교지의 사람들이 자신의 문화에 적절하게 해석해야 한다는 사실도 모르는 것 같다.[151] 종교 단어, 예배 형식 등을 도입할 때 어떤 특정한 방식을 선택해야만 하는데 문화를 고려하지 않고 어떻게 제자를 삼을 수 있을까?

그래도 희망을!

수천 년 간 인도와 네팔의 복음화 비율이 비참할 정도지만 우리는 예수님의 대위임령을 기억하며 희망을 품어야 한다. 희망이 없다면 우리는 선교사 동원, 교육, 파송, 후원 등 그 어떤 것에도 열정을 쏟을 수 없다. 긍정적인 미래를 언급할 때 우리는, 기도와 말씀 묵상과 성령님께 의지함과 예배와 더불어 구체적인 실행 방안을 함께 고민, 실천(퀴즈 참고), 수정하는 것을 반복해야 한다.

우선, 복음과 문화의 관계 원리를 이해할 수 있는 '특별한' 선교 훈련(행 10:9-48; 행 15장 내용)을 만들어 선교 후보생, 현장 선교사, 성도에게 가르쳐야 한다. 소수를 제외하고 대부분의 현장 선교사가 이 원리를 이해하지도, 실천하지도 않고 있다는 점에서 시급한 문제다. 하나님은 복음이 열방으로 퍼지기 직전에 대표 사도 가운데 한 명인 베드로에게 보자기 환상을 보여 주심으로 그의 자문화 중심주의를 깨뜨리시고, 고넬료 가정 공동체에게 복음을 전하게 하사, 예루살렘 공의회를 통해 미전도 종족에게 불필요한 짐(마 23:15 참고)을 지우지 말고 우상 숭배와 간음만을 제외하고 자신의 문화에 적절하게 예수님을 믿도록 하셨다.

이 특별 훈련이 잘 진행되면 자연스럽게 자문화 중심주의, 이상한 성령주의, 문화 중립주의에 빠지지 않을 것이다.

선교 아무나 하나? 누구나 선교에 참여해야 하지만 아무나 선교사가 되어서는 안 된다. 복음과 문화의 관계를 이해하는 사람만 파송받아야 한다. 이 원리를 이해하지 못하고 선교사를 파송하면, 선교사는 자신의 문화를 미전도 종족에게 강요하게 되고, 선교지 신자들 간에, 선교사와 파송 교회와 선교단체 간에 큰 갈등이 생길 수 있다. 재교육에도 불구하고 이 원리를 이해하지 못하는 선교사라면 파송을 취소하고, 국내에서 한국인 대상으로 사역하게 하는 것도 하나님 나라의 큰 그림을 그리는 데 좋다고 본다. 동족을 대상으로 해도 사도행전 앞부분의 베드로처럼 엄청난 열매를 맺을 수 있을 것이다. 이것이 보자기 환상과 예루살렘 공의회와 베드로의 행적을 통해 우리에게 말씀하시는 하나님의 뜻이 아닐까?

이계절

YWAM과 MVP선교회 소속 선교사이며, 지난 20년 동안 인도에서 여러 선교사들과 함께 가정 교회를 개척했다. 현재는 주로 인도 YWAM 최전방선교학교(SOFM, 합숙 3개월) 교장으로 다국적 선교사들을 훈련시키며 가정 교회 개척 조언을 하고 있다.

저서, 역서: 『인도에서 자전거 함께 타기 1: 선교사로 사는 이야기』 (퍼플, 2019), 『인도에서 자전거 함께 타기 2: 선교 방법과 열매 사례』 (퍼플, 2019), 『인도의 눈으로 본 예수』 (다야난드 바라띠 저, 밀알서원, 2017)

제12장

힌두권 공동체와 인도 교회[152]

다양한 문화와 공동체를 가지고 있는 인도에서 한국인의 선교가 어언듯 40년에 이르고 있다. 필자 또한 인도에 온 지 약 20년이 지나는 이때 인도 교회와 인도의 다양한 공동체와의 관계에 대하여 생각해 오던 차에 한국 교회의 인도와 네팔 선교 40년을 기념하는 글을 의뢰받아 이 글을 쓰게 되었다. 필자는 이 글에서 첫째로, 인도의 주 종교인 힌두교 공동체와 인도 교회의 형성과 문제점을 살펴보고자 한다. 둘째로, 인도에 들어와 선교와 사회 봉사로 섬기는 한국 선교사들을 통해 세워진 교회, 사역들의 특성, 어려움을 다루고자 한다. 셋째로, 앞으로의 인도 교회 모델로 선교적 인도 교회를 제안하고자 한다. 그리고 결론으로는 이 선교적 인도 교회를 통하여 나타날 하나님 나라의 표징으로서의 공동체의 모습을 다루고자 한다. 인도의 선교적 교회들이 인도뿐만 아니라 세계 복음화를 위하여 헌신하는 모습을 기대한다.

힌두교 공동체와 인도 교회들의 특성과 문제점

인도는 다양한 민족과 언어, 종교와 문화를 가지고 있어서 다양성 속에서도 연합을 강조하기 위해 노력해 왔다. 이를 위해 사상가와 종교인들은 "본질적인 하나의 실재에서 모든 것이 나왔고, 나온 모든 것들은 본질적 실제와 다르지 않다."[153]라는 공동체 원리를 만들었다. 이러한 힌두교 공동체 사상은 인도에 세워진 교회에도 많은 영향을 끼쳤다. 힌두 공동체 문화를 수용하는 교회와 반대하는 교회, 그리고 힌두교 공동체 문화와 서구 개인주의 문화가 혼재된 교회가 태어났고, 20세기에 들어서는 성령의 은사를 강조하는 오순절 인도 교회가 나타났다. 이러한 인도 교회의 다양한 모습들은 인도 교회에 교회의 목적과 우선순위와 선교에 관해 많은 혼란을 주고 있다.

인도의 주 종교인 힌두교 공동체의 특성과 문제점

인도에는 다양한 문화와 종교, 종족과 언어, 카스트와 사회, 전통들이 있기에 공동체의 안전과 번영을 위하여 이러한 다양성을 하나로 통합하는 것이 중요한 관심사였다. 이러한 종교와 사상의 통합을 위하여 만든 사상이 "모든 것은 하나인 실재에서 나왔고 나온 모든 것은 하나이다."[154]는 개념과 "아는 것이 되는 것이다."[155], "모든 길은 하나로 통한다."[156]라는 공동체적 사상들이다. 종교인들과 사상가들은 이 공동체 사상에 종교의 형식을 입혀 각각의 개인들이 내포된 의미를 몰라도 종교 의식을 통해 공동체의 안전과 보존 및 번영에 기여하도록 하였다. 다양성 속에서도 한 공동체라는 의식 형성을 위해 공동체 원리를 만들었는데 그것은 신관, 수용성, 다르마, 정결함과 부정함의 원리에서 나타난다.

공동체의 공통된 믿음 형성을 위하여 믿음의 사상과 대상을 통합하였다. 신의 원리로 철학적 개념의 신(신은 자신의 마음으로부터 나오며, 자신의 필요가 신의 숫자이고, 필요를 채워 주는 존재를 자신의 신으로 섬기며, 자신의 필요가 하나도 없으면 자신이 신이 된다.)과 가족 신(유목하였던 아리안족이 섬기던 천체의 신들을 남자 신으로, 농경하였던 드라비다족이 섬기던 신들을 여신으로 하여 두 신들을 결혼시켜 가족 신이 되게 함), 자연 신(하늘과 땅과 공중에 있는 모든 대상을 신으로 섬김)의 원리를 만들어 가정의 다양한 우상 숭배로부터 종족들의 통합, 하늘, 땅, 산, 강, 바다 어디에서나 무엇을 믿든지 간에 믿음의 사상이나 대상이 있다면 모든 것을 믿는 것으로 받아들였다. 또한 믿음의 대상이 다르더라도 그 대상에 내재한 의미가 같다면 같은 대상의 다른 표현으로 받아들임으로써 공동체로서의 연합을 추구하였다.

인도의 예수 박따 운동의 주요한 사역자인 다야난드 바라티는 이에 대하여 개인의 삶을 문화, 사회, 종교적으로 나눌 수 없듯이 힌두교는 이 모든 것들을 포괄한다고 하였다.[157] 또한 모든 사람은 한 신에게서 나왔지만, 자신의 참된 자아를 깨달을 때까지 나온 출처대로 살아야 할 카스트별 의무(바르나 아쉬라마스 다르마)와 생애 단계에 따른 의무(아쉬라마스 다르마)를 강조함으로써 사회적 안정을 유지하였다. 공동체의 공중 위생을 위해 형성된 정결함과 부정함의 원리는 삶의 적용을 통해 서로 다른 공동체의 건강과 안전을 유지할 수 있도록 했다. 또한 절기마다 다양한 종교적 축제를 통해, 시장을 중심으로 물건을 팔고 사는 거래를 통해 물물의 교류가 이루어지게 하여 공동체의 경제적 분배와 심리적 동질감을 형성하였다. 이처럼 힌두교는 공동체를 강조하고 철학과 종교, 사회와 경제, 문화를 하나로 통합함으로써 공동체 자체를 믿음의 대상으로 하는 인본주의 신앙을 형성하였다.[158]

그러나 인도는 카스트별 공동체에 대한 충성심이 강하여 한 가죽 부대 안에 들어 있는 많은 구슬처럼 외부에서 보기에는 한 공동체이지만 안에는 서로 다른 낱낱의 공동체(구슬)들이 있고, 각 공동체는 결속력이 강해 타 공동체에 속한 구성원이 쉽게 다른 공동체(구슬) 속으로 들어가기 어려운 문제가 있다.[159] 인도 인구의 약 16.5%를 차지하고 있고 인도 기독교인의 약 80%를 차지하는 달리트[160] 하리잔 공동체는, 주요 힌두 공동체에 포함되지 않아 주요 힌두로부터 소외되었고, 부정하다는 의미의 불가촉천민으로 불려 왔다. 이로 인해 강력한 힌두교 공동체주의로부터 분리되어 왔다. 힌두교의 공동체 원리는 자연적으로 개인의 삶 속에서 나타나기에 인도 지역 교회가 이들에게 복음을 전하기 위해서는 힌두교의 공동체 원리에 대한 바른 이해가 필요할 것이다. 더 나아가 공동체주의 문화를 수용한 제자도 그리고 선교가 통합된 지역 교회를 형성해야 할 필요가 있다고 본다.

인도 교회의 형성과 문제점

인도 교회의 형성 과정

a. 힌두 공동체에 반대하며 종족 집단 회심을 통해 형성된 교회

인도의 북동부 지역의 여러 주는 몽골리안 계통 종족으로 구성되어 있는데, 영국령 인도가 미얀마 왕국과의 전쟁(1824~26, 1852, 1885)에 승리함으로써 인도에 통합된 지역들이다. 토착 신앙을 가지고 있던 종족들에게 서구 선교사들이 복음 전도를 하였는데, 정치적인 민족의 단합과 인도 힌두교에 대응할 수 있는 종교를 찾던 종족 지도자들이 기독교로 회심하고 집단 개종을 통해 형성된 교회들이다. 초기에 기독교를 접한 사람들은 글을 모르는 산지 사람들이었기 때문에, 선교사들은 그들에게 문자와 책을 만들어 글을 가르쳤다.[161] 또한 문화의 거리를 줄이기 위해 이들이 가지고 있던 전통과 문화를 수용함으로써 이들이 쉽게 복음을 받아들일 수 있도록 하였다.

b. 힌두 주요 카스트에 속하지 않은 자들에 의해 형성된 교회

힌두교의 주요 카스트에 포함되지 않는 힌두들이 있는데 달리트 또는 하리잔(신의 자녀들)이라고 불린다. 스케쥴 카스트 또는 부족이라 불리는 이들은 도시화 현상으로 도시 빈민의 대다수를 이루고 인도 전체 인구의 약 15~20%를 차지하고 있다. 주로 농촌 또는 산지에 많이 살고 인도 기독교인의 약 80%가 이 카스트 힌두교인들에서 나왔으며, 이들은 힌두교의 철학이나 신관에 대한 깊은 이해가 부족하다. 서구 선교사들은 이들에게 교육의 기회, 경제적 도움, 물질적 필요, 건강 등에 도움을 줌으로

써 주요 카스트 사람들에 비해 용이하게 많은 기독교 개종자를 얻을 수 있었다. 단점은 외부인에 의해 도움받는 것에 익숙해져 자치, 자전, 자립이 어려워 복음의 재생산이 어렵다는 것이다. 인도에는 1억 6천 6백만의 달리트가 있다고 한다. 인도 정부는 달리트가 시크교로 개종하는 것은 용인하지만 기독교와 이슬람으로 개종하는 것은 배제한다. 달리트 공동체는 힌두 주요 공동체의 종교 행사와 사회적 활동에서 배제되었고, 동물을 잡거나 가죽 작업등 오염되는 직업에 종사하도록 직업을 제한하였다. 약 80%의 달리트는 시골에 살고 있으며 대부분 임금 노동 또는 땅을 임대하여 농사를 짓고 있다.[162]

c. 힌두 사회와 문화 수용적인 기독교 공동체인 예수 박따 교회

인도 기독교인들은 기독교의 초기 예수님의 제자 도마에 의해 복음이 전해진 이후 시리아 교회가 남인도에 정착하였다고 믿는다. 이후 16세기 로마 가톨릭교회가 인도에 선교를 시작하였을 때 인도의 문화를 수용한 토착화 복음을 시도하였다. 17세기 로베르토 드 노빌리(Roberto De Nobili) 선교사는 남인도 힌두 사회의 상위 카스트에 복음을 전하고자 인도의 문화를 수용하는 선교 전략을 사용하였다.[163] 남인도 힌두교의 브라만에게 복음이 전해졌을 때 브라만들은 기쁘게 복음에 반응하였으나 타 카스트와 혼합된 교회 형성을 반대하였다. 그들은 힌두 사회 내에서 적절한 소통과 지도자적인 영향력을 형성하기를 원했고 힌두 문화와 그들의 공동체를 떠나지 않고 기독교인이 되고자 하였다.[164]

힌두 문화와 공동체에 속하지만 그리스도를 믿는 신앙 정체성을 가진 예수 박따들은, 힌두교의 문화를 예배와 모임에 받아들여 문화적 거리를 줄이고 자신의 공동체 안에서 기독교인이 됨으로써, 기독교인에 대한 힌두교인들의 박해가 심한 때에도 핍박이 적었고 전도가 쉬운 장점이 있었다. 힌두교에서는 유형적인 신개념인 이쉬와르(신)가 있기 때문에 예수 신을 믿는 힌두교라고 하면 힌두 공동체에서도 큰 저항이 없이 용인되었기에, 예수를 믿는 자의 모임이라는 뜻의 '예수 박따', 또는 '예수 다르바' 교회가 형성되었다. 그러나 제자도에 대한 훈련이 결여되면 힌두교와 복음을 혼동함을 통해 종교 혼합적이 될 수 있다는 우려도 있다. 하지만 그런 문제는 기독교 교단도 안고 있는 문제다.

남인도의 타밀나두와 케랄라주에 많은 예수 박따 교회가 형성되었고 북인도의 알라하바드 지역에 예수다르바 교회도 세워져 있다. 자치, 자전, 자립이 가능한 교회 조직이긴 하지만 일부 지도자들 외에는 서구 기독교의 영향을 받은 기존 교회와 교류가 잘 이루어지지 않고 있다. 즉 예수 박따 운동이 갖고 있는 장점이 많음에도 불구하고 서구화된 기독 교회가 관심을 거의 기울이지 않고 있다.

d. 카리스마틱 오순절 교회

20세기 초 미국의 아주사 거리에서 시작된 성령 운동은 운동의 초기 인도에 도착하였다. 오순절 교회 선교사를 통해 오순절 은사주의 특히 방언을 강조하는 오순절 교회가 1907년에 형성되었고, 이후 성령의 은사주의(병 고침과 축사, 방언 등)를 강조하는 오순절 교회가 인도 전 지역으로 확산되었다. 인도 기독교인의 대다수가 달리트 계층으로부터 개종한 자들이고 기독교인 가운데 지식인이 많지 않았기 때문에 병과 귀신으로부터의 고침, 방언 등 이적과 표적을 통하여 시골 지역의 다양한 사람들이 예수를 주와 구세주로 영접하였다. 표적과 이적이 동반된 성령 운동은 인도 여러 지역에 기독교의 수적인 부흥을 가져왔으며, 또한 기독교 지역주의는 기독교 부족 지도자들에게 집중하여 그들이 리더십을 가지고 영적 권위주의를 강조할 수 있도록 함으로써 인도 기독교에 성령의 사역 중요성을 일깨워 주었고, 초기 오순절 교회의 수적 성장에 크게 기여하였다.

인도 교회의 문제점

인도 교회가 다양한 유형으로 형성되어 가는 중에 여러 문제점들이 발생했다. 정치와 종교가 혼합되어 제자도가 결여된 명목적인 그리스도인이 형성되고, 인도 사회에 좋은 영향을 끼치는 것이 아닌 인도 주요 사회 구성원들과 분리된 종교가 되고 말았다. 힌두교와 기독교가 혼합된 종교 혼합주의가 만연하게 되었고, 성경 교육이 약한 성령 운동의 영향으로 교회의 질서가 혼란하게 되었다. 다른 공동체와는 교제하지 않는 종족 교회들이 나타나며 그리스도 안에서 연합된 한 몸의 교회로서의 개념이 희미하여졌다.

또한 기독교인들의 대부분이 불가촉천민이라 불리는 계층에서 개종하였기에 경제적으로나 정치 사회적으로 힌두 주요 공동체에 복음을 전하고 영향을 끼치는 것에 어려움이 있게 되었고, 외부인에게 의존적이며 자립심이 약하게 되었다. 그 결과 기독교란 무엇을 믿고 따르는 종교인지 분명하지 않게 되고 더 나아가 '기독교와 교회는 무엇이며, 그 존재 이유는 무엇인가?' 그리고 '세상에 대한 교회의 역할은 무엇인가?'에 대한 논의들이 제기되었다. 이러한 요인들은 교회의 본질에 입각한 선교적 교회의 출현을 하도록 만든다.

한국 선교사의 특성과 어려운 점

인도의 한국 선교사의 특성은 죽도록 충성하는 자들이 많다는 것이다. 북인도의 펀자브 지역과 유피 지역 그리고 하리야나 주 지역에서 사역하던 세 명의 선교사들이 사고와 질병, 과로로 인도에서 순교하였음에도 진행하던 사역은 중단되지 않고 계속되고 있다.

인도에 있는 한국 선교사들은 교회 개척과 제자 훈련, 신학교 사역, 학교 및 학원 교육, 직업 훈련, 지역 개발, 긍휼 및 치유 사역 등 다양한 사역을 하는 것으로 나타난다. 지난 40년간 수많은 한국인 선교사들이 교회 개척에 헌신해서 많은 열매를 맺었고 인도의 교회 연합회와 협력을 추진하고 있다. 긍휼 사역과 사회 개발 사역을 진행하는 선교사들의 사역은 다양한 면으로 나타났다. 신학교와 학교, 학원 설립을 통한 사역자 양성 및 사회 지도자 훈련, 스포츠 및 의료 선교, 농촌 기술 개발, 고아원과 미망인 사역, 직업 훈련 등을 통해 사회적으로 소외된 사람들을 돕고 사역자들을 세우는 일에 많은 공헌을 하였다. 한국 선교사들의 헌신적인 노력에도 아직은 많은 현지 교회가 행정과 재정을 선교사에게 의존하고 있다. 많은 한국인 선교사들이 긍휼 사역과 학교, 학원 사역을 통해 소외된 많은 인도인에게 교육의 기회를 제공하고 물질적으로나 의료적으로 도움을 주었다.

그러나 한국 선교사들에게는 어려움도 있다. 힌두교에서 기독교로 개종한 성도들이 복음에 대해 자신들의 믿음의 결단으로 개종을 결정한 것이 아니라, 선교사들이 그들에게 물질과 교육의 혜택을 부여함으로써 기독교로 개종하도록 회유한 것이라는 누명을 씌우며 개종한 자까지 협박하는 인도 힌두교 근본주의자들이 있다는 것이다. 또 다른 어려움은 인도의 경제 성장률이 급격히 높아져서 긍휼 사역을 위한 재정적 필요가 한국 교회가 담당하기 어려운 상황에 다다르고 있어 한국 선교사들이 새로운 선교 정책들을 시도할 시기에 다가와 있다는 것이다.

모델로서의 선교적 인도 교회 제안

인도에는 다양한 공동체와 문화와 전통을 따르는 교회들이 있지만, 인도 힌두권 내에 적합한 교회는 자치적인 지역 교회들의 연합 구조를 가져야 한다고 본다. 물론 이것은 쉬운 일이 아니다. 한국의 교회들만 봐도 같은 지역의 교회들이 연합을 하지 못했고 선교사들도 그러한 환경에서 신앙생활을 했기 때문이다. 그러나 예수님은 모든 나라와 방언과 종족 공동체의 주님이시며 공동체의 안전과 구원과 완성을 위해 오셨다. 예수 그리스도 안에서 모든 공동체는 하나이다.[165]

삼위일체 하나님께서는 주님의 몸이요 성령의 공동체인 교회를 하나님의 선교에 참여케 하여 부르신 곳 어디서나 공동체의 구원과 완성, 만물의 회복을 위한 선교를 진행하도록 부르셨다.[166] 교회는 예수 그리스도를 주와 구세주로 고백한 자들의 모임으로 하나님의 임재를 경험하는 예배와 그리스도와 영적 한 몸을 이루는 성례, 그리고 은혜와 사랑이 넘치는 가족공동체로서의 코이노니아와 성령의 임재와 역사하심이 있는 곳이다.

교회는 순례하는 공동체로서 주의 자녀들을 사랑으로 양육하고 성장하게 하여 그리스도의 인격과 삶을 닮게 하고 개개인의 은사 개발을 통해 세상에서 복음 전파와 가르침, 치유 사역을 통하여 예수님의 사역을 계승하도록 제자도를 훈련한다. 예수님을 따르는 제자의 길은 삶의 훈련에 중점을 두며, 방법이나 커리큘럼이 아니라 사랑과 은혜의 공동체 안에서 안전하게 양육되고 성장하여, 주님께서 주신 은사를 활용하여 세상에서 천국 복음을 전하고 말씀을 가르치며 세상을 치유하는 것이다. 선교학자인 레슬리 뉴비긴(Lesslie Newbigin, 1909~1998)은 교회를 교회답게 하는 것은 선교이며, 교회를 하나 되게 하는 것은 세상을 향한 교회의 선교라고 주장한다.[167]

성경에서는 모든 믿는 자들은 제자라고 지칭하면서도, 또 다른 곳에서는 보다 주님께 헌신되고 그 결과 열매를 맺는 자들이라고 지칭했다. 물론 각 교회에는 영적이나 지적, 감정적이나 육체적으로 미약한 사람도 있고 성숙한 사람들이 있다. 하나님의 나라를 이루어가는 데에는 성숙한 사람만이 필요한 것이 아니라, 아기같이 어떤 세상의 지식이나 은사도 나타나지 않는 자들 또한 필요하다. 아기의 존재 자체가 그 아기의 가족에게 기쁨과 소망을 주듯이 교회는 모든 그리스도인에게 주어진 역량과 개개인의 은사에 맞추어 하나님의 선교에 동참하도록 하며 단계적인 양육 및 성숙을 위한 훈련의 기회를 주어야 한다. 생명이 있는 모든 존재가 자라나는 것처럼 교회의 지체들이 그리스도의 인격과 능력을 닮아 주님의 사역을 이 땅 위에서 행할 수 있도록 주님의 자녀들이 영적, 감정적, 지적 및 신체적으로 적합하게 지식을 전달하는 것만이 아니라 삶의 변화가 중심이 되는 제자 훈련을 진행해야 한다.

교회가 이러한 훈련을 하기 위해서는, 공동체 안에서 믿음의 뿌리가 잘 내리도록 돌보고 건강하게 자라도록 기다려 주며, 반복하여 실수해도 참아 주고 용서하여 다시 믿음으로 도전할 수 있도록 격려해 주는 사랑이 넘치는 곳이 되어야 한다. 목회자는 권위자가 아니라 섬기는 자로서 제자 훈련이 주님께서 주신 교회의 사명임을 확신하고 성도들이 그리스도의 인격과 능력을 닮을 수 있도록 비전을 제시하고 모범을 보임을 통해 성도들이 자랄 수 있도록 도와야 한다.[168] 모든 그리스도인은 주님의 제자라는 확신으로 성장에 대한 열망이 일어나도록 자연적인 교회의 환경을 조성해야 한다. 자신의 은사가 개발되고 친밀한 교제와 사랑을 나눌 수 있는 소그룹 모임이 교회 안에서 이루어지도록 교회의 조직을 변화시키되, 각 개인의 모든 삶의 영역에서 삶과 신앙이 분리되지 않고 모두 하나님께 드려지도록 소명 의식을 고취시키는 것이 필요하다.

교회는 다양한 사람들이 있기에 교회 본질과 사명에 대해 말씀 중심, 성례 중심, 성령의 은사 중심, 거룩함 등의 주요 강조점이, 각 교단, 또는 교파에 따라 약간의 차이가 있을 것이다. 그러나 선교의 주체이신 삼위일체 하나님의 선교적 관점과 주님이 다스리시는 완성된 하나님의 나라에서 모든 그리스도인이 하나되어 예배하는 공동체로서의 종말론적 관점을 가지고 교회들이 함께 하나님의 선교를 이루어 나가야 한다. 예수 그리스도를 주와 구세주로 고백한 제자들은 믿음과 사랑과 은혜의 공동체 안에서 양육받고 성장하여 하나님의 선교에 은사에 따라 동참해야 한다. 선교는 모든 그리스도인의 삶이다.

인도 교회가 선교적 교회가 되기 위한 교회의 역할

인도 교회가 선교적 교회가 되기 위해서는, 교회가 공동체의 구원과 완성을 위한 선교를 교회의 사명과 본질로 삼아야 한다. 예수 그리스도는 모든 공동체의 주님이시며 주인이시고 공동체를 완성케 하시는 분이시다. 예수 그리스도 안에서 모든 공동체와 만물은 하나가 된다.[169] 인도 교회는 다양한 환경과 과정을 통해서 형성되었기 때문에 안전과 번영에 대한 각 공동체의 갈망과 결속력이 강하며, 힌두 공동체 문화 자체도 다양성 속의 통일성을 추구하기 때문에 각 공동체의 자치적 의사 결정이 이루어져 성경의 진리 안에서 각 지역의 상황에 적합한 교회를 형성할 수 있도록 개교회의 자치권이 형성되어야 한다. 각각의 공동체는 독특성을 갖지만, 선교를 위해서 교육, 재정, 연구, 인원, 자원을 함께 나누며 협력해야 한다.

예배 공동체

인도 교회가 힌두 문화권 내의 선교적 교회가 되기 위해서는 예수님이 주님과 구세주 되신 공동체를 완성하기 위한 예배 공동체와 사도적 증인의 공동체가 되어야 한다. 이를 위해서 교회는 성경의 문화와 반대되지 않으면서 거룩함과 하나님의 임재를 경험할 수 있는 인도 문화를 예배에 적용하도록 해야 한다. 인도의 힌두교인은 하루 새벽 해 뜨기 전과 저녁 해진 후에 2번 기도하는데,[170] 교회는 힌두교에서 기독교로 개종한 성도들에게 이것을 배격하지 말고 수용하여 예배의 대상이신 주님께 성도들이 해 뜨기 전과 해가 진 후 매일 2번씩 감사 및 간구의 예배를 드리도록 권면하고, 예수님의 말씀을 마음에 새기어 매일의 삶 속에서 동행하도록 해야 한다. 인도에서는 신발을 세상으로 생각하기 때문에 거룩한 장소에 신발을 신고 들어오는 것을 허락하지 않는다. 따라서 교회에서는 신발을 벗고 앉은 자세로 하나님을 예배하는 모임을 갖도록 하며, 인도 전통 악기인 따블라와 도울 락과 하모니움 등을 사용하도록 한다. 힌두교 문화가 강한 지역에서는 교회 이름 대신에 '싸트쌍'(진리의 모임)이라는 이름으로 모이고, 예배에 참석한 모두가 참여할 수 있도록 역할을 제공해야 한다.

성례(주의 만찬과 침례[세례]) 공동체

주의 만찬은 그리스도인이 예수와 함께 한 몸 됨을 표현하는 중요한 의식이다. 인도 각 교회의 상황에 따라 예수님의 몸을 상징하는 떡은 인도의 주요 식사인 짜빠띠 또는 로띠, 또는 바나나 코코넛을 통하여 예수님께서 우리를 구원하시기 위해 자신을 주셨다고 표현할 수 있을 것이다. 인도 힌두교에서 예수를 영접한 사람들과 새로 교회에 참석한 사람들은 포도주를 마시는 것이 부정하다고 생각하여 마시기를 대단히 힘들어하기 때문에 포도 주스나 커피 또는 차로 대신하도록 한다. 주님의 만찬을 기념하는 하나 됨의 의식으로서의 의미를 더 부여하도록 한다. 침례(세례)는 힌두교의 성인 의식 중의 가장 중요한 의식으로 '구루딕차'라고 불린다. 영적 스승에 의해서 물에 잠기는 의식을 행한 후 영적 스승이 구루딕차를 받은 자의 귀에 새 이름을 주면 그 이름을 기억하게 된다. 이 의식을 선교적 교회에서 적용하여 침례(세례)를 받은 자에게 새 이름을 주어 그 이름처럼 살도록 권면하는 것도 좋을 것이다.

교제 공동체

교회는 교인들이 서로 사랑하고 돌보며 겸손히 섬기면서 타인의 말과 표현을 친절하게 경청하고 지적, 감정적, 신체적으로 연약한 자들의 부족한 부분이 보이고 반복하여 실수하더라도 참아 주고 용서하며, 긍휼과 사랑이 넘치는 교제, 각 지체의 영성과 양육, 성장에 적절한 교육, 그리스도의 몸을 세우는 은사 개발, 세상을 향한 사명을 감당하도록 격려하고 용기를 주는 곳이다. 교회는 자신의 은사를 성장시키고 교회를 섬기도록 활용하는 곳이 되어야 한다.

어린이든 어른이든 각자가 예배에 참여하여 섬길 수 있는 역할들을 주고 그 역할들이 돌아가면서 진행될 수 있도록 조정해야 한다. 교회의 공동 식사는 공동체의 유대감을 강화한다. 예배를 마친 후 식사를 같이하며 모두가 다 참여할 수 있는 과업을 부과하여 섬길 수 있도록 한다. 교회에서는 모두가 존중을 받아야 한다. 카스트, 성별, 나이, 신분에 대한 구별 없이 높은 자가 낮은 자를 섬기도록 하되, 특히 사회에서 소외를 당하는 어린이와 여성들의 보호가 이루어질 수 있도록 조정한다.

선교적 교회가 되기 위한 제자 훈련(교육)의 역할

제자 훈련의 목적은 말씀과 성령의 감화를 통해 하나님의 사람으로 온전케 하며 온전한 삶을 살게 함으로써 예수 그리스도의 인격과 삶을 본받는 신자의 자아상을 확립하는 것이다.

힌두교의 경우에는 가정과 학교, 힌두교 사원과 사회, 연내 계속되는 축제 등 모든 환경을 통하여 힌두교 제자 훈련이 이루어진다. 선교적 교회에서도 가정과 직장, 사회 등 삶의 모든 영역이 제자 훈련의 장소가 될 수 있도록 양육과 성장에 초점을 맞추어 진행되어야 한다. 교회 내에서는 예수를 주와 구세주로 영접하여 중생했지만, 영적, 지적, 감정적, 의지적, 신체적으로 강인한 자들도 있고 연약한 자들도 있으며 새 신자와 기존 신자 등 다양한 신자들이 있기에 각 신자의 상태에 적절한 훈련이 주어져야 한다.

새 신자를 양육하는 단계에는 새 신자가 구원의 확신을 하고 교회에 잘 정착할 수 있도록 도우며 경건한 생활과 선한 삶을 통하여 전도하는 삶을 살아가도록 인도한다.[171] 양육되면 제자가 그리스도인이 된 후 어떤 사명을 가지고 살아가야 하는지에 대한 방향을 설정하되, 특히 경건의 시간을 통해 말씀을 묵상하고 순종하여 그리스도를 닮아가는 훈련(전도, 교육, 치유)에 초점을 맞추어 인도한다. 이후 그리스도인의 삶의 가치에서 우선순위와 인생의 목적을 알도록 성경 통독 및 성경 공부를 개론적으로 함으로써 성경을 전체적으로 이해하게 하고 기초 사역자로 성장하는 데까지 훈련한다.[172] 다음으로는 성경의 교리적 부분의 공부로서 성서의 절대적 권위와 신자의 영원한 안정성, 교회 사역에서 선교의 우선순위 및

협동 선교의 중요성을 중심으로 성경적 교리에 근거한 직분자 훈련에 초점을 맞추는 것이 필요하다.[173]

지도자 훈련은 성경의 강론을 통해 복음을 정확히 이해하고 자라나게 하며, 영적 경험을 통해 그리스도의 인격과 능력을 닮아 각자의 은사에 따라 세상을 섬기도록 해야 한다. 하나님의 선교에 직접 참여할 수 있도록 신자들을 격려하고 동원하기 위해 선교의 목적과 이유, 성경에 나타난 선교를 살피고 선교에 참여하게 한다. 구체적으로 선교사로 준비하는 사람들을 위해서 세계 선교 상황, 파송, 준비 그리고 동참하는 방법 등을 배우고 참여하게 한다.[174] 인도 교회는 자립심이 약하기 때문에 10가정이 한 교회 목회자를 재정적으로 지원해서 한 교회를 세우도록 격려하며, 10개의 지역 교회가 연합하여 매년 한 교회를 개척하도록 훈련한다.

교수 방법

가족의 연장자에게 우선순위를 둔 훈련

인도 힌두 문화는 가족의 대소사에 있어서 결정의 대부분을 연장자에게 부여하고 있기 때문에 먼저 가정의 연장자의 제자 훈련에 중심을 두어야 한다.[175] 연장자가 주님을 주와 구세주로 영접할 수 있는 경험을 할 수 있도록 기도하고 훈련해야 한다. 선교적 교회는 공동체의 연장자들이 공동체의 주인이시며 주이신 예수님과 함께 자신의 공동체의 안전과 번영과 완성을 향해 나가도록 도와야 한다. 먼저 연장자가 자신의 가족에게 공동체의 주인이시며 주이신 주님을 영접하고 가족 구성원에게 전하여 가족 공동체 전체가 예수님을 주님과 구세주로 영접하도록 한다. 하루에 2번, 아침 해 뜨기 전과 해 진 후 기도 및 예배를 통해 하루의 삶이 주님과 동행 할 수 있도록 훈련한다.

말씀을 구어체와 동적으로 전하는 훈련

인도 교회는 공동체의 대다수의 인원이 말씀을 쉽게 이해하고 삶에 적용할 수 있도록 가르쳐야 한다. 인도 인구의 50% 이상이 농촌에서 생활하고 있고 또한 시골에는 글을 읽지 못하는 이들이 50%를 넘기에 문자로 복음을 전하기보다 그림이나 상황극을 통해 복음을 구어체로 전달하는 것이 필요하다. 복음의 진리를 단순화하여 모든 사람이 적용할 수 있도록 복음을 전해야 한다.

해외 파견 기독교인과 유학생들의 훈련

글로벌 기업들의 영향으로 직장인들의 해외 근무가 많아지고 해외에 유학하는 학생들의 수가 늘어 가는 가운데 있다. 직장의 동료들과 학교의 친구들, 집안일을 돕는 고용인들에게 자연스럽게 삶을 나누고 기도로 그리스도인의 사랑을 실천함을 통하여 복음과 사랑을 전할 수 있다.

소외된 병원 환자 및 미망인, 고아, 양로원, 감옥 등을 방문하여 위로하고 복음 전하기 등으로 모든 그리스도인이 선교사의 사명을 가지고 은사를 활용하여 세상에서 복음을 전하고 하나님의 나라 완성을 위하여 섬기도록 한다.

가정 교회를 통한 선교

최근 인도는 급속한 경제 성장과 직장과 교육, 문화, 의료의 편이성 등을 위해 농촌에서 도시로 이동하는 사람들이 많다. 또한 인도 정부는 2022년까지 경제 성장의 동력을 위해 100개의 스마트시티의 건설과 기존 도시를 재개발하는 도시 개발 정책을 적극적으로 추진하고 있다.[176] 2030년경에는 인도 인구의 40% 이상이 도시에서 살게 될 것이라고 예측한다. 도시화 현상은 사람들에게 강한 공동체로부터 분리되어 개방적이 되게 하고, 생활 환경의 약화나 주거 및 교통난 등으로 인해 안정감을 찾게 한다. 이러한 요인들은 인도 힌두권의 복음화를 위하여 많은 가능성을 보여 준다. 2~3가정으로 구성된 전문직을 가진 교인들로 구성된 가정 교회를 훈련하고 파송하여 새롭게 형성되는 스마트시티에 교회를 개척하도록 파송하는 전략이 필요하다. 가정 교회는 긴급한 상황이 발생할 시 빠른 이동이 가능하고, 전문화된 직업을 가지고 도시에 정착하여 재정적 자립이 가능하며, 작은 신앙 공동체로서 어려운 상황 속에서도 함께 믿음을 유지하고 나눌 수 있는 장점이 있다.

나가는 말

오순절 성령 강림으로 예수님께 훈련받은 제자들에 의해 세워진 예루살렘교회를 시작으로, 삼위일체 하나님은 만인 구원과 만물의 회복을 향한 하나님의 선교에 교회를 동참케 하셨다. 교회는 주의 말씀에 순종하여 성령의 인도하심을 따라 예루살렘과 온 유대와 사마리아를 거쳐 복음을 전하여 이제 땅 끝까지 복음이 도달하는 가운데 있다. 서구 유럽 교회 중심이었던 선교에서 이제는 세계 2/3 교회의 선교로 변화하였고 21세기에 들어서며 범세계적 교회가 연합하여 하나님의 나라 완성을 향하여 정진하고 있다.

21세기 주님의 나라 완성이 눈앞에 보이는 이때, 인도의 모든 교회가 선교적 교회가 되어 인도의 미전도 종족과 열방에 복된 소식을 전하고, 온 열방이 함께 손을 높이며 주님을 경배할 날을 소망하게 된다. 모든 그리스도인이 주님께 부름을 받은 선교사로서, 가정과 직장 그리고 주어진 삶의 자리에서 주님께서 주신 은사를 가지고 만민의 구원과 만유의 회복을 위해 섬겨야 할 것이다. 인도 교회와 열방 교회가 믿음의 한 공동체가 되어 손에 손을 잡고 할렐루야를 외치면서 주님을 높일 날을 고대하게 된다.

곽야곱

2000년부터 인도를 섬기고 있는 사역자.

미주

미주

제2장
한국 교회의 인도 사회 이해

1 Edward W. Said, *Orientalism: Western Concepts of the Orient* (Gurgaon: Penguin Books, 2001), 5.
2 Bernard S. Cohn, *An Anthropologist among the Historians and Other Essays* (New Delhi: Oxford University Press, 1987), 142.
3 Ursula Sharma, *Caste*. (New Delhi: Viva Books, 2002), 7.
4 Bernard S. Cohn, *An Anthropologist among the Historians and Other Essays*, 144.
5 Bernard S. Cohn, *An Anthropologist among the Historians and Other Essays*, 144.
6 Bernard S. Cohn, *An Anthropologist among the Historians and Other Essays*, 154.
7 B.K. Lavania, et.al. (ed). *People of India: Rajasthan (part I & II)* (Mumbai: Popular Prakashan Pvt. Ltd., 1998).
8 Ursula Sharma, *Caste*, 40.
9 Cordon Marshall (ed.), *A Dictionary of Sociology* (New Delhi: Oxford University Press, 2006), 293.
10 T. K. Oommen, *Pluralism, Equality and Identity: Comparative Studies* (New Delhi: Oxford University Press, 2002).
11 Satish Saberwal, *Spirals of Contentions: Why India was Partitioned in 1947* (New Delhi: Routledge, 2008), 37.
12 Declan Quigley, *The Interpretation of Caste* (Oxford: Clarenden Press, 1993). 117.
13 Nicholas B Dirks, "The Original Caste: Power, History and Hierarchy in South Asia," *Contribution to Indian Sociology*, 23. no.1 (1989): 60.
14 M. N. Srinivas, *Social Change in Modern India* (Delhi: Orient Longman, 1992), 11.
15 http://www.brahminpedia.com/2015/10/brahmin-population-in-india-analysis.html
16 이광수, 김경학, 백좌흠, "인도의 근대 사회 변화와 카스트 성격의 전환: 카스트의 민족블럭으로의 전환," 「인도연구 2」(1997년 11월): 189.
17 K.S. Mathur, (ed.) K.S. Singh, "Tribe in India: a Problem of Identification and Integration," in *The Tribal Situation in India* (Shimla: Indian Institute of Advanced Studies, 1972): 429.
18 최정욱, "인도의 공공부문 할당제와 지정카스트의 정치 세력화," 「국제정치논총 53」, no.3 (2013년 9월): 559.
19 Dipanka Gupta, "Caste and Political Identity over System," *Annual Review of Anthropology* 34 (2005): 417.
20 정채성, "카스트 불평등이 도시전문직 취업에 미치는 영향," 「인도연구 17」, no.1 (2012년 5월): 20.
21 Donald A. McGavran, *Understanding Church Growth*, 3rd ed. (Grand Rapids: William B. Eerdmans Publishing Company, 1994), 45.

제3장
한국 교회의 인도 기독교 이해

22 제이슨 맨드릭, 『세계기도정보 2』 (서울: 죠이선교회, 2011).
23 Robert Eric Frykenberg, *Christianity in India: From Beginnings to the Present*, (Oxford University Press, 2008), 91-115.
24 앞의 책, 116-141.
25 스튜어트 피진 외, 최태희 역, 『숭고한 경주』 (서울: SFC, 2002).
26 Gauri Viswanathan, *Masks of Conquest* (Columbia University Press, 1989). 이 책에서 저자는 영국 식민 지배의 근저에 인도 문화를 말살하려는 시도가 있었는데, 그것을 영문학과 영어 교육을 예로 들고 있다. 영국 관료들과 알렉산더 더프를 비롯한 선교사들의 이해관계가 맞으면서 실시된 영어 교육은 영국의 모든 식민지에 표준화된 교육 방식으로 정착하게 되었다.
27 '여성의'라는 뜻으로 종종 인도의 무슬림과 힌두 가족이 사는 집 안쪽에 배치되어 있던 여성들만의 규방을 지칭한다. 이곳은 오직 여성이나 가족 이외에는 출입이 금지된다.
28 엘리자베스 테베, 공영수 역, 『인터서브 155년 역사』 (성남: 인터서브코리아, 2008), 12-15.
29 스탠리 존스, 김상근 역, 『인도의 길을 걷고 있는 예수』 (서울: 평단문화사, 2008).
30 로빈 보이드, 임한중 역, 『인도 기독교 사상』 (서울: CLC, 2019), 52-84.
31 공영수, 『또다른 인도를 만나다』 (서울: 평단문화사, 2014), 216-222.
32 인도 부흥의 한 단면을 알고자 하면 다음 책을 참고하라. 프란시스 맥고우, 권태식 역, 『기도의 사람 하이드』 (서울: 생명의말씀사, 1977).
33 Youngsoo Kong, "Christians and Refugee Relief during Partition of India with special reference to Punjab and Delhi", *Christian Inquiry on Polity* (InterVarsity Publishers India, 2017), 85-98.
34 달리트 크리스천에 대한 논의는 다음 책을 참조하라. James Massey, *Dalits in India: Religion as a source of bondage or liberation with special reference to Christians* (Manohar, 1995).
35 이찬우, 『프론티어 선교학』 (서울: CLC, 2020), 498-506.
36 https://imaindia.org/
37 John C. B. Webster, *A Social History of Christianity: North-west India Since 1800* (Oxford University Press, 2007), 343-344.
38 Pasaltha, "The amazing mizo church, India", 2016년 11월 15일, 유튜브 영상, 7:12, https://youtu.be/1LAIMvpNYwo
39 James Sebastian(UESI tentmaker coordinator)와의 면담, 2021년 5월 29일.
40 진기영, 『인도 선교의 이해 (I)』 (서울: CLC, 2015), 307-326.

제5장
한국 교회의 인도 선교 40년 역사

41 진기영, 『인도 선교의 이해 (II)』 (서울: CLC, 2016), 18-53.
42 도마 전승과 시리아 정교회의 역사에 관해서는 필자의 글, "도마전승과 인도시리아교회의 역사에 대한 선교적 고찰", 『미션인사이트 11호』 (주안대학원대학교, 2021.5.)를 참고하라. 로베르토 드 노빌리를 비롯한 로마 가톨릭교회의 인도 선교에 관해서는 필자가 번역한 C. B. Firth 저, 『인도교회사』 (서울: CLC, 2018) 제4~7장을 참고하라.
43 남인도교회(CSI)와 북인도교회(CNI)의 형성과 출범에 대한 상세한 내용은 위에 소개된 책 『인도교회사』 제14장을 참고하라.
44 나일선, 『오늘의 아시아선교』 (서울: 보이스사, 1976), 229-230.
45 나일선 편, 『한국교회 선교 단체 및 선교사 일람(1982)』 (서울: 아세아연합신학대학, 1982), 15-16.
46 전재옥, "한국의 타문화권 선교 어디까지 왔나", 『월드미션』 (1990년 8월호), 24.
47 조동욱, "한국기독교회의 인도선교를 위한 역사적 배경이해", 전인도선교사회 연구위원회 편, 『한국교회 인도선교백서-인도선교 이야기 30년』, 미간행도서 (2012), 233.
48 KWMA 연구개발원, 「2014년 12월말 한국선교사 파송현황(통계)」 ((사)한국세계선교협의회, 2015), 4.
49 한국선교연구원(KRIM), 「2020 한국선교현황 보고」 ((사)한국세계선교협의회, 2021), 7.
50 PCK 남인도선교회 & 북인도선교회, 「PCK 인도선교 30년 - 회고와 전망」, 미간행도서(2012), 20-21.
51 조동욱, "한국 기독교의 인도선교 30년 개관", 전인도선교사회 연구위원회 편, 『한국교회 인도선교백서-인도선교 이야기 30년』, 미간행도서(2012), 16.
52 PCK 남인도선교회 & 북인도선교회, 「PCK 인도선교 30년 - 회고와 전망」, 22.
53 이곳에 소개된 선교사들의 소속과 입국 년도, 정착 도시는 『한국교회 인도신교백서 - 인도선교 이야기 30년』에 수록된 선교사 본인들의 진술에 의한 것임을 밝혀 둔다.
54 한국선교연구원(KRIM)의 통계에 따르면 1998년에 5,948명이었던 한인 선교사의 수는 불과 6년 후인 2004년에 두 배가 넘는 12,874명으로 증가하였으며, 2008년에는 18,035명으로 보고되었다.
55 2000년 통계는 KRIM의 자료이며, 2010년의 통계는 KWMA의 자료로서 두 자료 사이에 약간의 산정 기준의 차이가 있을 수 있음을 감안하기 바란다.
56 선교사의 보호와 사역 현장 노출을 방지하기 위해 이런 다양한 선교 형태의 구체적인 사례를 소개하지 못하는 것에 대해 독자들의 양해를 부탁드린다.
57 임권동, "인도선교의 발자취-협력 선교를 중심으로", 전사협지역대표모임 발제문, 2015.
58 조동욱, "한국 기독교의 인도선교 30년 개관", 18.
59 임권동의 위의 글 요약.
60 한인 선교사들이 저술 또는 번역·출판한 도서는 인도 선교의 이해, 인도 선교 방법론, 인도 교회사, 인도 기독교 사상, 인도 현장 사역의 경험 등 다양한 분야를 망라하고 있다.
61 조동욱, "한국 기독교의 인도선교 30년 개관", 24-25.
62 인도 내 한인 선교사가 세운 신학교에 대한 좀 더 상세한 정보는 위 조동욱의 글 27-28쪽을 참고하라.
63 인도선교백서, 48-49.
64 조준래, "비즈니스선교", 『인도선교매뉴얼』, 전인도선교협의회, 2015, 208-209.

제6장
한국 교회의 인도 속의 무슬림 선교

65　조동욱, 위의 글, 31-32.
66　진기영, 『인도선교의 이해 II』(서울: CLC, 2016), 154.
67　https://www.pewresearch.org/fact-tank/2018/06/29/5-facts-about-religion-in-india/
68　https://joshuaproject.net/filter 여호수아 프로젝트 사이트에서 전 세계 미전도 종족에 대한 자료들을 볼 수 있다.
69　인도 역사에서 무슬림을 제외하면 현대 인도의 정치, 사회 종교, 문화, 교육을 균형있게 이해하기 힘들지만, 아직 인도 무슬림만을 주제로 다룬 한국어 도서는 없다. 아쉬운 대로 조길태 씨가 쓴 『인도사』(서울: 민음사, 2000)에 소개된 인도 무슬림의 역사를 참고하기 바란다.
70　Calicut은 인도 남부 케랄라 주 북부의 한 도시로 지금의 이름은 Kozhikode으로, 포르투갈의 바스코 다 가마가 기항한 곳이며 옛날부터 무역과 상업의 유명한 도시이다. 이 지역의 군주인 자모린은 그 당시 상당한 권력을 가졌으며 초호화 생활을 하였다.
　　https://ko.m.wikipedia.org/wiki/%ED%8C%8C%EC%9D%BC:Zamorin_of_Calicut.jpg
71　자모린의 개종에 대하여는 이 두 사이트에서 찾아볼 수 있다.
　　http://blog.calicutheritage.com/2008/11/tale-of-two-conversions.html
　　https://cafedissensus.com/2016/02/15/political-economy-of-zamorin-and-religious-conversion-to-islam/
72　꾸뚭 웃 딘 아히박이 델리의 유명한 건축물인 꾸둡 미나르를 델리 정복 기념으로 건축한 장본인이다.
73　무굴 제국의 다섯 번째 왕인 샤자 한의 시대에 세계에서 가장 아름답다고 자부하는 '타지마할'이 세워졌다.
74　이은주, "수피즘의 힌두화 과정과 인도 무슬림들의 종교사상적 딜레마," 「남아시아연구」 제15권 2호 (2009). 이 연구 논문은 이슬람에서 수피즘의 기원과 인도 내에서 수피즘이 어떤 영향을 미쳤으며 또한 힌두 박띠 사상과 이슬람 수피즘과의 관계를 정리해 주고 있다.
75　최종찬, "인도 무슬림의 특성," 「남아시아 연구」 제15권 2호 (2009), 83.
76　필자의 사역지도 아주 전통적인 수피 무슬림 지역으로 죽은 수피 무덤을 중심으로 발달되었다. 수피 무덤에 가면 이들이 힌두교인지 무슬림인지 구분이 어려울 정도로 여러 형태를 보여 주고 있다. 예를 들면, 무덤가에서 기도하고 꽃을 뿌리고 무덤에 입 맞추고 짜달(무덤에 덮는 천)을 덮어 주며 향수를 뿌리고 무덤에 뿌려진 꽃이나 쁘라싸드(수피 무덤에 드려졌던 먹을 수 있는 흰 사탕의 종류) 등을 먹거나 부적처럼 간직하고 다니며 향과 촛불을 켜며 힌두들이 묶는 붉은 끈(다가)을 묶으며 기도하기도 하고 또 점을 치거나 부적을 만들어서 몸에 묶거나 가지고 다닌다. 또한 수피 성자의 무덤 주변에 살고 있는 수피들이 찾아오는 사람들에게 길일을 잡아 주거나 점을 쳐 주거나 부적을 만들어서 액운을 멀리하게끔 하는 일을 하고 있다. 이것은 힌두 사원(Mandir)에서 사두들이나 구루들이 행하는 여러 가지 일과 매우 유사하다. 힌두교에서 스승과 제자 간의 긴밀한 관계를 말해 주는 구루-쩰라(Guru-Chela, 딕샤) 같은 개념도 수피즘에도 동일하게 삐리-무리디(Piri-Muridi) 개념으로 나타나고 있다. 인도의 힌두들에게 가장 잘 알려지고 유명한 구루이며 성자인 쉬르디 사이바바(Shirdi Sai Baba, 1838-1918)는 힌두교 구루로 살기 전에 무슬림 수피였다고 한다. 그는 수피즘의 신애 사상에 크게 감동이 되어서 수피 성자로 삶을 살았지만 후에 많은 힌두들에게 힌두교 위대한 구루로서 존경을 받으면서 지금은 수피 성자의 개념보다는 힌두의 한 위대한 성자로 추앙을 받고 있다.
77　필자가 사역하는 지역은 이 찌슈띠 교단의 세번째 성자인 '니잠무딘'(H. M. Nizamuddin Auliya)이 자신의 사상과 삶을 펼쳤고 그 후손들이 지금까지 삶의 터전으로 삼고 살아가는 지역이다. 이 니잠무딘은 13세기 중반에 델리에 정착한 찌슈띠 교단의 3대 성자이다. 이 니잠무딘에 대하여는 다음의 책을 참고하라. Mehru Jaffer, The Book of Nizamuddin Aulia (New Delhi: Penguin Books, 2012).
78　Murray T. Titus, *Indian Islam: A Religious History of Islam in India* (New Delhi: Oriental Books Reprint Corporation, 1979(1930)), 111.
79　최종찬, Ibid., 84.

80　다르가(Darga)는 유명한 무슬림 수피들의 무덤을 뜻한다.

81　Jumme Ki Raat는 무슬림들이 줌마(Jummah)라고 부르는 기도일인 금요일 전 목요일 저녁을 말한다. 무슬림들은 이 밤을 거룩한 밤으로 인식하여 모스크에 모여서 모임도 하고 같이 식사도 하곤 한다.

82　수피즘이 전 세계적으로 가장 왕성한 나라는 터키와 인도이다. 터키는 인도의 니잠무딘과 동시대의 유명한 페르시아 수피 시인인 모함마드 잘랄루딘 루미(Muhammed Celâleddîn-i Rumi, 메블라나 또는 모올라비라고도 한다)의 영향으로 음악 가운데 세마(Sema)라는 손을 들고 빙빙 도는 춤을 통하여 무아지경에 빠지며 신접하는 현상을 나타낸다.

83　최종찬. Ibid., 94. Ali, Syed, 2002, "Collective and Elective Ethnicity: Caste among Urban Muslims in India", Sociological Forum, Vol. 17, No.4, 602. 재인용.

84　이 부분의 대부분은 필자가 인도 무슬림 속에서 살아가면서 그들과 인터뷰한 내용으로 정리를 하였다.

85　최종찬. Ibid., 96.

86　게토(Ghetto)라는 단어는 유럽에서 유대인이 모여 살도록 법으로 강제한 도시의 거리나 구역을 가리킨다. 13세기 모로코에서 처음 등장했다. 14~15세기부터는 유럽 전역에서 이런 거 주제한 규정이 생겨났다. 게토라는 이름은 1516년경 베네치아에서 처음 등장했다. (나무 위키) 오늘날에 이 단어의 의미는 특정한 소수 집단이 다른 다수의 집단에게 주로 종교, 문화, 경제적으로 외부와 단절된 채 소외되고 괴리된 모습을 보이는 온 오프라인의 집단이나 커뮤니티에 대하여 말할 때 사용되고 있다.

87　https://www.edaily.co.kr/news/read?newsId=02922486606250296&mediaCodeNo=257 "인류 역사상 최고의 경제 대국은 어디?"라는 기사에서 미국의 포춘지가 조사한 시대별 글로벌 총 생산 규모와 당시 특정 제국이 차지하는 경제 비중을 추산하는 방식으로 지구상 역대 가장 강력한 경제력을 가졌던 대국 5곳을 선정하는 것에 무굴 제국이 포함되었다.

88　https://en.wikipedia.org/wiki/1951_Census_of_India [Census of INDIA 1941. Volume 1,] M. W. M. YEATTS, C.I.E., I,C, S. Published By The Manager of Publications, DELHI. 1943. 107.

89　고홍근, "인도 정치의 탈 세속화와 무슬림의 딜레마", 「남아시아 연구」제15권 2호 (2009), 18-19.

90　Indian National Congress, INC 로 1885년 설립되어 독립 이후에도 거의 연방정부의 주류를 차지했던 정당이다. 우리가 일반적으로 알고 있는 네루, 간디 가문의 정당이다.

91　Bharatiya Janata Party, BJP라고 불리는 인도 인민당은 1980년에 세워진 정당으로 힌두 근본주의를 표방하며 인도를 힌두교 국가로 만들어야 한다는 기치를 걸고 있는 현재의 집권 정당이다. 이들은 힌두트바(Hindutva)라는 힌두교 우파 민족주의의 강력한 이념을 가지고 힌두교를 제외한 다른 타 종교를 인도 내에서 다 몰아내겠다는 사상으로 정치를 해 나가는 정당이다.

92　참고로 지난 2014년 전후 인도에 사역하고 있던 한인 선교사들의 숫자는 약 1000여 명이었는데 인도 인민당이 집권하면서 비자와 거주 등록 등으로 압박하여 현재는 약 200여 명 밖에 남아 있지 않는 상황이다.

93　2019년 8월 인도인민당 정부는 무슬림이 다수를 차지하는 "잠무 카슈미르주 특별 자치권"을 보장하는 헌법 370조를 폐지하는 것으로 인하여 그동안 보호되어왔던 잠무 카슈미르주의 토지 등이 외지인에 넘어 갈 수 있는 법적 근거를 마련해 주었다. 이것은 무슬림이 주종인 그 지역에 힌두의 영향력과 땅 점령을 위한 전략이다. 또한 2019년 12월 "시민법(Citizenship Amendment Act 2019, CAA)"을 발효하면서 인도의 3개 인접 출신 비 이슬람교도 이주자들에게 종교적 박해에 직면할 경우 시민권을 부여한다는 내용을 발표하였는데 이 법에 무슬림들은 쏙 빼고 법을 만들었을 뿐만 아니라 3개국 주변 인도에 현재 살고 있는 인도 무슬림들에게 독립 이후에 그 지역에서 지금까지 계속 살고 있다는 증명서를 만들어 오라고 요구하면서 만들어 오지 못하는 모든 무슬림들을 난민 캠프 형태로 집단으로 모아 놓고 관리하면서 그 증명을 가지고 오지 못하면 다른 나라로 추방하겠다고 위협을 하고 있는 상황이다. 또한 인도는 지난 십 수년 동안 10여 개의 지방 자치 주에서 개종 금지법(다른 말로 Love Jihad)을 발효함으로 다른 종교로의 개종을 금지시키고 있다. 이것은 명목상의 다른 종교로의 개종 금지법이지만 실제로는 그 이름에 있듯이 무슬림 남자들이 힌두 여자들과의 결혼을 금지시키고, 만약에 결혼했을 때에는 무슬림 남자를 처벌하는 법이다. 이 '러브 지하드(Love Jihad)'란 힌두교 단체가 쓰는 용어로 결혼을 통해 힌두교 여성을 무슬림으로 개종시키려는 이슬람 남성들을 비하하는 혐오 표현이다. 실제로 이 법이 인도에서 인구가 가장 많은 주인 우따르프라데시 주(UP)에서 2020년에 발효되는 것으로 인하여 무슬림 남성이 처벌받았으며 한국인 선교사님 한 분도 성탄

전에 힌두 마을에서 구제 사역을 하던 중 고발이 되어서 잡혀서 어려움을 겪고 있는 중이다.

94 트리플 딸락(Tripple Talaq)은 인도 파키스탄의 무슬림들에게 주로 있는 이혼 관습으로 남편이 아내에게 어떤 방법이든지 '딸락'이라고 세 번만 말을 하면 자동으로 이혼이 되는 관습이다. 여기서 '딸락'은 '이혼'이라는 우르두어이다. 이것이 무슬림 남편들이 별 문제없는데도 자신의 마음에 들지 않으면 쫓아내는 한 수단으로 사용되고 있는데, 요즈음은 시대가 변하여 전화상으로나 이메일, SNS, SMS 상으로도 '딸락'이라고 세 번을 보내면 합법적으로 이혼이 되고 있다. 현직 파키스탄 총리인 '이므란 칸(Imran Khan)도 2015년 두번째 결혼한 '레함 칸'과 9개월 결혼 생활 후 이혼을 하면서 문자 메시지로 '트리플 딸락'을 보냄으로 이혼을 한 경력으로 유명하다.

95 위나라, "인도 무슬림의 이해와 선교현황 및 전략제안 (2),", CAS 24호 이슈 인사이드, UPMA. 2020.11. 재인용.

96 이 부분에 대한 좀더 상세한 자료는 위나라 "인도 무슬림의 이해와 선교현황 및 전략제안 (2)" CAS 24호 이슈 인사이드, UPMA. 2020.11." 에서 참조할 수 있다. http://upma21.com/main/?p=5867

97 한국의 침례교단의 FMB 소속 선교사들의 사역은 아래 두 아티클에서 상세하게 확인을 할 수 있다. 김바울, "북인도 무슬림 속에서 일어난 사역의 상황과 전략" CAS 24호 디스커버리, UPMA. 2020.11. http://upma21.com/main/?p=5731
윤에스더 "북인도 무슬림 사역과 럭크나우를 중심으로 본 북인도 무슬림 여성 사역" CAS 24호 업마가 만난 사람, UPMA.2020.11. http://upma21.com/main/?p=5791

98 인도 무슬림들은 무굴 제국 이전이나 무굴 제국 시대에도 주 무대가 북인도 지역이었고 실제로 거의 모든 무슬림들이 몰려 살고 있기도 하다.

99 '자맛(ज़मात Zamat)'은 기독교 용어는 아니다. 페르시아어로 무슬림들의 용어이다. 이 단어의 의미는 '회중', '모임'이라는 의미가 있고, 이미 무슬림들이 자신들의 전세계적인 큰 공동체 모임 등에서 사용을 하고 있는 단어이다. 예를 들면 수니파 이슬람 선교 운동을 'Tablighi Jamaat' 이라고 한다. 이 운동은 세속화되어 가고 있는 이슬람교도들을 촉구하고 특히 의식, 의복 및 개인적인 행동 문제에서 이슬람 선지자 무함마드에 따라 자신의 종교를 다시 수행하도록 동료 회원들을 격려하는데 초점을 맞춘 초국적 수니파 이슬람 선교 운동이다. 이 단체가 지난 2020년 3월 필자가 사역하고 있는 인도 지역에서 코로나 상황에도 큰 집회를 하는 것으로 인하여 전인도에 코로나 슈퍼 전파자가 되었던 사건도 있었다. https://www.aljazeera.com/news/2021/3/25/tablighi-jamaat-members-held-for-spreading-covid-stuck-in-india '따블리기 자맛'에 대한 자료 https://en.wikipedia.org/wiki/Tablighi_Jamaat

100 앞서 언급한 한국 침례 교단의 FMB 선교사들과 몇몇 단체의 선교사들 이외에는 거의 모든 선교사들이 인도에 들어와서 무슬림들이 많이 있다는 것을 알고 그들에게 관심을 가지고 사역을 시작하였다.

101 앞서 언급한 한국 침례 교단의 FMB 선교사들과 몇몇 단체의 선교사들 이외에는 거의 모든 선교사들이 인도에 들어와서 무슬림들이 많이 있다는 것을 알고 그들에게 관심을 가지고 사역을 시작하였다.

102 필자는 현 사역지에서 사역을 하면서 많은 무슬림 가정에 심방을 했는데, 갔을 때 정말 많은 말들을 들으며 꼭 기도해 주고 온다. 그들은 자기들의 말을 들어 주는 사람과 자기들을 위하여 기도해 주는 사람들을 절실히 필요로 하고 있다.

103 필자는 델리의 한 중심에 있는 수피 공동체 속에서 사역을 하고 있는데 그 공동체의 가장 수장인 형제를 처음부터 정말 좋은 친구로 사귀고 섬기며 다가감으로 그 마을에서 20년 이상 큰 어려움 없이 사역을 감당하고 있다. 그렇게 될 때 비록 사역 가운데 어려움이 다가와도 관계 중심의 무슬림 관습에 따라 오히려 그들이 우리의 문제들을 해결해 준 경험들이 많이 있다.

104 필자는 현재의 사역지에서 선교사로 공식적으로는 알려져 있지 않지만 그 지역에 들어와서 기독교 학교를 하면서 아이들을 잘 가르치고 사랑해 주는 그리스도인으로 알고 있다. 물론 많은 사람들이 선교사라는 것을 알고 있음에도 불구하고 본인의 입으로 선교사라고 말하지 않기에 모르는 사람들은 좋은 그리스도인으로 인식되어 있다.

105 필자는 현 사역지에서 한국기아대책에서 하는 어린이 개발 사역을 오랫동안 해 왔다. 한국기아대책의 정신은 '떡과 복음'을 같이 주는 것이다. 이 정신으로 현재 사역지에서 3살 된 무슬림 가정의

여자아이를 만났는데, 이 아이는 3개월 때 의사의 잘못된 처방으로 인하여 약물 부작용으로 신장이 두 개 다 못 쓰게 되어서 거의 자라지도 못하고 매일 투석을 해야 하는 아이였다. 이 아이를 발견하고 우리가 그 부모에게 아이를 도와주겠다고 약속을 하고서 매달 정말 많은 재정과 정성으로 돌봐 주기 시작했다. 처음에 부모들과 주위의 이웃 무슬림들의 생각에는 "저 외국인이 도와주면 얼마나 오래 도와주겠어? 1~2년 돌봐 주다가 그만 두겠지."라고 생각을 했다고 한다. 하지만 우리는 그 아이를 16년 동안이나 한 번도 빠지지 않고 필요한 병원비와 약값, 아이에게 필요한 거의 모든 것을 도와주었다. 심지어는 나도 그 아이를 위하여 수차례 헌혈을 해 주기도 하였다. 그리고 정말 자주 심방을 하고 아이를 위하여 그리고 가정을 위하여 기도해 주었다. 약 5년이 지나 가면서 그 부모와 주위의 모든 사람들이 우리들을 신뢰하기 시작하였고 그 마음이 변화되기 시작하였다. 비록 지금은 그 아이가 21살 되었던 2019년에 또 한 번의 의료 사고로 천국에 갔지만 그 아이뿐만 아니라 형제자매들, 그리고 그 부모까지도 모두 그리스도를 주님으로 믿고 고백하는 일이 일어났다. 물론 주위의 많은 사람들에게도 주의 복음이 들어갔으며 정말 그리스도인들은 착하고 좋은 사람이라는 평가를 지금까지도 듣고 있고, 그 아이로 말미암아 우리가 그 동네의 어느 집이라도 마음껏 방문하여 복음을 전 할 수 있는 길이 열렸다.

제7장
한국 교회의 네팔 선교 역사

106 이태웅, 『한국 교회의 해외 선교: 그 이론과 실제』 (서울: 죠이선교회출판부, 1997), 23.
107 김한성, 『선교지에 어떤 교회를 세울 것인가』 (서울: 예영커뮤니케이션, 2020), 35.
108 강원희, 『히말라야 슈바이처』 (서울: 규장, 2011), 152–153.
109 김한성, 『한국 교회와 네팔 선교』 (서울: CLC, 2017), 59.
110 Ibid., 71.
111 이성호 선교사 부부가 2001년에 받은 파송장은 이들의 사역지를 네팔로 밝히고 있다.
112 Ibid., 176.
113 Ibid., 123.
114 Ibid., 28.
115 Ibid., 108.
116 호스텔은 대략 하숙집 또는 어린이와 학생들의 거주 시설이라고 말할 수 있다. 한국 선교사들은 지방의 목회자 자녀, 지방의 가난한 성도의 자녀, 부모를 여읜 고아들이 카트만두에서 안전하게 살며 공부할 수 있도록 돕기 위해 호스텔을 설립해서 운영했다. 물론, 경우에 따라서는 고아들만 돌보는 호스텔도 있다.
117 Ibid., 58.
118 "대한항공, 히말라야의 관문 네팔 카트만두 취항," 『여행정보신문』 2006.11.17. (제485호) http://www.travelinfo.co.kr/cmm/index_news.html?MODE=view&BD_CD=NEWS&MSEQ=1046&b_uid=5&m_uid=16&page=
119 김한성, ibid., 154–157.
120 Ibid., 208.
121 Hansung Kim, "Korean Christians' Responses to the 2015 Nepal Earthquake," *Theology of Mission* Vol. 55 (2019), 128–156.
122 김한성, "힌두권의 소규모 비즈니스 선교(BAM) 다수 사례 연구," 『선교신학』 57권 (2020), 68–99.
123 김한성, "힌두권 반개종법의 환경 속에서의 선교," 『선교신학』 49권 (2018), 153. The National Penal (Code) Act.
124 Ibid., 155.

제10장
힌두권 선교, 다음 시대의 과제

125 김영자 선교사와 이성호 선교사는 1982년 각각 인도 선교를 시작하였으며 김영자 선교사는 은퇴 후 인도 선교를 돕고 있으며 이성호 선교사는 인도와 네팔 교차 사역 중 1986년 이후 네팔 중심으로 사역하다 2018년 4월 21일 하늘의 부름을 받았다.

126 참조 Upanishad Part Four에 이들의 관계가 서술되어 있다.

127 영국이 인도 통치 초기에 현지 풍습을 악의 화신으로 보고 힌두교의 가르침은 세상을 어둡게 만드는 요인이며 그 문화를 제거하려고 공공 예산을 투입하여 그 일에 선교사들을 앞세우기도 했다. Robert Eric Frykenberg. 2008. 258 261

128 네팔에서는 1990년부터 '시민 운동'(Jana Andolan)이 일어났으며 이어 원주민 '자각 운동'(Adivasi Janajati)이 있었다. 이러한 운동의 결과 네팔 왕조의 몰락과 의회 민주주의가 등장하였다. (John Whelpton, 2016, 113-116, 121)

129 선교 사역의 계획과 평가에 대한 샘플을 아래 사이트에서 구할 수 있다. https://www.faithfulandeffective.com/wp-content/uploads/2019/08/Mission-Action-Evaluation-Tool.pdf

130 죠수아 프로젝트. https://joshuaproject.net, 2021. 5. 19일 접속.

제11장
힌두 선교 전략 재고

131 2001년에서 2011년 사이의 인도 정부 통계(census of India). https://censusindia.gov.in/census_data_2001/census_data_finder/c_series/population_by_religious_communities.htm. https://en.wikipedia.org/wiki/Religion_in_India, 2021. 6. 2일 접속.

132 다야난드 바라띠, 이계절 역, 『인도의 눈으로 본 예수 Living Water and Indian Bowl』 (서울: 밀알서원, 2017), 42-43.

133 다야난드 바라띠, 『인도의 눈으로 본 예수 Living Water and Indian Bowl』 (서울: 밀알서원, 2017), 145-277.

134 세 명의 저자가 인도, 일본, 베트남, 터키, 필리핀, 몽골에서 선교하고 있는 한인 선교사들의 실태를 긴급 점검, 분석했다. 특히 신경림 교수는 현지 지도력 이양 문제, 신자들의 돈 의존성, 비뚤어진 선교사의 성품, 훈련 부족 등을 자세하게 다뤘다. 신경림 외, 『선교 강국, 한국 선교 긴급 점검』 (서울: 홍성사, 2017).

135 "예수께서 자신이 가져온 계시를 변치 않는 형태로 기록하기 위해 책을 쓰지 않으셨다는 사실은 굉장히 긍정적인 의미를 갖고 있다. 그 비밀(예수님의 말씀과 행적)을 한 공동체에게 전달하여 그 공동체가 그 비밀을 들고 세상 속으로 들어가서 환경이 바뀔 때마다 계속해서 그에 비추어 그것을 다시 적용하고 해석하는 일을 하도록 하신 것이다." 레슬리 뉴비긴, 홍병룡 역, 『다원주의 사회에서의 복음 The Gospel in a Pluralist Society』 (서울: IVP, 2018), 184.

136 다음을 참고하라. 김한성, 『선교지에 어떤 교회를 세울 것인가』 (서울: 예영커뮤니케이션, 2020).

137 다음을 참고하라. 진기영, 『서양식 선교방식의 종말: 타 문화권 선교의 장벽, 월리암 캐리의 선교에 대한 비판적 연구』, (서울: CLC, 2017).

138 "에베소인들과 갈라디아인들에게 바울의 메시지와 예루살렘 공의회(행 15장)의 결론들은 그리스도에게의 개종이 다른 문화를 위해 한 문화를 버림을 요구하는 것이 아니라는 것을 지지한다. 이방인 신자들은 구원받기 위해 유대인 문화를 채용할 필요가 없었다. 예루살렘 공의회에 의해 내려진 그 결정은 우리의 개종과 문화 사이의 관계의 이해에 근본적인 것으로 남는다." 데이빗 그린리 외, "거울을 통하여 보는 회심: 무슬림들과 회심의 다양한 양상들." 데이빗 그린리, 백재현 외 역, 『좁은 길에서 곧은 길로 From the Straight Path to the Narrow Way』, (서울: 예영커뮤니케이션, 2010), 81.

139 박용민, 『챠트 선교학』, (서울: CLC, 1999), 19.

140 "나는 일부 선교사들의 태도, 정신, 그리고 방법을 비판한다. … 정말 자부심과 우월성을 갖고 힌 두를 낮게 보는 설교자(선교사)들이 있다.… 최근 몇 세기 동안 많은 서양 민족들이 약한 유색의 민 족들을 향해 그런 행동을 했다. 정말 상상할 수 없을 정도로 사악한 일이오. 설교자들이여! 이런 사실을 인식하고 그리스도처럼 겸손하시오!" 리처드 H. L., 이계절 역, 『알씨다스 2: 힌두 복음화 에 불을 밝히다』(서울: 부크크, 2020), 172.

141 "우리가 인도에 온 이유가 서구 문명을 인도인들에게 강요하기 위함이 아니라는 것은 어느 정 도 분명해졌습니다." E. 스탠리 존스, 김상근 역, 『인도의 눈으로 본 예수 The Christ of the Indian Road』(서울: 평단, 2005), 24.

142 "좋은 신학이 늘 좋은 선교를 낳는 것은 아니다. 그러나 신학이 없거나 나쁜 신학은 확실히 나쁜 선교 를 낳을 것이다." 짐 테베, "기독교인이 이슬람에 접근하는 과정에서 변화들에 대한 신학적 암시들," 데이빗 그린리 편저, 『좁은 길에서 곧은 길로 From the Straight Path to the Narrow Way』, 107.

143 2021년 상반기까지 인도와 네팔에서 '힌두 선교'를 하고 있는 한인 선교사 400명을 대상으로 했다. 현 재 힌두를 사역 대상으로 하고 있는 한인 선교사는 모두 1,200여명으로 추측되지만 상당수는 비자와 코로나 사태로 인해 일시 철수 또는 본국 방문 상태다. 조사 방법은 설문 조사가 아니고 필자가 여섯 명(필자 포함)의 한인 선교사에게 그들의 선교 지역과 그 인근 지역에서 선교하고 있는 다른 한국 사 람들의 '복음과 문화의 관계 이해도'를 사석에서 문의해 다음과 같이 분류했다. A. 복음과 문화의 관 계 원리를 잘 이해하고 꾸준히 힌두 관습을 배우고 있는 선교사(10명, 2.5%) B. 복음과 문화의 관계 원 리를 잘 또는 어느 정도 이해하지만 일부 힌두 관습을 제외하고 배우려고 노력하지 않는 선교사(8명, 2%. 배우자의 반대, 이미 진행 중인 사역의 방향을 바꾸기 곤란함. 후원 교회의 오해가 예상되어 주저함, 실 습을 하지 않아 실천이 어려움, 자녀 학교 문제로 타 지역으로 가서 실습을 하기 어려움 등의 이유) C. 복음 과 문화의 관계 원리를 거의 이해하지 못하고 극히 일부 힌두 관습을 제외하고 배우려고 노력하지 않 는 선교사(382명, 95.5%). 이 400명을 뺀 나머지 즉 800명 가운데 '복음과 문화의 관계 원리를 잘 이해 하고 꾸준히 힌두 관습을 배우고 있는 선교사'가 없는 것으로 보인다. 이것은 조사에 참여한 다섯 명 의 공통 의견이다. 위 10명을 제외하고 힌두 문화에 적절한 선교를 배울 수 있는 선교 대회나 선교 훈 련에 전혀 참가하는 사람이 없기 때문에 이런 추측을 하는 것이다. 위 분류 가운데 A에 속한 선교사 들의 실천 수준은 각기 다르다. 일부는 2년 전부터 힌두 관습을 제대로 배우기 시작했다.

144 진기영, 『힌두교에 대한 기독교 메시지, 선교 방식』(포항: 아릴락북스, 2020), 69-72.

145 다야난드 바라띠, 『인도의 눈으로 본 예수 Living Water and Indian Bowl』, 184.

146 이 사례가 출간될 예정이다.

147 르위스 팀 & 르위스 베키, "교회개척하기: 어려운 방법 배우기," 김요한 편저, 『신령한 오이코스: 집안에 임한 하나님나라』, 324-332.

148 앤써니 데이빗, "오이코스와 하나님나라 운동들," Ibid., 310-311.

149 더 많은 사례를 원하는 사람은 다음의 책들을 참고하라. 데이빗 그린리 편저, 『좁은 길에서 곧은 길로 From the Straight Path to the Narrow Way』(서울: 예영커뮤니케이션, 2010), 김요한 편저, 『신령한 오이코스: 집안에 임한 하나님나라』(서울: 인사이더스, 2017), 이계절, 『인도에서 자전거 함께 타기 1, 2: 선교사로 사는 이야기, 선교 방법과 열매 사례』(서울: 퍼플, 2019), 셔우드 G 링겐펠터, 김만 태 역, 『타문화 사역과 리더십 Leading Cross-Culturally』(서울: CLC, 2011), 브루스 올슨, 최요한 역, 『밀림 속의 십자가』(서울: 복있는사람, 2012), 국제 크리에이트, 이계절 역, 『선교 돌파의 비밀, 문화 속에 있다!』(서울: 부크크, 2019).

150 Ibid., 289-293.

151 "먼저 누군가 순수한 복음을 거론하면서 복음이 문화의 옷을 입지 않을 수 있다고 주장한다면, 그 런 것은 아예 존재하지 않는다는 사실부터 확실하게 해야 한다…선교사란…자기를 형성한 문화에 구현되어 있는 복음을 들고 오는 사람이다. … 성경은 특정한 문화적 배경을 가진 책이다. … 거기 에 기록된 모든 사건, 모든 가르침은 이런저런 인간 문화의 영향을 받은 것이다." 레슬리 뉴비긴, 『다원주의 사회에서의 복음 The Gospel in a Pluralist Society』, 184.

152 본고는 기고 내용의 대부분이 2021년의 KGLI 한국 글로벌리더십연구원에 힌두권 내의 선교적 교 회를 위한 지역 교회, 제자도, 선교의 통합 제안 제목으로 제출된 소논문으로 학술지나 책에 게재 된 적이 없습니다.

제12장
힌두 공동체와 인도 교회

153 Chandradhar Sharma, *A Critical Survey of Indian Philosophy*, (Delhi: Motilal Banarsidass Publishers Privated Limited, 2003), 16-17. 인도의 철학자인 Chandradhar Sharma는 리그베다 I. 164. 46와 아타르바베다 XI. 9. 1를 인용하여 본질적 실재와 우주의 피조물들의 관계를 설명하고 있다.
154 Ibid., 273. 상카라의 저서인 비베카추라마니 17절을 인용하여 모든 것은 영원한 실재에서 나왔고 사람은 그 실재와 차이가 없다고 주장한다.
155 Ibid., 283. 문다카 우파니샤드 3. 2. 9에서는 "브라만을 아는 자는 브라만이 된다."라고 하여 아는 것과 되는 것이 다르지 않다고 하는데, 찬드라다르 샤르마는 이 글을 인용하고 있다.
156 *Brahma-Sūtra-Bhāṣya of Śrī Śaṅkārācārya*, tr. Swāmī Gambhīrānanda (Kolkata: Advaita Ashrama, 2004), 324.; Swāmī Gambhīrānanda는 브라마수트라 주석서 B.S. II.i.13에서 경험하는 자가 경험되는 자가 될 때 동일한 경험을 하게 될 것이라고 말하며 힌두교의 공동체적 구원관을 설명하고 있다.
157 Dayanand Bharati, *Understanding Hinduism* (New Delhi: Munshiram Manohalal Publishers Pvt. Ltd, 2005), 42.
158 곽야곱, "베단타 철학관점으로 본 힌두교 공동체의 세계관", KMQ53:9-16 (서울: 선교타임즈 출판부, 2015), 9-16.
159 인도 교회는 종족 및 지역주의가 강하여 각 도시에는 다양한 교회들이 있지만 대부분 종족 중심의 교회이고 카스트와 종족을 초월하여 연합하여 예배드리는 교회를 보는 것이 어렵다. 예로 바라나시에는 케랄라주의 성 도마교회가 2개 있는데 바라나시에 있는 케랄라 기독교인들은 다른 교회에서 예배하지 않고 케랄라 성 도마교회에 모여 함께 예배한다. 델리에 있는 북인도 마니뿌르 출신의 기독교인들은 델리에서 마니뿌르교회를 개척하여 마니뿌르 기독교인 중심의 예배를 드린다.
160 *India: Official Dalit population exceeds 200 million*, May 29, 2013. www.Isdn.org
161 Cyril B. Firth, *An Introduction to Indian Church History* (Delhi: ISPCK, 2003), 267-285; 시릴 B. 퍼스, 임한 중 역, 『인도 교회사』 (서울: CLC, 2019).
162 www.minorityrights.org
163 *Robert de Nobili, SJ (1577-1656)*, www.ignatianspirituality.com
164 Herbert Hoefer, *Churchless Christianity* (Pasadena: William Carey Library, 2001), 57-58.
165 요 17:21-24
166 엡 1:10.
167 레슬리 뉴비긴, 홍병룡역, 『교회란 무엇인가』 (서울: 한국기독학생출판부, 2015), 153-159.
168 옥한흠, 『평신도를 깨운다』 (서울: 국제제자훈련원, 2014), 180-181.
169 고후 5:18-19
170 Sri Swami Sivananda, *Sandhyopasana Ritual in Hiduism*, www.Sanskritimagazine.com; Sandhyopasana라고 불리는 힌두교의 이 의식은 태양을 향해 명상하면서 만트라를 읊으며 경배하는 형태이다. 힌두교인은 이 의식을 통해 일상에서 지은 죄의 용서를 구하고 지식과 은혜를 갈망하며 자신을 정결케 하고자 하는데 이것은 매일 힌두교인에게 주어진 의무의 하나이다.
171 요단출판사편집부, 『새신자 훈련 총서(합본)(소그룹양육교재)』 (서울: 요단출판사, 2017).
172 박영철, 『제자훈련총서』 (서울: 인터파크, 2020).
173 이동원, 『침례교 직분자 훈련 총서: 침례교는 무엇을 믿는가』 (서울: 요단출판사, 2017).
174 이태웅, 『교회를 위한 제자훈련 철학』 (서울: 두란노, 2010). (절판).
175 H. L. 리차드, 김요한 편, "가정과 제 5계명 그리고 문화", 『신령한 오이코스』 (서울: 도서출판 인사이더스, 1995), 165.
176 조충제, 이순철, 이정미, 「인도의 도시화와 한·인도 협력방안」 (2017). 초록에서 www.kiep.go.kr

참고문헌

참고문헌

제2장
한국 교회의 인도 사회 이해

Cohn, Bernard S.. *An Anthropologist among the Historians and Other Essays*. New Delhi: Oxford University Press, 1987.

Dirks, Nicholas B. "The Original Caste: Power, History and Hierarchy in South Asia." *Contribution to Indian Sociology*, 23. no.1 (1989).

Castes of Minds: Colonialism and the Making of Modern India. New Delhi: Permanent Black, 2001.

Dumont, Louis. *Hierachicus: The Caste System and Its Implications*. tr. Mark Sainsbury. New Delhi: OUP, 2004.

Gupta, Dipanka. "Caste, Race, Politics." In *Caste, Race and Discrimination: Discourses in International Context*. (ed.). Sukhadeo Thorat and Umakant. New Delhi: Rawat Publications, 2004.

_____. "Caste and Political Identity over System." *Annual Review of Anthropology* 34 (2005).

Lavania, B.K.. et.al. (ed). *People of India: Rajasthan* (part I & II). Mumbai: Popular Prakashan Pvt. Ltd., 1998.

Marshall, Cordon. (ed.). *A Dictionary of Sociology*. New Delhi: Oxford University Press, 2006.

Mathur, K.S.. "Tribe in India: a Problem of Identification and Integration." In *The Tribal Situation in India*. (ed.) K.S. Singh. Shimla: Indian Institute of Advanced Studies, 1972.

McGavran. *Understanding Church Growth*, 3rd ed. Grand Rapids: William B. Eerdmans Publishing Company, 1994.

Oommen, T. K.. *Pluralism, Equality and Identity: Comparative Studies*. New Delhi:

Oxford University Press, 2002.
Ramaiah, A. "Identifying Other Backward Class." *Economic and Political Weekly* 27, no. 23 (Jan 1992).
Quigley, Declan. *The Interpretation of Caste*. Oxford: Clarenden Press, 1993.
Saberwal, Satish. *Spirals of Contentions: Why India was Partitioned in 1947*. New Delhi: Routledge, 2008.
Said, Edward W. *Orientalism: Western Concepts of the Orient*. Gurgaon: Penguin Books, 2001.
Sharma, Ursula. *Caste*. New Delhi: Viva Books, 2002.
Srinivas, M. N.. *Social Change in Modern India*. Delhi: Orient Longman, 1992.
이광수, 김경학, 백좌흠. "인도의 근대 사회 변화와 카스트 성격의 전환: 카스트의 민족블럭으로의 전환." 인도연구 2 (1997년 11월).
정채성. "카스트 불평등이 도시전문직 취업에 미치는 영향." 인도연구 17, no. 1 (2012년 5월).
최정욱. "인도의 공공부문 할당제와 지정카스트의 정치 세력화." 국제정치논총 53, no 3 (2013년 9월).

제3장
한국 교회의 인도 기독교 이해

Frykenberg, Robert Eric. *Christianity in India: From Beginnings to the Present.* Oxford University Press, 2008.
Massey, James. *Dalits in India: Religion as a source of bondage or liberation with special reference to Christians.* Manohar, 1995.
Viswanathan, Gauri. *Masks of Conquest.* Columbia University Press, 1989.
Webster, John C.B.. *A Social History of Christianity: North-west India Since 1800.* Oxford University Press, 2007.
Youngsoo Kong. "Christians and Refugee Relief during Partition of India with special reference to Punjab and Delhi". *Christian Inquiry on Polity.* InterVarsity Publishers India, 2017.
공영수. 『또다른 인도를 만나다』. 서울: 평단문화사, 2014.
보이드, 로빈. 임한중 역. 『인도 기독교 사상』. 서울: CLC, 2019.
존스, 스탠리. 김상근 역, 『인도의 길을 걷고 있는 예수』. 서울: 평단문화사, 2008.
피진, 스튜어트 외. 최태희 역. 『숭고한 경주』. 서울: SFC, 2002.
퍼스, 시릴 B.. 임한중 역. 『인도 교회사』. 서울: CLC, 2020.
테베, 엘리자베스. 공영수 역. 『인터서브 155년 역사』. 성남: 인터서브코리아, 2008.
이찬우. 『프론티어 선교학』. 서울: CLC, 2020.
맨드릭, 제이슨. 『세계기도정보 2』. 서울: 죠이선교회, 2011.
진기영. 『인도 선교의 이해 (I)』. 서울: CLC, 2015.
진기영. 『인도 선교의 이해 (II)』. 서울: CLC, 2016.
맥고우, 프란시스. 권태식 역. 『기도의 사람 하이드』. 서울: 생명의말씀사, 1977.
James Sebastian(UESI tentmaker coordinator)과의 면담, 2021년 5월 29일.
Pasaltha. "The amazing mizo church, India". 2016년 11월 15일. 유튜브 영상. 7:12. https://youtu.be/1LAIMvpNYwo

제6장
한국 교회의 인도 속의 무슬림 선교

Ahmad, Aijazuddin. *Muslim in India* Volume 1. Newdelhi: Inter-India Publication, 1994.
Bihar Out-reach network. *Reaching Our Neighbours*. Chennai: Mission Educational Books, 1999.
Anderson, J. D.. *The People of India*. Newdelhi: Bimla Publishing House, 1982.
Jaffer, Mehru. *The Book of Nizamuddin Aulia*. Newdelhi: Penguin Books, 1992.
T. Titus, Murray. *Indian Islam: A Religious History of Islam in India*. New Delhi: Oriental Books Reprint Corporation, 1979(1930).
고홍근 외.『인도의 종파주의』. 서울: 한국외국어대학교 출판부, 2006.
고홍근. "인도 정치의 탈 세속화와 무슬림의 딜레마"「남아시아 연구」. 제15권 2호, 2009.
곽야곱. "인도, 선교 현장의 역사를 말하다".「영광의 25년을 위한 은혜의 25년」. 서울: 기독교한국침례회 해외 선교회, 2014.
김바울. "북인도 무슬림 속에서 일어난 사역의 상황과 전략".「CAS 24호 디스커버리」. 서울: UPMA, 2020.
박정석.『카스트를 넘어서』. 서울: 민속원, 2006.
백좌흠 외. "힌두-무슬림 갈등의 구조적 성격과 동태분석: 아요다 사태를 중심으로".「인도연구」. 제 8권 2호. 2003.
"북인도행 열차-인도 무슬림을 찾아서". MVP 선교회. 리서치선교사역개발원, 2012.
위나라. "인도 무슬림의 이해와 선교현황 및 전략제안 (2)".「CAS 24호 이슈 인사이드」. 서울: UPMA. 2020.11.
유병기.『침례교 선교의 발자취』. 서울: 기독교한국침례회 해외선교회, 2014.
윤에스더. "북인도 무슬림 사역과 러크나우를 중심으로 본 북인도 무슬림 여성 사역".「CAS 24호 엄마가 만난 사람」. 서울: UPMA. 2020.
이은주. "수피즘의 힌두화 과정과 인도 무슬림들의 종교사상적 딜레마".「남아시아 연구」. 제15권 2호 2007. (KRF-2007-323-B00029).
조길태.『인도사』. 서울: 민음사, 1994.
종족과도시선교 저널 No.29 Winter 2014 -서남아 무슬림권역(북인도 파키스탄 방글라데시)/(엄마 넷)
최종찬. "인도 무슬림의 특성"「남아시아 연구」. 제15권 2호 2009. 2007. (KRF-2007-B00029).

제7장
한국 교회의 네팔 선교 역사

김한성. 『한국 교회와 네팔 선교』. 서울: CLC, 2017.
김한성. 『선교지에 어떤 교회를 세울 것인가』. 서울: 예영커뮤니케이션, 2020.
김한성. "힌두권 반개종법의 환경 속에서의 선교." 「선교신학」 49권 (2018).
김한성. "힌두권의 소규모 비즈니스 선교(BAM) 다수 사례 연구." 「선교신학」 57권 (2020).
강원희. 『히말라야 슈바이처』. 서울: 규장, 2011.
이태웅. 『한국 교회의 해외 선교: 그 이론과 실제』. 서울: 죠이선교회출판부, 1997.
The National Penal (Code) Act.
Kim, Hansung. "Korean Christians' Responses to the 2015 Nepal Earthquake." *Theology of Mission* Vol. 55 (2019).
"대한항공, 히말라야의 관문 네팔 카트만두 취항." 「여행정보신문」. 2006.11.17. (제485호) http://www.travelinfo.co.kr/cmm/index_news.html?MODE=view&BD_CD =NEWS&MSEQ=1046&b_uid=5&m_uid=16&page=

제8장
한국 교회의 네팔 선교 특징들

강원희. 『히말라야의 슈바이쳐』. 서울: 규장각, 2011.

김정근. 김종인. SK.Artal(2018). "네팔 특수교육정책과 법률 검토". 「특수교육 재활과학 연구」. VOL,57. NO/4.

김정근. "네팔 카스트사회에서의 장애인 인식 연구". 박사학위, 나사렛대학교 일반대학원. 2020.

김한성. 『한국교회와 네팔선교』. 양평: 아세아연합신학대학교, 2017.

문광진. 『네팔 알기』. 서울: FHI Nepal, 2004.

이재환. 『미션 파셔블』. 서울: 두란노, 2003.

양승봉. 『히말라야 네팔에 희망을 심다』. 서울: 생명의 말씀사, 2014.

이대학. "성남용의 발제에 대한 논의". 「신학대학 교육저널」. 제2호. 2013.

허인석. "네팔사회에서의 가정교회 사역". 박사학위, 아신대학교. 2019.

KOICA. 『국제개발협력의 이해』. 파주: 도서출판 한울, 2013.

Sharma, Bal Krishna. *Christian Identity and Funerary Rites in Nepal*. Kathmandu: EKA, 2012.

Berclay, John. "The Church in Nepal: analysis of Its Gestation and Growth". *International bulletin of Missionary Research*. 33(4). 2009.

Berry, Ken. *Bible Translation as Missions: The Work of World Bible Translation Center, Leaven* 7(1). 1999.

Sullivan, Bruce M. *the A-to-z of HINDUISM*. New Delhi: vision books pvt. ltd., 2014.

Perry, Cindy. *Nepal around the World*. Kathmandu: Ekta Books, 1997.

Perry, Cindy. *A Biographical history of the Church in Nepal*. Kathmandu: Nepal Church Project, 2000(3rd edition).

Quigley, Declan. *The Interpretation of Caste*. Oxford India University Press, 2012.

Hanjurgen, H. Gunther. "the problem of Evil Enlightened" *Indian journal of Theology*, vol.3. no.2(april-june 1982. :8).

Whelption, John. *A History of Nepal*. Landon: Cambridge University Press, 2015.

Kehrberg, Norma. *The Cross in the Land of the Khukuri*. EKTA Kathmandu, 2000.

Lindell, Jonathan. *Nepal and the Gospel of God*. Kathmandu: The united Mission and Pilgrims Book House, 1997.

Maharjan, Mangal Man. *Comparative study of HINDUISM and CHRISTIANITY* in nepal. Kathmandu: Ekta books, 2010.

Singh, M.K.. *Ambedker on Caste and Untouchability.* new Delhi: pubulished by Mrs seema wasan for rajat publication, 2008.

Bhatta, Promod. *Education in Nepal/problem, reforms, and social change*. Kathmandu: martin Chautori, 2009.

Profile of Nepal (2016/17) national & district "Introduction to Nepal" megs Publication & Redearch Centre Kathmandu.

Rajendra K, Rongong. *Early CHURCHES in Nepal*. 2012.

The Constution of Nepal with commtary.(2015). Nepal Gadget, Part 65, February 28,2016(Additional Volume 24).

Singh, S.K.. *NEPAL: From Monarchy to Democratic constitution*. Delhi: prashant Publishing House, 2016.

Raj, Yogesh & Onta, Pratyoush. *The State History Education and Research in Nepal.* Kathmandu : Martin Chautiari, 2014.

www://swc.org.np. Social Welfare Council | Conscience as witness let us serve with thought, word and deed (swc.org.np)

www:// nepalmilal.or.kr "Mission Report"

제9장
한국 교회의 힌두권 선교 회고

Bista, Dor Bahadur. *Fatalism and Development: Nepal's Struggle for Modernization*. Calcutta: Orient Longman, 1991.

Yung, Hwa. "Asian Missions in the Twenty-first Century - An Asian Perspective". 2009. https://lausanneworldpulse.com/themedarticles-php/1132/06-2009

Whelpton, John. *A History of Nepal*. New York: Cambridge, 2015.

Warrior, Maya. *A Historical Overview, in A Brief Introduction to Hinduism*. Tim Dowley: Fortress Press, 2018.

Sharma, Prayag Rai. *The State and Society in Nepal: Historical foundations and contemporary trends*. Kathmandu: Jagadamba Press, 2004.

Lannoy, Richard. *The Speaking Tree: A study of Indian culture and society*. London: Oxford University Press, 1971.

Frykenberg, Robert Eric. *Christianity in India: From beginnings to the Present*. London: Oxford, 2008.

Paramananda, Swami. *The Upanishads*. New York: Wilder Publications, 2018.

Taylor, William. *Global Missiology for 21 Century: The Iguassu Dialogue*. Grand Rapid: Bakar Book House, 2000.

https://www.faithfulandeffective.com/wp-content/uploads/2019/08/Mission-Action-Evaluation-Tool.

제11장
힌두 선교 전략 재고

김한성. 『선교지에 어떤 교회를 세울 것인가』. 서울: 예영커뮤니케이션, 2020.
박용민. 『챠트 선교학』. 서울: CLC, 1999.
신경림 외. 『선교 강국, 한국 선교 긴급 점검』. 서울: 홍성사, 2017.
이계절. 『인도에서 자전거 함께 타기 1.2: 선교사로 사는 이야기, 선교 방법과 열매 사례』. 서울: 퍼플, 2019.
진기영. 『서양식 선교방식의 종말: 타 문화권 선교의 장벽, 월리암 캐리의 선교에 대한 비판적 연구』. 서울: CLC, 2017.
진기영. 『힌두교에 대한 기독교 메시지, 선교 방식』. 포항: 아릴락북스, 2020.
국제 크리에이트. 『선교 돌파의 비밀, 문화 속에 있다!』(Contextualization in Action). 이계절 역. 서울: 부크크, 2019.
그린리, 데이빗 편저. 『좁은 길에서 곧은 길로』(From the Straight Path to the Narrow Way). 백재현 외 역. 서울: 예영커뮤니케이션, 2010.
김요한 편저. 『신령한 오이코스: 집안에 임한 하나님나라』(Households in Focus). 서울: 인사이더스, 2017.
뉴비긴, 레슬리. 『다원주의 사회에서의 복음』(The Gospel in a Pluralist Society). 홍병룡 역. 서울: IVP, 2018.
바라띠, 다야난드. 『인도의 눈으로 본 예수』(Living Water and Indian Bowl). 이계절 역. 서울: 밀알서원, 2017.
링겐펠터, 셔우드 G.. 『타문화 사역과 리더십』(Leading Cross-Culturally). 김만태 역. 서울: CLC, 2011.
올슨, 브루스. 『밀림 속의 십자가』(Bruchko). 최요한 옮김. 서울: 복있는사람, 2012.
존스, E. 스탠리. 『인도의 길을 걷고 있는 예수』(The Christ of the Indian Road). 김상근 역. 서울: 평단문화사, 2005.
H. L., 리처드. 『알씨다스 2: 힌두 복음화에 불을 밝히다』(R. C. Das). 이계절 역. 서울: 부크크, 2020.
Census of India. https://censusindia.gov.in/census_data_2001/census_data_finder/c_series/population_by_religious_communities.htm. https://en.wikipedia.org/wiki/Religion_in_India, 2021.6.2일 접속.
Joshuaproject. https://joshuaproject.net, 2021.5.19일 접속.

제12장
힌두권 공동체와 인도 교회

한글 서적 단권

박영철. 『제자훈련총서』. 서울: 인터파크, 2020.
옥한흠. 『평신도를 깨운다(개정 2판)』. 서울: 국제 제자훈련원, 2014.
요단출판사편집부. 『새 신자 훈련 총서(합본)』. 서울: 요단출판사, 2017.
이동원. 『침례교 직분자 훈련 총서: 침례교는 무엇을 믿는가?』. 서울: 요단출판사, 2017.
이태웅. 『교회를 위한 제자훈련 철학(개정판)』. 서울: 두란노, 2010(절판).

번역서

뉴비긴, 레슬리. 『교회란 무엇인가』. 홍병룡 역. 서울: 한국 기독 학생출판부, 2015.
김요한 편저. 『신령한 오이코스』. 서울: 도서출판 인사이더스, 1995.
윌리스, 애버리 T.. 『최선의 삶』. 서울: 요단출판사, 2013.

영어원서 또는 외국 서적

Firth, Cyril B.. *An Introduction To Indian Church History*. Delhi: ISPCK, 2003. ; (시릴 B. 퍼스. 임한중 옮김. 인도 교회사, 2019.)
Brahma-Sūtra-Bhāṣya of Śrī Śaṅkārācārya. tr. Swāmī Gambhīrānanda. Kolkata: Advaita Ashrama, 2004.
Bṛhadāraẏakāyaka Upaniṣad With the Commentary of Śaṅkārācārya. tr. Swāmī Mādhavānanda. Kolkata: Advaita Ashrama, 2004(Tenth Impression).
Sharma, Chandradhar. *A Critical Survey of Indian Philosophy*. Delhi: Motilal Banarsidass Publishers Privated Limited, 2003(reprinted).
Bharati, Dayanand. *Understanding Hinduism*. New Delhi: Munshiram Manoharlal Publishers Pvt. Ltd., 2005.
Hoefer, Herbert. *Churchless Christianity*. Pasadena: William Carey Library, 2001.
Lannoy, Richard. *The Speaking Tree*. London: Oxford University Press, 1974.
Vesci, Uma Marina. *Dharma*. Varanasi: Pilgrims Publishing, 2005.

출판된 저널, 아티클

곽야곱. "베단타 철학 관점으로 본 힌두교 공동체의 세계관". KMQ 53. 서울: 선교타임즈 출판부, 2015.

George, Thomas & Rajani, K.R.. "Origin and Development of Pentecostalism in India with Special reference to the Indian Pentecostal Church (IPC): An expression of Indigenous Spirituality." *International Journal of Humanities and Social Science Research*. Volume 4; Issue 6. November 2018

인터넷 사이트

www.ignatianspirituality.com Robert de Nobili, SJ (1577-1656)

www.Isdn.org India: Official Dalit population exceeds 200 million, May 29, 2013.

www.kiep.go.kr 조충제, 이순철, 이정미 저. 2017. 인도의 도시화와 한·인도 협력방안, 초록에서

www.minorityrights.org

www.Sanskritimagazine.com Sri Swami Sivananda, Sandhyopasana Ritual in Hiduism